Beltz Taschenbuch 50

Über dieses Buch:

Kaum etwas trifft uns unmittelbarer, wühlt Gefühle wie Angst, Abscheu, Ohnmacht, aber auch Wut und Machtphantasien so stark auf wie das Thema Gewalt. Bleibt auch Ihnen gelegentlich der Schrecken im Halse stecken? Würden Sie am liebsten wegsehen, dem Streit aus dem Weg gehen? Trauen Sie sich einzugreifen oder sagen Sie: »Da müßte mal einer hart durchgreifen und denen zeigen, wo's lang geht«? Oft wird nach Mitteln und Wegen *gegen* Gewalt gesucht. Doch unsere Alltagsweisheiten zeigen Widersprüche, die kaum krasser sein könnten, wenn wir auf Gewalt reagieren. Besonders bei Kindern oder Jugendlichen meinen viele BürgerInnen: »die Eltern, die Lehrer, die Sozialarbeiter, die Psychologen haben falsch gehandelt«, je nachdem, wie der Fall dargestellt wird. Weder die genannten Personengruppen allein noch wissenschaftliche Erkenntnisse können jedoch ein friedliches und gewaltfreies Zusammenleben gewährleisten. Deshalb lautet die Leitidee dieses Buches: »Hinsehen, hinhören, aussprechen und handeln«.

Die Autoren wählten besonders die Schule als Lernort; das Wohnumfeld und Jugendeinrichtungen bieten sich ebenfalls an. Denn welches Beispiel dort gegeben wird und welche Lehren die Beteiligten daraus ableiten, dieses prägt ihren Umgang mit Konflikten und Gewalt.

Anhand vieler alltäglicher Situationen zeigt dieses Buch, wie Menschen auf Gewalt reagieren, wie sie gewaltbesetzte Konflikte bearbeiten und: wie Sie, liebe LeserInnen, die Lebenswelt von Heranwachsenden (mit)gestalten können, um Gewalt wirkungsvoll vorzubeugen.

Über die Autoren:

Klaus Hurrelmann, Prof. Dr., leitet die Fakultät für Gesundheitswissenschaften an der Universität Bielefeld. In der öffentlichen Diskussion über die sogenannte Jugendgewalt hat er vielfach Stellung genommen und Ergebnisse aus der Jugend- und Schulforschung vermittelt.

Norbert Rixius, Diplom-Pädagoge, koordiniert das Landesvorhaben *Gestaltung des Schullebens und Öffnung von Schule* am Landesinstitut für Schule und Weiterbildung in Soest. Erfahrungen aus Schulen, Einrichtungen der Jugend- und Sozialarbeit, der außerschulischen Jugend-/Erwachsenenbildung und anderer Institutionen verwertet er, um Eltern, Menschen in den genannten Einrichtungen, Kommunen oder Verbänden zu beraten.

Heinz Schirp, Dr. phil., leitet die Abteilung Curriculumentwicklung im Landesinstitut für Schule und Weiterbildung in Soest. Er engagiert sich auf verschiedenen Ebenen – von der Diskussion vor Ort bis zu europäischen Einrichtungen der erziehungswissenschaftlichen Forschung – für die Öffnung und die Qualitätsverbesserung von Schule sowie für die Werteerziehung.

Inhalt

Vorwort	7
Gewalt ist ein Symptom für fehlende soziale Kompetenz (*Klaus Hurrelmann*)	11
Schule und Gewalt (*Heinz Schirp*)	27

Zum praktischen Umgang mit Gewalt in Schule und Elternhaus

Wie wir Gewalt erleben und deuten (*Norbert Rixius*)	61
Hinsehen, hinhören, aussprechen (*Norbert Rixius/Benedikt Sturzenhecker*)	71

Erfahrungen, Anregungen und Hinweise

Den Schulweg sicherer gestalten (*Norbert Rixius*)	83
Die Pausenhöfe als Spielplätze beleben (*Norbert Rixius*) . .	91
Medien-Vorbilder (*Norbert Rixius*).	107
Kampfsport, Meditation und Theaterarbeit (*Norbert Rixius*).	117
Schmiererei – oder die Kunst, Räume und Schulklima zu gestalten (*Norbert Rixius*).	127
Einander helfen – im Schulalltag üblich? (*Norbert Rixius*)	139

Mit rechten Sprüchen, Minderheitenfeindlichkeit und
Provokationen umgehen (*Norbert Rixius*)   156

Fremde Religionen und Kulturen und wie tolerant
wir handeln (*Gunhild Böth*).   182

Freizeit sinnvoller gestalten (*Norbert Rixius*)   195

»... und wenn die Eltern (nicht) mitziehen?«
(*Heinz Schirp/Norbert Rixius*).   207

Konflikte gewaltfrei regeln
(*Ingrid Engert/Norbert Rixius*)   220

Fundstellen: virtuelle im Internet und reale   239

Materialien und Adressen.   244

Vorwort zur Taschenbuchausgabe

Wie aus heiterem Himmel schlugen zwei 13- oder 14jährige Mädchen an einer Bushaltestelle mit maßlosem Zorn auf einen Mitschüler ein und traten dem bereits am Boden liegenden auf den Kopf. Das Opfer, ein eher schmächtiger Junge, 12 Jahre alt, wurde wegen des Verdachts auf Schädelfraktur mit dem Notarzt ins Krankenhaus gebracht. Von den Umstehenden erfuhr die Schulleiterin anschließend, es habe zuvor nur ein paar Pöbeleien gegeben, jedoch zwischen anderen Jugendlichen. Die Täterinnen, zur Rede gestellt, antworteten auf die Frage nach den Gründen: »Der hat uns andauernd blöd angeguckt.« »Über diesen Zynismus war ich so entsetzt, daß mir im ersten Augenblick die Spucke wegblieb«, berichtet die Rektorin, »wahrscheinlich auch deshalb, weil ich eine derartige Brutalität bisher nur aus Presse und Fernsehen kannte.«

Zwei Nachbarn, die sich über den soeben gelesenen Zeitungsbericht unterhalten, einigt die Angst und das Erschrecken über derartige Ereignisse und sie fragen sich: »Wer sind die Eltern dieser Früchtchen? Was übersahen Nachbarn oder die Verwandten? Warum haben diese bei der Erziehung ihrer Kinder so versagt? So eine Einstellung fällt doch nicht vom Himmel! Welche Lehrer, die immerhin täglich und über Jahre für die Entwicklung dieser jungen Menschen verantwortlich waren, haben versäumt, die richtigen Werte zu vermitteln? Warum hat die Polizei nicht frühzeitiger eingegriffen, um Schlimmeres zu verhüten?«

Sie fragen weiter: »Ein Einzelfall? Nein! Da gab es doch diesen Mehmet, der ein riesiges Register von Straftaten auf dem Gewissen hatte. Ist der nicht regelrecht vom Jugendamt und den Sozialarbeitern verhätschelt worden? Das hat doch alles keinen Sinn. Bei uns früher wurde schon bei Kleinigkeiten nicht lange gefackelt, sondern … Die Jugendlichen haben heute doch zu viele Freiheiten …«

Sicher kennen Sie solche oder ähnliche Szenen. Die daran sich anschließenden Gespräche und deren Verlauf sind Ihnen wahrscheinlich ebenfalls vertraut:

⇨ Aus persönlichem Erleben?
⇨ Aus der Zeitung, vom Fernsehen?
⇨ Aus Gesprächen mit Bekannten oder gelegentlichen Zufallskontakten (im Bus, in der Bahn)?

Kaum ein Thema betrifft uns unmittelbarer, wühlt Gefühle wie Angst, Abscheu, Ohnmacht, aber auch Wut und Machtphantasien so stark auf wie das Thema Gewalt. Praktische wie theoretische Erklärungen und Ratschläge, wie Gewalt entsteht und was »dagegen« unternommen werden könne, füllen ganze Bibliotheken und durchmischen unser Denken und Handeln. Unsere Meinung, was alles dem Begriff Gewalt zuzuordnen ist, hat sich in der öffentlichen Debatte der letzten Jahre spürbar verändert – auch in der wissenschaftlichen Diskussion.

Diese Mischung steckt voller Widersprüche. Jede/r kennt die Alltagsweisheit: »Der Klügere gibt nach!« und weiß doch bereits als Jugendlicher aus vielerlei Erfahrungen, was Ulrich Wickert inzwischen zu einem Bestseller-Titel verhalf: »Der Klügere ist der Dumme«. Klar, dieser Satz ist logisch schon falsch, spiegelt jedoch das schlechte Gefühl, das viele von uns mit diesen schönen alten Weisheiten verbindet: Wer ist im wahren Leben klüger? Derjenige, der taktisch nachgibt, aber hart verhandelt? Der, der kurzen Prozeß mit seinem Gegner macht; ihn aus dem Rennen wirft, ihn schlägt, Angriffe erfolgreich pariert und zum Gegenangriff übergeht ... Denn bekanntlich »... ist ja Angriff die beste Verteidigung!?«

Erinnern Sie sich noch an die Krawalle bei der Fußballweltmeisterschaft 1998, als die deutschen Hooligans einen französischen Polizisten fast zu Tode prügelten? Später benutzte ein Jugendlicher ein ähnliches Denkmuster im Fernsehinterview wie die beiden Mädchen: Der Polizist sei an seinen Verletzungen selbst schuld. Anstatt den Helden zu spielen, hätte er vor der Übermacht der Hooligans wie seine Kollegen weglaufen sollen. Es sei doch klar gewesen, daß sie an diesem Tag die Straße besser den Fans überlassen sollten ...

Diese wenigen Beispiele aus unserem alltäglichem Reden und Handeln verdeutlichen, daß wir alle vom Thema Gewalt betroffen sind und uns diesem merkwürdigem Phänomen nicht entziehen können. Anhand solcher Erfahrungen und Szenen zeigen wir Ihnen praktisch erprobte Wege:

- Wie jeder Mensch in seinem eigenen Umkreis *Gewalt erleben und für wahr nehmen kann*
- Warum es unverzichtbar ist, *hinzusehen, hinzuhören und auszusprechen*
- Wie und wo Sie ganz *praktisch ansetzen und handeln können*

Wissenschaftliche Erkenntnisse und theoretische Erklärungen finden Sie insbesondere in den ersten vier Beiträgen zusammengefaßt. Sie helfen Ihnen, sowohl die eigene Meinung und Ihre Urteile selbst kritisch zu prüfen als auch die Auffassungen und das Handeln anderer Menschen auf die Probe zu stellen. Etwa, indem Sie fragen:

1. *Was nehme ich als Gewalt für wahr? Wie reagiere ich? Wie reagieren andere?*
2. *Welche Reaktion hilft mir bzw. den Betroffenen, diese kritische Situation zu bewältigen?*
3. *Wo finde ich Hilfe und Anregungen für weitere positive Schritte?*

Gewalt fordert alle heraus – außerhalb und innerhalb von Schule, lautet das Fazit aus allen verfügbaren Erkenntnissen. Verantwortlich handeln kann jeder Mensch, denn jedes gewalthaltige Ereignis hat eine (mehr oder weniger lange) Vor- und Nachgeschichte. Mitunter auch eine, die mit juristischen Schritten verbunden ist: In einem ähnlichen Fall wie dem eingangs geschilderten mußte die Schule von pädagogischen Maßnahmen absehen, weil der Vater eines Täters rechtliche Schritte gegen die Schulleitung androhte. Da die Tat außerhalb des Schulgeländes und nach Schulschluß verübt worden sei, habe die Schule kein Recht dazu …

In Europa haben wir ein Rechtssystem, das auf dem (christlich geprägten) *Prinzip der Sühne* aufbaut. Auch der Spruch »Rache ist süß« spiegelt eine Jahrhunderte alte Erfahrung in unserer Kultur wider. Desmond Tutu, der als südafrikanischer Bischof stets die Gewalt der Apartheid anprangerte, meint: Der Rassenhaß und das damit verbundene Leid und Unrecht verletzt die Menschenwürde der Opfer und der Täter. In Afrika existiert ein kulturell überliefertes *Prinzip, das die Menschenwürde beider Seiten wieder herzustellen trachtet.* Es läßt sich noch am ehesten mit dem deutschen Wort »*Versöhnung*« übersetzen. Angesichts des unsäglichen Leidens unter der Herrschaft der Apartheid blieb der Wahrheitskommission in Südafrika keine andere Wahl, als diesem afrikanischen Prinzip zu folgen ... Vielleicht haben auch Sie vom *Modell des Täter-Opfer-Ausgleichs* bereits gehört. In der sogenannten *Streit-Schlichtung* wird es in Schule und Jugendarbeit von immer mehr Kindern, Jugendlichen und Erwachsenen erfolgreich angewandt.

Sie finden in diesem Buch auch hierzu Anregungen, die auf praktisch erprobten Erfahrungen fußen. Jedes dieser elf Kapitel endet mit weiterführenden Materialien. Die Adressen und Literaturhinweise am Ende des Buches haben wir als Ergänzung ausgewählt.

Neu in diese Auflage aufgenommen haben wir die »Fundstellen«: kommentierte Verweise auf Internetseiten, die Sie als aktuelle Fundgrube für Ihr Engagement nutzen können. Dazu wollen wir, die Autoren und Autorinnen dieses Buches, Sie, verehrte Leser und Leserinnen, ermutigen.

Vielleicht finden Sie Gelegenheit, uns Ihre Erfahrungen mitzuteilen, die Sie sammeln, wenn Sie mit gutem Beispiel in ihrem Umfeld voran zu gehen versuchen. Sie erreichen uns über den Verlag oder unter folgender Adresse: Landesinstitut für Schule und Weiterbildung, Postfach 1754, D-59491 Soest

Klaus Hurrelmann

Gewalt ist ein Symptom für fehlende soziale Kompetenz

Kann die Schule Kindern und Jugendlichen mit aggressiven Impulsen helfen?

Auf den ersten Blick ging es Kindern und Jugendlichen noch nie so gut wie heute. In allen Industrieländern des Westens sind sie sozial in einem hohen Maße selbständig, genießen eine im Vergleich zu früher freizügige Erziehung ohne autoritäre Allüren der Eltern und können sich im Medien- und Freizeitbereich nach eigenen Wünschen und Interessen bewegen (Baacke 1983). Sie stehen materiell so gut da wie noch keine Generation vor ihnen, und sie sind auch gesundheitlich in einer günstigeren Lage, da die traditionellen Kinderkrankheiten weitgehend besiegt sind, die noch in der Zeit nach dem zweiten Weltkrieg vielen das Leben schwer machten.

Auf den zweiten Blick aber stellen sich Bedenken ein: Im sozialen Bereich fällt uns auf, wie unsicher die Beziehungen und Kontakte von Kindern und Jugendlichen geworden sind. Kinder und Jugendliche können heute fast im gleichen Ausmaß wie Erwachsene die Vorteile einer reichen Wohlfahrtsgesellschaft genießen, aber sie tragen ganz offensichtlich auch zunehmend die psychosozialen »Kosten« der modernen Lebensweise. Sie profitieren von den Möglichkeiten und Chancen der individuellen Lebensgestaltung, aber sie leiden zugleich unter den sozialen Unsicherheiten und psychischen Irritationen, die hiermit einhergehen.

Nach aktuellen Überblicksstudien müssen wir davon ausgehen, daß 10 bis 12 % der Kinder im Schulalter an psychischen Störungen vor allem in den Bereichen Leistung, Emotion und Sozialkontakt leiden. Dazu gehören auch aggressive und gewalthaltige Verhaltensweisen. Immer häufiger ist von körperlichen und psychischen Belästigungen und Übergriffen in der Schule die Rede. Viele Lehrerinnen und Lehrer berichten, die Kinder seien heute schon in der Grundschule, vor allem aber auch in der Mittelstufe nicht nur zappeliger, unruhiger und nervöser als die aus früheren Jahrgängen, sondern es nehme auch die Minderheit der ruppigen, aggressiven, gewalttätigen und sogar brutalen Schülerinnen und Schüler zu. Auch von Übergriffen auf Lehrerinnen und Lehrer wird berichtet, wobei offenbar an Hauptschulen und Berufsschulen die meisten Probleme wahrgenommen werden, die oft mit der multiethnischen und multikulturellen Zusammensetzung dieser Schülerschaft zu tun haben (Bach et al. 1984; Klockhaus/Habermann-Morbey 1986; Engel/Hurrelmann 1989).

Bislang gibt es keine wissenschaftlich abgesicherten Belege dafür, daß wir es bei der Mehrzahl von Schülern mit einer Zunahme von aggressiven Handlungen zu tun haben, aber alle Befunde deuten auf eine Verschärfung der Intensität von Gewalthandlungen bei einer Minderheit der Kinder und Jugendlichen hin. Dadurch entsteht der Eindruck einer breiten Zunahme von Gewalt in der Schule, und oft wird der Institution Schule ungerechtfertigterweise die Hauptverantwortung hierfür zugeschrieben. Es ist aber offensichtlich, daß Gewalt eine »soziale Krankheit« der ganzen Gesellschaft ist und nicht isoliert auf eine Institution wie die Schule zurückgeführt werden darf (Bründel/Hurrelmann 1994).

Wie verantwortlich ist die Schule?

Aggressivität, Dissozialität und Gewalt in der Schule umfassen das Spektrum von vorsätzlichen Angriffen und Übergriffen auf die körperliche, psychische und soziale Unversehrtheit, also Tätigkeiten und Handlungen, die physische und psychische Schmerzen oder Verletzungen bei Schülern und Lehrern innerhalb und außerhalb des Unterrichtsbetriebes zur Folge haben können. Gewalt in der Schule umfaßt auch Aktivitäten, die auf die Beschädigung von Gegenständen im schulischen Raum gerichtet sind. Mit der Abgrenzung des Phänomens »Gewalt« auf den Raum der Schule darf dabei nicht unterstellt werden, daß immer auch die Anlässe und Ursachen von Gewalthandlungen im schulischen Bereich zu suchen sind (Goldstein/Apter/Harootunian 1986).

Die Schule spiegelt gesellschaftliche Struktur- und Chancenbedingungen wider, die sie als Institution selbst nicht beeinflussen kann. Die Ausgangsbedingungen für die Entstehung von Aggressivität und Gewalt werden in den außerschulischen Lebenskontexten gelegt und können von der Institution Schule nur schwer verändert und beeinflußt werden. Aggressive und gewalttätige Jugendliche werden nicht als solche geboren, sondern im Laufe ihrer Lebensgeschichte, ihrer Sozialisation, zu solchen gemacht. Viele Familien sind heute in eine Existenzkrise geraten und »produzieren« psychisch und nervlich gestörte, sozial oft irritierte und verwahrloste, teilweise auch vernachlässigte und mißhandelte Kinder (wahrscheinlich bis zu 10 % der Kinder). Sie werden oft in der Schule aggressiv oder gewalttätig, weil ihnen die Voraussetzungen für das Einhalten von sozialen Verhaltensregeln fehlen oder weil schultypische Anforderungen ihre sozialen und leistungsmäßigen Kompetenzen überfordern (Holtappels 1985).

Ausgangspunkt von Aggression und Gewalt bei Schülerinnen und Schülern ist in dieser Situation also nicht die Schule, sondern der familiale und ökonomisch-sozialstrukturelle Kontext der Schule. Der leistungsbezogene Außendruck ist ja heute auch wirklich enorm: Es wird von jedem Jugendlichen mindestens ein mittlerer Abschluß, möglichst aber das Abitur erwartet. Auch bei passablen Leistungen in der Schule ist nicht sichergestellt, daß Jugendliche die Möglichkeit haben, einen Beruf auszuüben bzw. zu erlernen, der ihren Fähigkeiten und Fertigkeiten, ihren Interessen, Ansprüchen und Erwartungen wirklich entspricht. Viele Jugendliche überschätzen auch ihre wirklichen Entwicklungs- und Entfaltungsmöglichkeiten und fühlen sich durch die erreichte Leistungsposition in ihren Perspektiven drastisch beschnitten. Die Situation, in der sich viele Ju-

gendliche befinden, trägt damit alle Spuren einer harten und manchmal auch brutalen »Wettbewerbsgesellschaft«, die allen alles verspricht und doch nur wenigen alles ermöglicht. Besonders empfind-
lich werden Jugendliche in sozialen Brennpunkten und aus
ausländischen Familien hierdurch getroffen; ihre ungünstige wirtschaftliche und gesellschaftliche Ausgangssituation trägt in die Schule Bedingungen hinein, die dann zur Ursache eines Aggressionspo-
tentials werden können. Diese und andere Jugendliche fühlen sich
als die »strukturellen Verlierer« der Wettbewerbsgesellschaft, und sie
reagieren durch Aggression und Gewalt auf ihre Deprivation und
Demoralisierung (McPartland/McDill 1977).
Die Schule ist aber natürlich auch ihrerseits Auslöser von Demoralisierung. Sie kontrolliert als gesellschaftliche Institution viele soziale und psychische Bedingungen, die aggressives Verhalten und Gewalt hervorrufen können. Die Schule tut das vor allem deshalb, weil
sie eine gesellschaftlich wirkungsvolle Definition und Kategorisierung von Leistungserfolg und Leistungsversagen vornimmt, die in
dieser Weise in keiner anderen gesellschaftlichen Institution erfolgt,
die sich mit Kindern und Jugendlichen beschäftigt. Die Kategorisierung als »leistungsschwach« oder »versagend« führt bei den meisten
Betroffenen zu einer Verunsicherung des Selbstwertgefühls und einer Minderung späterer sozialer und beruflicher Chancen. Aggressivität und Gewalt bei Schülerinnen und Schülern können als Vertei-
digungs- und Kompensationsmechanismen gegen diese psychischen
und sozialen Verunsicherungen interpretiert werden, die in der
Schule entstehen. Die schulischen Bedingungen sind insofern ein
auslösender Faktor von Gewalttätigkeiten (Feltsches 1978; Rut-
ter/Maughan/Mortimer/Ouston 1980).
Die Entstehungsbedingungen eines Gewaltpotentials innerhalb von
Schulen können wie folgt umschrieben werden: Die Mehrheit der
Jugendlichen verortet den primären Sinn des Schulbesuchs in der
Vorbereitung auf das Berufsleben (Mansel/Hurrelmann 1991). Für
den Eintritt in den Beruf ist das schulische Abschlußzertifikat zwin-
gende Voraussetzung. Zur Bewältigung aktueller persönlicher Ent-

wicklungsaufgaben und der Befriedigung individueller Bedürfnisse und Interessen trägt die Schule nach Auffassung der Schülerinnen und Schüler wenig bei. Gerade weil bei den gegenwärtig überwiegenden, sehr unflexiblen, mechanisch stoff- und wissenschaftsbezogenen Lern- und Lehrformen von den Schülerinnen und Schülern kaum ein praktischer Anwendungsbezug hergestellt werden kann, ist die Schule als eine Instanz zu sehen, die Kinder und Jugendliche in ihrer Selbstverwirklichung und der Entfaltung ihrer subjektiven Möglichkeiten, Fähigkeiten und Fertigkeiten allzuoft behindert (Hurrelmann 1988).

Durch Schulzeitverlängerung und Qualifikationssteigerung ist die Schule zunehmend zu einem zentralen Lebensfeld junger Menschen geworden, in dem sie große Teile des Tages verbringen. Das, was in der Schule geschieht, umschreibt wichtige und zentrale Sozialisationsbedingungen und ist entscheidend für das Wohlbefinden der Jugendlichen. Die Gefahr, daß in der Schule empfindliche Enttäuschungen und »Deprivationen« erfahren werden, steigt entsprechend an. Wer hier nicht mithalten kann, hat viel zu verlieren und läßt – meist durchaus kalkuliert – soziale Spielregeln des menschlichen Umgangs außer acht, um sich über Aggression und Gewalt neue, alternative Formen von öffentlicher Aufmerksamkeit zu sichern (Brusten/Hurrelmann, 1973; Olweus 1983):

Wie verantwortlich sind Umwelt und Familie?

Zu den wichtigsten Risiken im sozialen, räumlichen, regionalen und ökonomischen Umweltbereich von Jugendlichen gehört zweifellos die starke Reizung von optischen und akustischen Sinneseindrücken durch die mediatisierte Welt. Durch Radio, Fernsehen, Video, Walkman und Computer erleben Kinder und Jugendliche heute eine Überstimulierung entsprechender Sinneseindrücke, die mit ihrer erfahrungsbezogenen Verarbeitung oft nicht schritthalten kann. Demgegenüber erfahren sie in den emotionalen, haptischen, taktilen und

16   Gegen Gewalt in der Schule

motorischen Sinnesbereichen oft eine Unterstimulierung, sie haben
wenige Möglichkeiten zur spontanen motorischen und körperlichen
Entfaltung und Eroberung ihrer Umwelt und sind deshalb in vielen
Bereichen ihres Gefühls- und Körpererlebens gehandicapt. Die spielerische Eroberung von Landschaften und Stadtbereichen sowie von
sozialen Kontaktfeldern mit Gleichaltrigen und Erwachsenen ist für
sie nicht selbstverständlich. Im Straßenbereich sind ihre Entfaltungsmöglichkeiten zumindest in den Großstädten, zunehmend
auch in den ländlichen Bereichen, beängstigend klein. Der Straßenverkehr hat ein solches Ausmaß und eine solche Kompliziertheit erreicht, daß Kinder ihm nicht gewachsen sind. Bekanntlich sind Ver-
kehrsunfälle die Todesursache Nr. 1 im Kindes- und Jugendalter.
Hinzu kommt die starke Belastung von Luft, Wasser, Umwelt und
Nahrungsstoffen, sowie die Lärmbelästigung, die ganz offensichtlich Kindern und Jugendlichen mehr zu schaffen macht, als viele Jahre angenommen worden war (Hurrelmann 1990).
Auch im familialen Bereich sind zahlreiche strukturell angelegte Risiken zu erkennen, die zu einer Belastung für Kinder und Jugendliche führen können (Nave-Herz 1988):

•   Ein erster Punkt sind die sich verändernden sozialen Familien-
    konstellationen und Familienformen. Wir haben heute typischer-
    weise in den Industrieländern immer mehr Familien mit einer
    kleinen Kinderzahl, mehrheitlich nur einem Kind pro Familie.
    Damit sind die sozialen Kontaktmöglichkeiten für Kinder im Fa-
    milienbereich naturgemäß beschränkt. Die Chance und zugleich
    die Gefahr ist groß, daß die Kontakte zwischen Eltern und Kind
    emotional zu dicht und zu eng werden, so daß eine selbständige
    Entwicklung (und auch die spätere Ablösung von der Familie)
    kompliziert wird.

•   Ein zweiter neuralgischer Punkt ist die soziale Instabilität der
    heutigen Familie durch die hohe Scheidungsziffer; sie ist seit 1950
    um das Dreifache auf 35 % der Ehen gestiegen. Hierdurch erfährt

ein immer größerer Anteil von Kindern Verunsicherungen im primären Beziehungskreis von Vertrauenspersonen. Die psychische und soziale Belastung durch die Trennung der Eltern ist nachweislich außerordentlich groß und hat eine langfristige Beeinträchtigung des sozialen und psychischen Vertrauens der Kinder zur Folge.

• Ein dritter Bereich ist der Trend zu Kleinstfamilien, zu sogenannten Ein-Eltern-Familien. Im Bundesgebiet sind heute schon 15 % aller Familien solche Kleinstgebilde, in den städtischen Ballungsgebieten steigt in einigen Zonen die Zahl bis auf 30 % an. Psychisch, sozial, organisatorisch und finanziell ist eine solche Kleinstfamilie ein kompliziertes Gebilde, da einmal die Beziehung zwischen dem einen Elternteil (meist der Mutter) und dem Kind auf Gedeih und Verderb funktionieren muß, wenn beide befriedigend zusammenleben wollen, und da zum anderen erfahrungsgemäß die Organisation des Alltags und auch die wirtschaftliche Absicherung der Kleinstfamilie (Doppelrolle Beruf und Betreuung!) schwer zu bewältigen ist.

• Schließlich müssen wir registrieren, daß die Zahl der Familien wächst, in denen Väter und Mütter einer außerhäuslichen Erwerbstätigkeit nachgehen. Die Bundesrepublik Deutschland gehört noch zu den Staaten, die eine vergleichsweise niedrige Quote von ungefähr 40 % von Müttern mit Kindern hat, die erwerbstätig sind. In den meisten westlichen Industrieländern ist diese Quote bereits erheblich höher, und sie wird voraussichtlich auch bei uns in den nächsten Jahren weiter ansteigen. Dadurch müssen neue Formen der außerfamiliären Kindererziehung aufgebaut werden, an denen es zur Zeit dramatisch mangelt.

Die tieferen Hintergründe für diesen Wandel der Familienformen liegen in veränderten Lebens- und Berufsperspektiven für Männer und Frauen, denen letztlich das Bestreben zugrunde liegt, die eigene

Persönlichkeit nach originären, kreativen und individualistischen Maßstäben zu entfalten. Wie auch immer wir diese Entwicklung beurteilen und einschätzen mögen, die Konsequenzen für die Kinder sind einschneidend. Sie reagieren oft mit Verhaltensschwierigkeiten und Aggressivität, die sie auch in die Schule tragen. In einer großen Zahl von Familien ist heute eine zuverlässige physische, psychische und soziale Pflege der Kinder mit einem stabilen emotionalen Kontakt und einer umfassenden Berücksichtigung ihrer Bedürfnisse ohne zuverlässige Hilfe von außen nicht sicher gewährleistet. Die Hilfe von außen fehlt aber oft, weil die Tradition der Kinderbetreuung in unserem Kulturraum fast ausschließlich auf die inzwischen weit zurückgedrängte »Hausfrauen-Familie« abgestellt ist.

Wie können pädagogische Rahmenbedingungen aussehen?

Wenn wir uns die Frage stellen, wie Jugendliche angemessen unterstützt und gefördert werden können, dann müssen wir von der Erkenntnis ausgehen, daß Verhaltensauffälligkeiten und auch Aggressivitäten als Ergebnis einer spezifischen Form der Auseinandersetzung eines Jugendlichen mit den heute aktuell gegebenen Lebensanforderungen, den Entwicklungsaufgaben und psychischen und sozialen Belastungssituationen zu verstehen sind. Sie sind ein vielleicht subjektiv befreiendes, aber doch langfristig ungünstiges Ergebnis der Auseinandersetzung, weil sie zu Hinderungen der weiteren Entwicklung der Persönlichkeit und/oder zu Störungen der Beziehungen zur sozialen Umwelt führen (Hurrelmann 1986; Olbrich/Todt 1984).

Wie die entwicklungspsychologische und sozialisationstheoretische Literatur zeigt, folgt die Entstehung und Entwicklung von Verhaltensauffälligkeiten einem Verlaufsprozeß. Eine wichtige Funktion haben dabei die individuellen Fähigkeiten von Jugendlichen, sich mit

Lebensanforderungen, Entwicklungsaufgaben und Belastungssituationen auseinanderzusetzen. Der individuelle Stil der Verarbeitung und Bewältigung von Lebensanforderungen entscheidet darüber, wie effektiv Jugendliche mit Risikokonstellationen in Umwelt, Familie und Schule umgehen und wie aktiv sie sich um eine Gestaltung der Situation zu ihren Gunsten bemühen. Dieser Stil wird durch die Sozialisation in Familie und Gleichaltrigengruppe stark geprägt, kann aber auch in der Schule stark beeinflußt werden. Als günstig für eine produktive Form der Problembewältigung erweist sich eine in Grundzügen vorstrukturierte aber zugleich auch für neue Eindrükke offene Form der Verarbeitung von Eindrücken, die rasche spontane Reaktionen bei neu entstehenden Bedingungen zuläßt.

Neben diesen individuellen Verarbeitungsstilen sind auch die »sozialen Ressourcen« von Bedeutung. Sie entscheiden darüber, ob Jugendliche in schwierigen und belastenden Konstellationen mit Unterstützung durch die soziale Umwelt rechnen können und wie diese Unterstützung aussieht. Das »soziale Netzwerk«, in das Jugendliche in Schule, Familie und Gleichaltrigengruppe einbezogen sind, kann emotionale, praktische, finanzielle und soziale Hilfen anbieten, die bei der Bewältigung von Schwierigkeiten den Ausschlag geben können.

In allen gesellschaftlichen Bereichen, in denen sich Jugendliche aufhalten, muß durch geeignete Maßnahmen der pädagogischen, psychologischen, therapeutischen, sozialen, ökonomischen und ökologischen Unterstutzung versucht werden, die individuellen Verarbeitungs- und Bewältigungskompetenzen für Jugendliche zu stärken, damit sie sich effektiv und produktiv mit ihren Entwicklungsaufgaben auseinandersetzen können.

Es steht außer Frage, daß auch der Schule hierbei eine zentrale Aufgabe zukommt. Sie ist zu einer sozial und zeitlich außerordentlich wichtigen Bezugsinstitution für Jugendliche geworden. Auch wenn sie für Verhaltensprobleme und Problemverhalten von Jugendlichen nur teilweise eine Verantwortung trägt, ist sie doch eine zentrale Hilfsinstitution. In erster Linie denke ich hier an flexible, lebendige,

20 Gegen Gewalt in der Schule

lebensnahe und erfahrungsbezogene Konzepte der Didaktik und der Unterrichtsgestaltung. Wird die Schule neben einer Institution für Wissensvermittlung und intellektuelles Training auch zu einem sozialen Forum, zu einem anregenden Bestandteil des Alltags von Jugendlichen, dann eröffnet sie wichtige Erfahrungsräume und fördert die persönliche Selbstentfaltung in vielen Dimensionen der Persönlichkeit. Sie kann damit Enttäuschungen und Irritationen vorbeugen und die Ausgangsbedingungen für Aggressionen eindämmen.

Diese Konzepte sind auf zwei Ebenen umzusetzen, die miteinander eng korrespondieren: der unterrichtsinhaltlichen (curricularen) und der interaktiven (sozialen) Ebene. Die erste Ebene ist die der Information, Wissensvermittlung und gezielten leistungsmäßigen Förderung. Systematisch trainierter Wissenserwerb nach stringent aufgebauten Lehrplänen mit gut abgestimmten Unterrichtseinheiten sind Grundstock für den Aufbau von intellektuellen und sozialen Fähigkeiten und Fertigkeiten von Jugendlichen. Im Idealfall vermittelt schulischer Unterricht Kompetenzen, die sowohl in innerschulischen als auch in außerschulischen Bereichen umgesetzt werden können und insofern zur Bewältigung von Entwicklungsaufgaben beitragen. Ein guter lernzielgesteuerter und schülerorientierter Unterricht hat in diesem Sinn unmittelbare Bedeutung für den Aufbau und die Stärkung der individuellen Verarbeitungs- und Problembewältigungskompetenzen von Schülerinnen und Schülern.

Die zweite, die interaktive Ebene, ist vor allem in Blick auf die Stärkung der sozialen Ressourcen Jugendlicher für die Auseinandersetzung mit Problemlagen von Bedeutung. In der Schule finden täglich über viele Stunden hinweg eine soziale Kommunikation zwischen Schülerinnen und Schülern untereinander und Schülern und Lehrern statt, deren Potential für soziale Unterstützung sorgfältig analysiert werden muß. Dazu ist es hilfreich, sich die Schule als eine soziale Einrichtung im gesamten alltäglichen Netzwerk von Jugendlichen vorzustellen und zu fragen, welche Möglichkeiten neben den lehrplan- und rollenmäßig festgelegten Verpflichtungen der Lehrerschaft bestehen, um soziale Unterstützungsleistungen für problembelastete Schülerinnen und Schüler anzubieten (Heller/Vieweg 1983).

Die Belastungen der Lehrerschaft

Viele Lehrerinnen und Lehrer spüren heute die Irritation, die Verunsicherung und den Erwartungs- und Leistungsdruck, mit dem ihre Schülerinnen und Schüler in die Schule kommen. Sie stellen sich diesen Anforderungen und geben ihr Bestes, um in einer pädagogisch angemessenen Form auf die veränderten Bedürfnisse ihrer Schüler zu reagieren. Immer mehr Lehrerinnen und Lehrer spüren hierbei aber, daß sie an ihre Grenzen gelangt sind. Die Nervosität und Unruhe, die wachsende Aggressivität und Orientierungslosigkeit, die psychosomatische und gesundheitliche Störanfälligkeit der Schülerinnen und Schüler macht ihnen zu schaffen. Wahrscheinlich sind Lehrer als Berufsgruppe heute objektiv stärker belastet als früher, weil sie sich veränderten und in pädagogischer Hinsicht vermutlich gesteigerten Anforderungen gegenübersehen (Heller/Vieweg 1983): Teilweise hiermit mag es zusammenhängen, daß der Anteil von Lehrerinnen und Lehrern wächst, die selbst psychisch, nervlich und gesundheitlich belastet sind. Wir haben keine verläßlichen Umfragedaten hierzu, aber vieles deutet doch auf eine besonders starke Beanspruchung der Berufsgruppe »Lehrer« hin. Mit dem amerikanischen Begriff »burn-out« – wörtlich übersetzt: Ausgebranntsein, Ausgezehrtsein – wird der Endzustand eines Prozesses bezeichnet, in dem Menschen mit viel Enthusiasmus und Idealismus an eine berufliche Aufgabe herangehen und nach einer Phase enttäuschter Erwartungen, unerwarteter Schwierigkeiten und sich aufhäufender Probleme immer stärker in Reizbarkeit, Gleichgültigkeit, Zynismus und Depression verfallen. Dieser Zustand der psychischen Auszehrung wurde bei Lehrern, aber auch bei anderen Berufsgruppen gefunden, die stark auf die Arbeit mit anderen Menschen und auf das

Geben und Helfen ausgerichtet sind: z.B. bei Sozialarbeitern, Therapeuten und Managern. Gleichgültigkeit und Zynismus als Vorstufen von Demoralisierung und Depression sind natürlich gerade in diesen Berufen besonders verhängnisvoll, denn Engagement und Einfühlungsfähigkeit sind die wichtigsten Voraussetzungen für die erfolgreiche Erfüllung des beruflichen Auftrages. Die emotionale Distanzierung, die innere Emigration und die soziale Isolation machen die Ausübung des Berufes »Lehrer« so gut wie unmöglich, denn sie haben einen überhöhten Kraftaufwand zur Folge, um auch nur die Routineangelegenheiten der täglichen Arbeit zu bewältigen (Rutter et al. 1980).

Es mag individuelle, in der Persönlichkeitsstruktur verankerte Ursachen geben, die manche Lehrerinnen und Lehrer besonders anfällig für Auszehrungsprozesse machen. Ein ohnehin labiles Selbstwertgefühl, eine geringe Selbstachtung, eine geringe persönliche Stabilität, eine nur kleine Bereitschaft, sich anderen Menschen gegenüber zu öffnen und Hilfe und Unterstützung durch andere anzunehmen – das sind ganz offen- sichtlich ungünstige Voraussetzungen, um mit den täglichen Berufsbelastungen zurechtzukommen. Auch sind Menschen stark gefährdet, die Enttäuschungen in einem Lebensbereich, z.B. dem privaten, auf Enttäuschungen in anderen Lebensbereichen (z.B. dem beruflichen) übertragen und sich damit von Erfolgserlebnissen und positiven Rückmeldungen auf breiter Front abschneiden. Aber ganz offensichtlich liegen die eigentlichen Ursachen für das Ausgezehrtsein auch in den kontextuellen, in den strukturellen Rahmenbedingungen für den Arbeitsprozeß. Ihnen müssen wir deswegen eine besondere Aufmerksamkeit zukommen lassen. Lehrerinnen und Lehrer, die mit ihren beruflichen Anforderungen nicht zurecht kommen, benötigen Entlastung und zugleich neue Felder der beruflichen Bestätigung und Befriedigung.

Das zentrale Problem liegt hier in der Definition des Arbeits- und Aufgabenbereiches und dem Haushalten mit den eigenen Kräften, die einer Person zur Verfügung stehen. Es ist deshalb wichtig, auf den gesamten sozialen Rahmen für die Arbeitsbedingungen von

Lehrerinnen und Lehrern in der Schule zu achten. Nur beruflich engagiert, psychisch und sozial gesunde Lehrer können Schülern wirklich das an Unterstützung und Förderung bieten, was sie benötigen. Günstige Arbeitsvoraussetzungen für Lehrer, nach quantitativen und qualitativen Aspekten der Belastung kontrolliert, sind die entscheidende Voraussetzung für die schwierig gewordene pädagogische Auseinandersetzung mit verhaltensunsicheren, verhaltensgestörten und aggressiven Kindern und Jugendlichen.

Förderung der sozialen Kompetenz

In allen Fächern muß der Versuch gemacht werden, zwei wichtige Komponenten zu beachten, die für die Förderung des Sozialverhaltens von großer Wichtigkeit sind:

- *Soziales Kompetenztraining*: Hier geht es darum, die Fähigkeit und die Bereitschaft zur Auseinandersetzung mit den schulischen Sozialanforderungen zu stärken: Die Schüler sollen lernen, Kontakte untereinander aufzunehmen, Gefühle wahrzunehmen und auszudrücken, soziale Beziehungen zu Freunden zu stabilisieren und zu pflegen, angemessene soziale Verhaltensweisen gegenüber den Lehrern zu erlernen und insgesamt ein prosoziales Verhalten zu entwickeln. Im deutschen Sprachbereich ist vor allem auf das Projekt »Soziales Lernen in der Schule« hinzuweisen. Hier wurden ganze Jahrgangsstufen einbezogen, um Abstempelungs- und Isolierungsprozesse der Schüler zu vermeiden. Die Durchführung erfolgte nach einem Konzept, das Klassenlehrer und speziell ausgebildete Beratungslehrer miteinander kooperieren ließ. Kernpunkt des Projektes war es, daß Schüler lernen sollten, Probleme im Schulbereich und außerhalb des Schulbereichs mit Hilfe sozial akzeptierter Mittel zu lösen. Die Evaluation des Programms weist auf einen spürbaren Erfolg der Maßnahmen hin (Lerchenmüller 1986).

- *Transparente und gerechte Chancenstruktur*: Hier geht es um den Aufbau und die ständige Präzisierung und Weiterentwicklung von klaren Regeln für die Beurteilung der Leistungsfähigkeit und des Leistungsstandes von Schülern. Diese Beurteilungsmaßstäbe müssen klare Spielregeln für positive und negative Sanktionen enthalten. Entscheidend sind objektiv faire und berechenbare Umgangsformen im fachlichen Leistungsbereich und im sozialen Beziehungsbereich, die jeder Schülerin und jedem Schüler – auch solchen mit ungewöhnlichem Leistungsprofil und fremdartigem Verhaltensprofil – die Chance zur Anerkennung und Akzeptierung bieten. Die Schule muß alles tun, um von den Schülern als eine »gerechte Gemeinschaft« empfunden zu werden, die auch ein Spiegelbild wichtiger Erfahrungsbereiche im Berufs- und Erwachsenenleben bietet. Im Schulbereich erfahren alle Schüler elementare gesellschaftliche Spielregeln der Leistungseinordnung und der »Kategorisierung« ihrer Verhaltensweisen nach bestimmten Wertmaßstäben. Wird diese Einstufung als konsequent und klar und in ihren Auswirkungen und Anwendungen fair eingeschätzt, wird eine Grundlage hergestellt, in der auch nachweisbar das Auftreten von Aggressivität und Gewalt zurückgedrängt wird (Gottfredson 1986).

Schulen sollten auf Verhaltensprobleme der Schülerinnen und Schüler und besonders auch auf aggressives Verhalten soweit wie möglich mit ihren ureigensten Mitteln als pädagogische Institution eingehen und dabei Stigmatisierungs- und Etikettierungsstrategien vermeiden. Je konsequenter sie mit den ihnen zur Verfügung stehenden Stimulierungs- und Kontrollmöglichkeiten umgehen, desto überzeugender können sie in ihrem Einzugsbereich der Entstehung und Verbreitung von Aggressivität entgegenwirken. Schulen bieten für alle Jugendlichen vielfältige soziale und intellektuelle Lernmöglichkeiten, darunter natürlich auch die Erfahrung des Umgangs mit Aggressivität. Es kommt auf die Art und Weise der pädagogischen Verarbeitung dieser Erfahrungsmöglichkeiten an, ob sie zu einer

Stärkung der Persönlichkeitsentwicklung von Jugendlichen genutzt werden können oder nicht. Je günstiger das soziale Schulklima, je gerechter und fairer die in der Schule geltenden Regeln für Bewertung und Beurteilung, je klarer die Chancenstruktur und die demokratischen Mitbestimmungsmöglichkeiten, je eindeutiger also das Regelsystem der Schule mit den impliziten Steuerungs- und Kontrollmechanismen im Unterricht und im gesamten Schulleben, desto eher werden die Schulen von Schülerinnen und Schülern als wichtiger Bestandteil eines formativen Lebensabschnittes wahrgenommen und anerkannt.

Literatur

Baacke, D. (1983): Die 13- bis 18jährigen. – Einführung in die Probleme des Jugendalters. Weinheim: Beltz

Bach, H. u. a. (1984): Verhaltensauffälligkeiten in der Schule. Statistik, Hintergründe, Folgerungen. Mainz: Kohlhammer

Bründel, H./Hurrelmann, K. (1994): Gewalt macht Schule. München: Droemer

Brusten, M./Hurrelmann, K. (1973): Abweichendes Verhalten in der Schule. Eine Untersuchung zu Prozessen der Stigmatisierung. München: Juventa

Engel, U./Hurrelmann, K. (1989): Psychosoziale Belastung im Jugendalter. Empirische Befunde zum Einfluß von Familie, Schule und Gleichaltrigengruppe. Berlin: De Gruyter

Feldmann, K. (1980): Schuler helfen Schülern. München: Urban & Schwarzenberg

Feltsches, J. (1978): Disziplin, Konflikt und Gewalt in der Schule. Heidelberg: Quelle & Meyer

Fend, H. (1977): Schulklima. Weinheim: Beltz

Franz, H.J. (1986): Bewältigung gesundheitsgefährdender Belastung durch soziale Unterstützung in kleinen Netzen. Konstanz: Hartung-Gorre

Goldstein, A.P./Apter, S.J./Harootunian, B. (1984): School Violence. Englewood Cliffs: Prentice Hall

Gottfredson, D. (1986): An empirical test of school-based environmental and individual interventions to reduce the risk of delinquent behavior. Criminology 24, 705–729

Heller, K.A./Vieweg, H. (1983): Die Rollenproblematik des Lehrers als Berater. Opladen: Westdeutscher Verlag

Holtappels, H.G. (1985): Schülerprobleme und abweichendes Schülerverhalten aus der Schülerperspektive. Zeitschrift für Sozialisationsforschung und Erziehungssoziologie 5, 291–323

Hurrelmann, K. (1988): Schulische »Lernarbeit« im Jugendalter. In: Zeitschrift für Pädagogik, 34 Jg., 6, 761–779

Hurrelmann, K. (1990): Familienstreß, Schulstreß, Freizeitstreß. Weinheim: Beltz

Hurrelmann, K. (1986): Einführung in die Sozialisationstheorie. Weinheim: Beltz

Klockhaus, R./Habermann-Morbey, B. (1986): Psychologie des Schulvandalismus. Göttingen: Hogrefe

Lerchenmüller, H. (1986): Evaluation eines Lernprogramms in der Schule mit delinquenzpräventiver Zielsetzung. Köln: Heymanns

Mansel, J./Hurrelmann, K. (1991): Jugendliche im Alltagsstreß. Weinheim: Juventa

Martin, L.R. (1981): Schulberatung. Stuttgart: Klett

McPartland, J.M./McDill, E.L. (1977): Violence in schools: Perspectives, programs and positions. Lexington: Lexington Books

Nave-Herz, R. (1988): Wandel und Kontinuität der Familie in der BRD. Stuttgart: Enke

Olbrich, E./Todt, E. (Hg.) (1984): Probleme des Jugendalters. Berlin: Springer

Olweus, D. (1983): Low school achievement and aggressive behavior in adolescent boys. In: Magnusson, D./Allen, V.L. (Eds.): Human Development. New York: Academic Press, 353–365

Rutter, M./Maugham, B./Mortimer, D./Ouston, J. (1980): Fünfzehntausend Stunden. Schulen und ihre Wirkung auf Kinder. Weinheim: Beltz

Heinz Schirp

Schule und Gewalt

Gestaltung – Öffnung – Reflexion – drei Ansätze zur Gewaltprävention in der Schule

Ich werde zunächst auf einige Ansätze und Erklärungsmodelle von Gewalt eingehen, um zu zeigen, von welchen theoretischen Annahmen zur Entstehung von Gewalt dieses Präventionskonzept ausgeht.

In einem weiteren Schritt möchte ich aus der Sicht der Schul- und Unterrichtsforschung aufzeigen, wo und zu welchen Aspekten es überhaupt Berührungspunkte zur Bildungs- und Erziehungsarbeit in Schule und Unterricht gibt.

Schließlich werde ich auf drei Innovationskonzepte schulischer Arbeit eingehen, die geeignet erscheinen, als Rahmen für die Aufarbeitung und Reduzierung von Gewaltphänomenen zu fungieren. Mit diesem letzten Nebensatz, der auf die eher bescheidenen Möglichkeiten von Schule und Unterricht verweist, möchte ich mit einem ersten »statement« meine Grundposition dazu skizzieren.

Die Auseinandersetzung mit Entstehung und Aufarbeitung von Gewaltphänomenen bei Kindern und Jugendlichen führt dazu, auch über strukturelle Schwächen unserer jetzigen Unterrichtsschule nachzudenken. Daraus wird dann erkennbar, wie Perspektiven und Innovationen aussehen könnten, die sich stärker als bisher an den Voraussetzungen und Bedürfnissen der Schülerinnen und Schüler orientieren.

Die Überlegungen zu schulischen Handlungsmöglichkeiten, auf die im 4. Teil eingegangen wird, beziehen sich auf zwei explorative Projekte, die im Landesinstitut für Schule und Weiterbildung durchgeführt werden:

»Gestaltung des Schullebens und Öffnung von Schule« (GÖS) und

»Demokratie und Erziehung in der Schule – Förderung moralisch-
demokratischer Urteilsfähigkeit« (DES).
Beide Projekte sind nicht spezifisch auf die Gewaltproblematik bezogen; es erweist sich allerdings, daß sie eine hohe Affinität dazu
haben.
Da es nicht möglich ist, beide Projektansätze im Rahmen dieses Bei-
trags ausführlich darzustellen, haben wir die im Landesinstitut dazu
erarbeiteten Materialien in den Literaturhinweisen aufgeführt.

1. Theoretische Ansätze zur Erklärung von Gewalt

Es ist sicher ganz nützlich, sich zunächst einige der gängigsten
Erklärungsmodelle zur Entstehung von Gewalt in Erinnerung zu
rufen.
Zum einen zeigt die Palette der hier aufgeführten zehn Theorien und
Erklärungshypothesen, daß es offensichtlich *das* Erklärungsmodell
für das Entstehen und die Virulenz von Gewalt nicht gibt; zum zweiten wird beim Aufzeigen der einzelnen Ansätze bereits erkennbar,
welche Affinitäten zum Interaktionsfeld »Schule« bestehen, bzw. ob
und wie sie sich für die Entwicklung von Ansätzen zur Gewaltprävention eignen. Deshalb soll und wird es nicht verwundern, wenn
ich nach einer ersten Skizzierung besonders auf *die* Erklärungsansätze eingehe, die für die Entwicklung *schulbezogener Präventionsan-
sätze* besonders als tragfähig erscheinen.
Zunächst in schlagwortartiger Kürze die unterschiedlichen Erklärungsansätze.[1]
1. Das »*physiologische*« Erklärungsmodell:
    Gewalt wird erklärt als Ergebnis physiologischer Fehlfunktio-
    nen im Nerven- und Hormonsystem. (Delgado, von Holst)
2. Das »*Trieb-Instinkt*« Erklärungsmodell:
    Gewalt wird erklärt als das Ergebnis virulenter Aktivitäten in
    Abhängigkeit von latenten, fundamentalen Trieben und/oder an-
    geborenen Instinkten des Menschen. (Freud/Lorenz)

3. Das »*Frustrations-Aggressions*« Erklärungsmodell:
   Gewalt wird erklärt als Ergebnis von Frustrationen und als Reaktion auf unbefriedigte Bedürfnislagen. (Dollard, Doob, Miller,
   Mowrer & Sears)
4. Das »*Charakter-Defizit*« Erklärungsmodell:
   Gewalt wird erklärt als Ergebnis fehlenden oder pervertierten
   ethischen Bewußtseins; gewissermaßen als Ergebnis nicht vor-
   handener oder nicht ausdifferenzierter Wertorientierung. (Erich
   Fromm)
5. Das »*Bedrohung-Aggressions*« Erklärungsmodell:
   Gewalt wird erklärt als Reaktion auf Verhaltensweisen anderer
   in Situationen, die subjektiv als bedrohlich wahrgenommen werden. Probleme, Spannungen und Konflikte werden entsprechend
   dieser Wahrnehmung gewalttätig aufgelöst. Gewalt definiert sich
   als Abwehr tatsächlich oder vermeintlich drohender Angriffe.
   (Hovland und Sears)
6. Das »*Aggression-Attribution*« Erklärungsmodell:
   Gewalt wird erklärt als das Zusammenwirken ganz bestimmter
   psychischer Prozesse und ganz bestimmter sozialer Situationen.
   Die psychischen Prozesse werden dabei durch feindselige Zuschreibungen bestimmt, d.h. dem Gegenüber werden von vornherein aggressive Absichten unterstellt und zugeschrieben; bei
   den sozialen Situationen sind besonders *die* spezifisch gewalt-
   auslösend, die sich durch Uneindeutigkeit auszeichnen. Das
   bedeutet etwa, daß Menschen, die als aggressiv gelten, in einem
   Zirkel von feindseligen Zuschreibungen (Attributionen), gewalttätigem Verhalten und sozialer Etikettierung verfangen sind, der
   besonders dann wirksam wird, wenn soziale Situationen ungeklärt und mehrdeutig sind. (Dodge)
7. Das »*Segregation-Aggression*« Erklärungsmodell:
   Gewalt wird erklärt als Ergebnis sozialer Ausgrenzung und damit verbundener reduzierter Kommunikation und sozialer In-
   teraktion, wobei durch die ausgelösten Feindseligkeiten und die
   damit wieder entstehenden Verständnisbarrieren ein eskalieren-

der, sich selbst stabilisierender Kreislauf von Gewalt und Gegengewalt entsteht. (Newcomb und Sherif)

8. »*Soziale Desintegration*« als Erklärungsmodell:
Gewalt wird erklärt als das Zusammenwirken von Sozialisationsfaktoren, die allesamt eine soziale Entwurzelung und damit eine Orientierungslosigkeit für den einzelnen zur Folge haben.[2]

9. Das »*Modell-Lernen*« als Erklärungsansatz:
Gewalt wird erklärt als Ergebnis eines erlernten Verhaltensmodells, das sich entweder als erfolgreich bewährt hat oder zu dem (noch) keine als tragfähig sich erwiesene Alternative aufgebaut werden konnte. (Selg, Bandura)

10. »*Urteilskompetenz-Defizit*« als Erklärungsmodell:
Gewalt – im Sinne der hier zur Diskussion stehenden »Alltagsgewalt von Kindern und Jugendlichen« – wird erklärt als ein Verhalten, das stärker durch spontane, emotionale und affektive Faktoren gesteuert wird als durch eine moral-kognitive Reflexion, die das eigene Handeln begründet und im Sinne einer entwickelten Urteilskompetenz an überindividuellen Werten und/oder Prinzipien sich orientiert.

Angesichts der bisher vorliegenden analytischen Studien zur Gewaltlatenz und -virulenz läßt sich aus meiner Sicht keines der skizzierten Erklärungsmodelle als *allein stimmiges* herausstellen. Für die hier zur Diskussion stehenden lebensweltlichen Bereiche der Kinder und Jugendlichen – nämlich »Alltag und Schule« – erscheint es mir sinnvoll und notwendig, drei der skizzierten theoretischen Ansätze miteinander in Beziehung zu setzen. Damit können unterschiedliche Aspekte der Gewaltdiskussion verdeutlicht werden, die ihrerseits wieder Perspektiven für eine »pädagogische Antwort« aufzeigen helfen. Ich möchte deshalb auf die folgenden drei Erklärungsansätze eingehen.

1.1 »*Soziale Desintegration*«

– Soziale Desintegration weist auf eine wachsende Vereinzelung und Isolation der Menschen hin (einen grassierenden ›utilitaristischen‹ und ›expressiven‹ Individualismus); auf ein Lockern der sozialen Verwurzelung bzw. ein Nichtgelingen der notwendigen sozialen Verankerung (Gemeinschaften werden abgelöst von ›Lebensstil-Enklaven‹); auf eine fortschreitende Ausdifferenzierung des gesellschaftlichen Lebensraums in eine Vielzahl unterschiedlicher Bereiche mit unterschiedlichen ›Mitgliedschaftsregeln‹ und handlungsanleitenden Grundsätzen.

– Soziale Desorganisation lenkt den Blick auf den Zustand der Ordnungsstrukturen und ordnungsbildenden und -erhaltenden Prozesse der vorhandenen sozialen Systeme (Gesellschaft, Organisationssysteme, Interaktionssysteme) und signalisiert Verlust und Verfall sozialer Ordnung, sozialer Bindung, informeller Kontrolle und Konfliktregelung.

– Soziale Desorientierung beschreibt das häufige Nichtgelingen von Sozialisations- und Erziehungsprozessen in unserer pluralistischen, multikulturellen und fortschrittsorientierten ›Medien‹-Gesellschaft. Für nicht wenige Kinder und Jugendliche geben die Zeit- und Inhaltsraster von Fernsehen und Videofilmen das dominierende, nicht selten einzige Orientierungsmuster vor. Und dieses folgt vor allem den Gesetzen der Bilder und nicht der Argumentation, des Amüsements und nicht der Bildung und Orientierung.

Gewalttätiges Verhalten von Kindern und Jugendlichen muß auf diesem Hintergrund als *soziales Anschlußverhalten* verstanden werden ... Es offenbart Defizite, Verzögerungen und Verletzungen auch in der emotionalen Entwicklung. Und es weist darauf hin, daß das natürliche ›Antriebspotential‹ von Kindern heute sich vielfach nicht an Ordnungsstrukturen ausrichten kann, daß es nicht aufgenommen und konstruktiv genutzt wird und ihm kaum Entfaltungsmöglichkeiten gegeben werden. Und dies hat zur Konsequenz, daß die Kinder und Jugendlichen häufig keine persönliche ›Handlungsmacht‹ aufbauen können.[3]

1.2 »Modell-Lernen«

Mit dem Konzept des Modell-Lernens wird einerseits erklärt, daß gewalttätige Kinder überdurchschnittlich häufig aus Familien kommen, in denen selbst ein aggressives Klima und gewaltaffine Verhaltensformen existieren. Zum anderen erklärt die Theorie des Modell-Lernens den Zusammenhang von »visuellem Gewaltkonsum« in Fernsehen und Videos und dem aggressiven Verhalten von Kindern und Jugendlichen.

Es ist mir durchaus bekannt, wie kontrovers stellenweise die Effektstudien zur Medienrezeption bei Kindern und Jugendlichen ausfallen. Es bildet sich dennoch ein Aussagetrend heraus, den ich wie folgt skizzieren möchte:[4]

- Die These, Gewalt in den Medien hätte sozusagen eine »reinigende« psychisch entlastende Wirkung, weil sie aggressive Phantasien medial aufarbeite und damit unschädlich mache, wird durch die vorliegenden neueren Forschungsberichte *nicht gestützt*. Eher ist das Gegenteil wahrscheinlich.

- In Zusammenhang mit bestimmten sozialen Situationen können durch Mediengewalt Angst-, Verunsicherungs-, Verstörungs- und Aggressionszustände verstärkt und zu einem durchgängigen Wahrnehmungsmuster aufgebaut werden – vor allem in den Bereichen, wo eigene alternative Erfahrungsmöglichkeiten weitgehend fehlen.

- Psychische Effekte entstehen dadurch, daß durch mediale Gestaltungsmittel Erregungszustände erzeugt werden, die in Ärger, Nervosität und aggressives Verhalten umschlagen können.

- Emotionale Effekte sind zu beobachten, wo besonders schokkierende Szenen aggressionssteigernd wirken und manchmal sogar »traumatische« Langzeitwirkungen haben.

- Auf der kognitiven Ebene besteht die Gefahr, daß durch Mediengewalt Modelle von Konfliktlösungen erzeugt werden, die durch A- und Irrationalität, von Gewaltdominanz und vom Triumph krimineller Energien geprägt sind. Die schlichte Menge medialgewalttätiger Szenen, mit denen Kinder und Jugendliche via TV

konfrontiert werden, führt offensichtlich dazu, »Gewalt« als alltäglich und normal anzusehen, auch wenn die eigene soziale
Wirklichkeit viel weniger »gewalttätig ist.

- Technologische Entwicklungen wie Kabel, Schüssel und Fernbe-
  dienung und durch sie begünstigte Sehgewohnheiten wie das
  »program switching« führen darüber hinaus dazu, daß die einzelnen Kanäle häufig wahllos nach aufregenden Szenen abgesucht
  werden. Dies hat wiederum Rückwirkung auf die Filmemacher
  und Programmgestalter nach dem Motto: »Alle zwei Minuten
  muß etwas Aufregendes passieren, damit der Zuschauer beim
  eingeschalteten Kanal bleibt!« Auf diese Weise werden häufig genug, inhaltliche Zusammenhänge auseinandergerissen, Kontexte
  nicht mehr wahrgenommen, durchgehende Inhaltsabläufe in
  Bruchstücke zerlegt. Es entsteht ein Kaleidoskop isolierter, auf
  Aktion und Effekte abgestellter Bildwelten. So werden langfristig
  verkürzende Modelle von Verhalten und gewaltbezogenen Welt-
  bildern produziert.

1.3 »Urteilskompetenz-Defizit«

Gewalt – im Sinne der hier zur Diskussion stehenden »Alltagsgewalt
von Kindern und Jugendlichen« – wird erklärt als ein Verhalten, das
stärker durch spontane, emotionale und affektive Faktoren gesteuert
wird als durch eine moral-kognitive Reflexion, die das eigene
Handeln begründet und im Sinne einer entwickelten Urteilskompetenz an uberindividuellen Werten und oder Prinzipien sich orientiert.

Die Wahrscheinlichkeit zur Bereitschaft und Anwendung von Gewalt wächst, so könnte man folgern, je geringer ausgeprägt die individuelle Urteilskompetenz ist. Diese These greift allerdings zu kurz,
weil und wenn Gewaltbereitschaft dabei nur festgemacht wird an
kognitiven Argumentations- und Entscheidungsprozessen. Entscheidend sind bei diesem Ansatz vielmehr die folgenden Aspekte:

- Gelingt es überhaupt, eine Reflexionsphase zwischen Gewaltmo-
  tiv und geplanter Aktion einzuschieben?

- Gelingt es, solche Reflexionsphasen zu internalisierten Begründungen des eigenen Verhaltens auszubauen?
- Gelingt es, die Begründungen für das eigene Handeln an Kriterien der Verallgemeinerungsfähigkeit (z. B. für die eigene Gruppe, für größere soziale Gemeinschaften, für die Gesellschaft, für *alle Menschen*) festzumachen?

Es sollte deutlich werden, daß die Entwicklung moral-kognitiver Urteilskompetenz eine besonders schwierige, gleichwohl notwendige Leistung ist, die gerade von der Schule erwartet werden muß. Wo, wenn nicht in der Schule, sollen und können gerade Kinder und Jugendliche nicht nur aus sozial desorientierten Familien oder Lebenssituationen lernen,

- daß man über seine eigenen Handlungsweisen nachdenken kann und sie gegenüber der eigenen Gruppe, anderen Menschen, aber auch sich selbst gegenüber rechtfertigen muß,
- daß Handlungsweisen verantwortet werden müssen,
- daß es tragfähige Alternativen zur affektiven Konfliktlösung durch Gewalt gibt.

Ich fasse zusammen:

Die zuletzt skizzierten drei Erklärungsmodelle scheinen mir für die Bildungs- und Erziehungsarbeit deswegen geeignet, weil sie auf Prozesse, Probleme, Konflikte und deren Zusammenhänge im Rahmen von Gewaltphänomenen verweisen, die durch Lernen und durch Aufarbeitung von neuen Erfahrungen bearbeitbar sind.

Die drei Erklärungsmodelle »passen« ineinander, d. h. sie schließen einander nicht nur nicht aus, sondern sie stützen einander insofern, als sie auch erklären helfen, wie einzelne Defizite in den drei unterschiedlichen Bereichen zu »kummulativen« Effekten führen können.

Gleichwohl lassen sich zu den einzelnen Bereichen jeweils spezifische Handlungskonzepte entwickeln. Für diese gilt dann aber auch, daß sie ineinandergreifen müssen, sich gegenseitig stützen und verstärken müssen.

Als Äquivalent zu den kummulativen Negativ-Effekten bedarf es deshalb sozusagen eines kummulativen, koordinativen Gesamtkonzepts. Dies entspricht einer Generalthese aller von Gewaltphänomenen betroffenen Personen, Institutionen und Einrichtungen. *Jeder ist für sich alleine weitgehend ohnmächtig oder doch nur in einzelnen Teilbereichen einigermaßen erfolgreich. In zunehmendem Maße wird es darauf ankommen, ein Gesamtkonzept für die unterschiedlichen Problemebenen und für die jeweils kompetenten Personen und Institutionen auszuformulieren.*

2. Schulstrukturelle Problemfelder

Bei unseren Überlegungen zur Gewaltprävention dürfen wir nicht die Tatsache aus den Augen verlieren, daß Schule – soziologisch gesehen – eine »Zwangseinrichtung« des Staates ist. Ich gehe hier bewußt auf diesen Gedanken ein, weil sich aus dem »Zwangscharakter« und aus den »strukturellen Gewaltverhältnissen« in der Schule Konsequenzen für die pädagogische Arbeit mit und an Gewaltphänomenen ergeben.[5] Von struktureller Gewalt kann dort die Rede sein, wo eine Kluft besteht zwischen real existierenden Lebensbedingungen und alternativen Möglichkeiten der Selbstentfaltung.

Es ist an dieser Stelle nicht möglich, auf die zahlreichen Beiträge zur Krise der öffentlichen Regel- und Unterrichtsschule in den vergangenen Jahren einzugehen. Ich möchte vielmehr einige Bereiche ansprechen, die aus meiner Sicht direkt etwas mit unserem Thema zu tun haben. Sie zeigen auf, wo Schule und Unterricht möglicherweise vorhandene Probleme, Schwierigkeiten und ungünstige Voraussetzungen bei den SchülerInnen noch verstärken, sie mindestens mit diesen Schwierigkeiten alleine lassen.

Aus der Sicht der Schul- und Unterrichtsforschung ergeben sich Problembereiche, die einen deutlichen Zusammenhang mit den skizzierten psychologischen Erklärungsmodellen aufweisen. Insofern erhärten die Ergebnisse die folgende These:

So wie Schule z. Z. organisiert und strukturiert ist, bietet sie eher geringe Möglichkeiten, Gewaltphänomene aufzuarbeiten; an vielen Stellen konterkariert die »Organisation Schule« sogar entsprechende Bemühungen von Lehrerinnen und Lehrern. Gewaltpräventive Konzepte in der Schule bedürfen neuer Gestaltungsformen von Schule!

Stichwortartig vereinfacht das folgende Schaubild einige wichtige schulstrukturelle Problemfelder: [6]

Die im Schaubild dargestellten schulstrukturellen Probleme möchte ich mit Hilfe einiger Ergebnisse aus der Schule und Unterrichtsforschung konkretisieren.

Aus der Sicht vieler Schüler/innen haben die meisten unterrichtlichen Inhalte und ›Lernprobleme‹ so gut wie nichts mit ihrer eigenen Alltags- und Lebenswelt zu tun. Das, was sie interessiert und bewegt, kommt häufig – wenn überhaupt – nur in Form eines ›motivierenden Einstiegs‹ vor. Aus der Sicht vieler Schüler/-innen kommt es aber darauf an, daß sie den Sinn fachlichen Lernens als konkrete Lernaufgaben und -situationen erkennen können.

Zusammen mit den subjektiv häufig bedeutungslosen Inhalten registrieren sie allerdings auch, wie bruchstückhaft und wie zusammenhanglos die unterschiedlichen fachlichen Inhalte sich ihnen darstellen und welche Schwierigkeiten sie haben, diese Einzelteile zu verarbeiten. »… das ist einfach zu viel für ein armes Schülerhirn. Man kann es nicht an einem Tag mit Grenzwertsätzen, am nächsten Tag mit Vokabeln und Grammatikregeln und am übernächsten Tag mit Musikstilen vollstopfen.[8] Der schnelle Wechsel von immer neuen und unterschiedlichen Fachinhalten in 45 Minuten-Rhythmen hinterläßt bei vielen Schüler/-innen ganz offensichtlich auch den Eindruck des Sprunghaften, man vermißt das Zusammengehörende, das Ganzheitliche, das Durchschaubare. »Es ist so, als wenn man an einem Vormittag sechs verschiedene Filme sieht und jeden dann nur immer für eine halbe Stunde. Am Ende weißt du nicht mehr, was eigentlich zu wem gehört.« Da die überwiegende Anzahl der Unter-

Schule und Gewalt 37

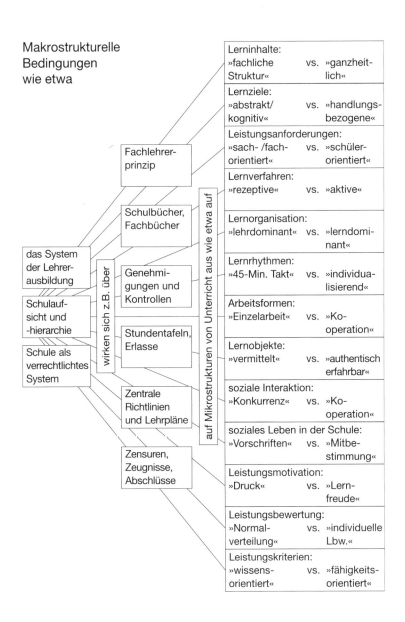

richtsinhalte aus der Sicht der Schüler/-innen keine erkennbaren Bezüge weder zu ihren eigenen Interessen, zu ihren individuellen Fähigkeiten, zu ihrem Alltagswissen noch zu erkennbaren inhaltlichen Zusammenhängen haben, wird auch der Sinn spezifischer Lernanstrengungen nur bedingt eingesehen. Ob und wie man »das denn alles für ›später‹ braucht«, ist eine typische und kritische Anfrage an die schulischen Lerninhalte.

Aus lerntheoretischer Sicht läßt sich diese Schüler/-innen-Kritik etwa so resümieren: In unseren Schulen lernen die Schüler/-innen, »sich Lerngegenstände unabhängig von ihrem konkreten Inhalt, d.h. unabhängig von ihrem aktuellen Lebenszusammenhang anzueignen«. Lernstoff ist also ein Gegenstand mit abstrakter Valenz, er ist wertvoll unabhängig von seinem Nutzen für das augenblickliche Handeln. Gedächtnis als psychischer Gegenstand ... wird wertvoll unabhängig von dem, was es an Inhalten speichert. Diese wechseln mit dem jeweiligen Curriculum. Lernen und Können werden als wertvoll angesehen, ohne daß bestimmte inhaltliche Fertigkeiten für einen aktuellen konkreten Anlaß mitgedacht werden. Im Gegenteil, Handlungskompetenzen erscheinen um so wertvoller, je breiter sie verwendbar sind. Der Wert der formalen Bildung wird gerade in ihrer Unabhängigkeit von konkreten Aufgabenstellungen in ihrem universellen Nutzen gesehen.[9]

Daß sich eine solche Form *schulischen Lernens* vom alltäglichen Lernen und Arbeiten unterscheidet, liegt auf der Hand. Vier Aspekte fallen besonders direkt ins Auge; wenn man Lernen in der Schule und Lernen im Alltag miteinander vergleicht:

– Im klassischen Unterricht lernt jeder weitgehend für sich, im Alltag werden in viel stärkerem Maße gemeinsame Aktivitäten und Arbeitsformen benötigt;

– Im Unterricht herrscht abstrakt-logisches Denken vor (»pure mentation«), im Alltag und im Berufsleben instrumentelles, praktisches werkzeugunterstütztes Lernen und Arbeiten (»tool manipulation«);

– Im Unterricht geht es überwiegend um symbolisches Handeln, im Alltag um begründetes, praktisches Handeln in ganz konkreten Kontexten;

– Unterricht leitet überwiegend zu generalisierendem Lernen an, im Alltag werden stärker situationsspezifische Kompetenzen benötigt.[10]

Schulisches Lernen ist in den Augen vieler Schüler/-innen überwiegend passiv, reaktiv und damit langweilig. Sie beklagen, daß man selbst eigentlich gar nichts ›tun‹ kann, daß z. B. praktisches Handeln, praktische Arbeiten schlicht nicht stattfinden, daß der Unterricht überwiegend von den Lehrer/-innen ›gemacht‹ wird. Die aus Unterrichtsplanung und -arrangement der Lehrer/-innen sich ergebenden Interaktionsmuster und die daraus entstehende Verteilung von sprachlichen und lernpraktischen Aktivitäten lassen den Schüler/-innen offensichtlich relativ wenig Möglichkeiten für Eigentätigkeit, Selbsttätigkeit und selbständige Verarbeitung z. B. mit Hilfe ›eigener‹ Verfahren, Lösungswege und nach eigenen Überlegungen. In vielen Unterrichtssituationen liegt die ›pädagogische und didaktische Definitionsmacht‹ so stark bei den Unterrichtenden, daß die Eigentätigkeit der Lernenden sich darin erschöpft, Fragen – möglichst kurz und eindeutig – zu beantworten oder die von der Lehrkraft gestellte Aufgaben zu ›erledigen‹. »Die Forderung von seiten der Schule nach ihrer ›eigenen Mitarbeit, die von ihnen selbst ausgeht‹, kann von diesen Schülern nur als eine Forderung verstanden werden, die – manchmal sogar zynisch – gegen sie gerichtet ist; denn hier wird etwas von ihnen verlangt, das sehr wohl ihrem Interesse entspräche, ihnen aber in der gegenwärtigen Schule verunmöglicht, wenn nicht sogar verboten wird.[11]

Diese *unterrichtlich erzeugte Langeweile* durch allzu häufige Inaktivität ist ganz sicher auch mitverantwortlich für einen nicht unerheblichen Teil von Unterrichtsstörungen, über die so viele Lehrkräfte tagtäglich sich beklagen. Zwei 18- und 19jährige Schülerinnen dazu: »Vielleicht gäbe es diese Störungen überhaupt nicht, wenn wir irgendeinen Einfluß auf die Unterrichtsstoffe hätten. So ist es für mich einfach todlangweilig: in Deutsch, in Geschichte, in Fran-

zösisch, in Italienisch und in Mathematik ganz besonders.« »Wir fühlen uns nicht unter- oder überfordert, sondern sozusagen fehlgefordert. Und dadurch entsteht diese wahnsinnige Langeweile«.[12]
Weil es vielen Schülern/-innen ganz offensichtlich schwer fällt, den Sinn des Lernens, den praktischen Nutzen und aktuelle An- und Verwendbarkeiten des Gelernten zu erkennen, reduziert sich ›Sinn‹ auf ein Lernen für die Noten. Eher vage sind Vorstellungen entwikkelt, was das Gelernte z. B. für eine spätere Berufsausbildung bringt, vor allem dann, wenn es nicht in das ausgewählte Berufsspektrum paßt.

Die Gleichsetzung »Lernen« = »Arbeiten für Noten und Zensuren« beeinträchtigt die Lernzufriedenheit ganz erheblich. Die Lernenden erleben ja allzu häufig, daß schulische Lern- und Leistungsbewertungen – besonders da, wo sie negativ sind – sich massiv auf ihren privaten, außerschulischen Alltag, auf Freizeit und Familienleben auswirken. Besonders, wenn es um wichtige Entscheidungen in der schulischen Karriere geht (Übergang zum Gymnasium, Zeugnisse, Bildungsabschlüsse), führen schlechte Leistungsbewertungen häufig zu als belastend und bedrückend empfundenen familialen Problemen und Konflikten. Das Messen individueller Leistungen etwa an der ›Normalverteilung‹ tut ein übriges: Egal wie intensiv und ernsthaft man sich vorbereitet hat, egal ob man den eigenen Möglichkeiten entsprechend optimal eine Aufgabe, eine Klassenarbeit bewältigt hat – immer bekommt ein bestimmter Prozentsatz einer Lerngruppe bescheinigt, daß diese Leistung – gemessen an eben dieser Normalverteilung – mangelhaft oder gar ungenügend ist. Es muß so der Eindruck entstehen, daß Unterricht und Schule Lernen weniger unter dem Aspekt der erfolgreichen Qualifizierung organisieren als unter Aspekten von Prüfungen und Klassenarbeiten, die ja für viele jedesmal mit Streß, Angst vor Versagen, Mißerfolg und Konkurrenzdruck besetzt sind – keine besonders günstigen Voraussetzungen für erfolgreiches Lernen und Leisten. Die Schule muß sich in der Tat fragen lassen, ob nicht gerade dieser »Ausschluß von günstigeren Lerngelegenheiten gesellschaftlich funktional bzw. erwünscht« ist.[13]

Hier geht es im Kern um die Frage, ob ihre Qualifizierungsfunktion nicht angesichts ihrer starken Selektions- und Allokationsfunktion noch unterentwickelt ist. Nun ist aber gerade das Bewußtsein, ob und wie eine Schule die individuellen Fähigkeiten der Schüler/-innen fördert, erfolgreiches Lernen und Arbeiten unterstützt und Vertrauen in ihre Lernfähigkeiten setzt, eine ganz entscheidende Variable erfolgreicher schulischer Arbeit. Ja man kann sogar sagen: Je stärker unterrichtliches Lernen den Qualifizierungsaspekt vor den Selektionsprozeß setzt, je stärker bei Lernenden und Lehrenden das Bewußtsein ausgeprägt ist, daß Lehr- und Lernverfahren auf die erfolgreiche Bewältigung von Lernaufgaben ausgerichtet sind, desto besser werden Lernbereitschaften, Lernleistungen und Lernergebnisse. Eine schülerorientierte Lern- und Leistungsperspektive stellt sich insofern als eine zentrale Variable für Schulerfolg und Lernzufriedenheit dar.[14]

Damit in Zusammenhang stehen die traditionellen Organisationsformen von Schule und Unterricht und das gesamte soziale, räumliche und klimatische Ambiente von Schule, das sich mit dem Begriff der »*Schul- und Lernkultur*« überschreiben läßt.»Kultur« verweist dabei auf Inhalte und Formen des Miteinanderlebens, die sich ausrichten an Orientierungen, die sich als sinnvoll, wichtig und hilfreich erwiesen haben und die zu tragfähigen Orientierungen sich entwickelt haben.»Kultur« ist insofern etwas, was Gemeinschaft ausbilden und tragen hilft, was von den Beteiligten mit-gelebt und gemeinsam ausgestaltet werden kann und was deshalb ein Stückchen weit Sicherheit gibt.

Schauen wir uns unsere Schulen unter dem Aspekt der Schul- und Lernkultur an, dann wird schnell erkennbar, daß die meisten Schulen in diesem Bereich noch Nachholbedarf haben.

Empirische Untersuchungen zur Frage »Was ist eine ›gute‹ Schule?« helfen bei einer entsprechenden Konzeptbildung.

Gute Schulen zeichnen sich dadurch aus,

– daß sie fachliches Lernen und erzieherisches Handeln miteinander verbinden,

- daß in ihnen ein hoher Konsens zwischen den Mitgliedern eines Kollegiums im Hinblick auf pädagogisch-erzieherische Leitideen besteht,
- daß sie sich als Teil der Lebenswirklichkeit ihrer Schülerinnen und Schüler verstehen und durch die soziale Gestaltung ihres Lebensraums selbst Sinn vermitteln,
- daß in ihnen eine Atmosphäre der sozialen Zuwendung herrscht.[15]

Nun scheint aber der pädagogische Konsens in Schulen weitgehend verlorengegangen zu sein.

An welchen Schulen, so ist zu fragen, wird z. B. darüber diskutiert, welchen Stellenwert Erziehungskonzepte im gemeinsamen Schulprogramm haben sollen, wie Kolleginnen und Kollegen gemeinsam ein solches Erziehungskonzept schulintern entwickeln und unterrichtlich umsetzen können?

Ich vermute, daß ein wesentlicher Hinderungsgrund dafür darin zu suchen ist, daß alle Beteiligten befürchten, in einer solchen Erziehungsdiskussion doch wieder nur mit den sattsam bekannten Wertepositionen konfrontiert zu werden, etwa: Forderungen nach mehr Ordnung und Disziplin auf der einen und eher an emanzipatorischen Leitideen ausgerichteten Forderungen auf der anderen Seite und dazwischen ein breites Spektrum von »sowohl – als auch«, mal »autoritativ« mal »laissez-faire«, ein bißchen »sozial-integrativ« hier und ein bißchen »Erziehung zu Alltagstugenden« da. Es fehlen die integrationstüchtigen, diskursfähigen und »frontübergreifenden« Diskussionsansätze. Darauf werde ich noch genauer einzugehen haben.

Es gibt weiterhin eine Fülle von Untersuchungen zur Motivationskrise, zur Berufsunzufriedenheit, zu resignativen Erfahrungen und zu Rollenkonflikten bei *Lehrern und Lehrerinnen*. Sie stehen gewissermaßen am Ende einer Verursachungskette und sehen häufig genug die gesellschaftlichen, familiären und schulischen Probleme, mit denen ihre Schüler konfrontiert werden.

Sie erkennen – das zeigen viele Berichte von Kollegen und Kolleginnen – daß sie eigentlich ihre pädagogische Arbeit mit ihren Schülern intensivieren müßten, Zeit brauchten, um mit ihnen über die Probleme sprechen zu können, die diese beschäftigen und die häufig genug in Form von Aggressivität oder Lustlosigkeit doch in den Unterricht eindringen – ohne allerdings pädagogisch aufgearbeitet werden zu können. Andererseits gibt es da die Rolle des »Stoffvermittlers«, des »Lehrplanerfüllers«, das verständliche Interesse daran, den Schülern »etwas beizubringen«, damit sie die nächste Unterrichtseinheit verstehen, die nächste Klasse erfolgreich durchlaufen und die nächste Abschlußqualifikation erreichen können.

Wenn Lehrer und Lehrerinnen davon berichten, daß sie sich »die Zeit stehlen« müssen, um mit ihren Schülern/-innen über deren Probleme – individuelle oder gemeinsame – reden und sie pädagogisch sinnvoll aufarbeiten zu können, dann wird verständlich, warum viele die Flinte ins Korn geworfen haben und sich häufig nolens-volens auf ihre Rolle als Wissensvermittler beschränken. Aber geht damit nicht selbst ein Stück »Sinn« verloren, ein Stück des inneren Engagements, mit dem viele angetreten sind, ihren Schülern gute Lehrer zu werden. So wie es eine Sinnkrise im Jugendalter gibt, so scheint es eine Sinnkrise im Lehreralltag zu geben.

In amerikanischen Untersuchungen ist z. B. der Frage nachgegangen worden, wie sich die Grundeinstellungen der Lehrkräfte auf Schul- und Unterrichtseffekte auswirken. Brookover u.a. sprechen dabei von einem ›Gefühl der Nutzlosigkeit‹ (sense of futility) und zeigen auf, daß und wie dieses Gefühl der Nutzlosigkeit negativ auf die Leistungen der Schüler/-innen sich auswirkt.[16]

In Schulen, in denen ein schülerorientiertes Klima, eine pädagogische Schulatmosphäre herrscht, werden auch bessere schulische Leistungen erbracht. Das wird sicherlich alle die beruhigen, die das Gespenst einer pädagogischen Verwahrschule aufziehen sehen, einer Schule, in der es zwar gemütlich und entspannt zugeht, in der aber keine Leistungen erbracht werden.

Erzieherische Ausformung von Schule und Lernleistungen schließen eben einander nicht nur nicht aus – sie bedingen geradezu einander.

Dies setzt aber voraus, daß »Wertorientierung« und »Urteilsförderung« integrierte Teile von Schulleben und Unterricht sind.

Studien über den »geheimen Lehrplan« zeigen aber auch, daß alle schönen, wahren und richtigen Normen, die wir unseren Kindern und Jugendlichen in verschiedenen Variationen und verschiedenen Fächern vorstellen, unwirksam bleiben, wenn der schulische Alltag, das Innenleben von Schule und Unterricht diese Normen wieder konterkarieren.

Wir werden diesen Zusammenhang bei der schulpraktischen Nutzung der »Förderung von Urteilsfähigkeit« wieder aufgreifen.

Bezogen auf die festgestellten psychsozialen Bedingungen von Gewaltdisposition und Gewalt läßt sich zusammenfassen:

1. Schule ist oft (noch) nicht der Lebens- und Erfahrungsraum, in dem Schüler/-innen modellhaft erfahren können, wie individuelle Bedürfnisse und soziale Interessen miteinander ausbalanciert werden können, wie soziale Konflikte friedlich und kompromißbereit gelöst werden können, wie man selber an der Gestaltung seines Lebensraumes mitwirken kann.

2. Schule trägt nur bedingt zur sozialen Integration bei. Sie berücksichtigt zu wenig die tatsächliche Lebenswelt der Schüler/-innen, deren Deutungsmuster von Wirklichkeit und nutzt zu wenig die Institutionen und Organisationen des schulischen Umfeldes, die eine soziale Integration unterstützen könnten.

3. Schule ist (noch) nicht der Ort, an dem Kinder und Jugendliche über die Notwendigkeit und die Tragfähigkeit von Normen und Werten für die eigenen sozialen Kontexte nachdenken und daraus praktische Konsequenzen etwa für eine demokratische Mitgestaltung von Schule und Unterricht ziehen können.

Nachfolgend skizziere ich drei solcher Konzepte, die geeignet sind, auf Gewaltphänomene einzugehen und sie zu bearbeiten.

Schule und Gewalt 45

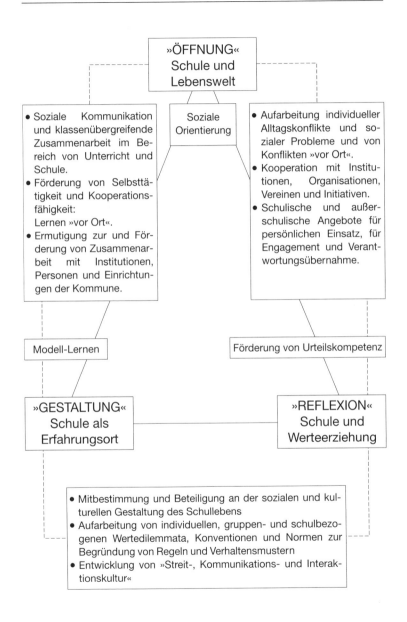

3. Drei Ansätze: Gestaltung – Öffnung – Reflexion

Ich hatte bereits darauf verwiesen, daß es eine lineare, direkt und gleichwohl langzeitlich wirkende »Anti-Gewalt-Therapie« im Lebens- und Lernraum Schule nicht gibt; dazu ist das Phänomen »Gewalt« sowohl auf der Ebene der strukturellen Bedingungen als auch in seinen virulenten Zuständen viel zu komplex. Das hier skizzierte Konzept versteht sich deshalb eher als ein Modell einer »konzertierten Aktion«. Drei begründete Annahmen sind dabei entscheidend.

Zum einen gibt es einen pädagogisch, didaktisch und lerntheoretisch definierten Zusammenhang zwischen den drei Ansätzen Gestaltung, Öffnung, Reflexion. Sie stützen und ergänzen einander im Prozeß ihrer praktischen Umsetzung.

Zum zweiten gehören diese Ansätze originär zu den Aufgaben von Schule und Unterricht; sie sind insofern nicht »aufgesetzt« und fordern von Schule nichts, was nicht ihrem Bildungs- und Erziehungsauftrag entspräche.

Drittens schließlich zeigen die drei Ansätze Arbeitsfelder, Aktivitäten und Initiativen auf, die sozusagen Gegenmodelle zu Gewaltbereitschaft und Gewalttätigkeit und zu den sie begünstigenden Bedingungen aufbauen helfen.

Das Schaubild auf S. 45 versucht, diesen Zusammenhang aufzuzeigen.

Auf dem Hintergrund dieser skizzierten Beziehungen zwischen Erklärungsmodellen von Gewalt, schulstrukturellen Bedingungen und pädagogischen Ansätzen lassen sich nun allgemeine *Leitideen für die gewaltpräventive Arbeit* in Schule und Unterricht formulieren.

Ich möchte zwölf solcher Leitideen nachfolgend kurz darstellen:

- »*Authentizität*« von Erfahrungen *statt* mediatisierter Erfahrungen aus dritter Hand und unreflektierter Stereotype
- »*Ernstcharakter*« des eigenen Lernens und Arbeitens *statt* wechselnder Sequenzen von »gleich-gültigen« Themen und Inhalten, deren Lern-Ergebnisse meist folgenlos bleiben

- »*Kontinuität*« und Beharrlichkeit in den Arbeitsverläufen und -verfahren *statt* »ex und hopp«-Mentalität bei der Suche nach frustrationsarmen Aktivitäten

- Hilfen zur »*Identitätsfindung*« durch An-Bindungen und Ein-Bindungen in Aktivitäten zur Gestaltung des Lebens- und Lernraums Schule *statt* gleich-gültiger Inhaltssequenzen und isolationsfördernder Lernverfahren

- Entwicklung von »*Kooperation*« und Gruppenbindungen im Sinne gemeinsamer Identifizierung mit Arbeit und deren Ergebnissen *statt* Überbetonung von Konkurrenz und Rivalität

- Übernahme von »*Orientierung*« durch Modelle des Miteinander-Umgehens, von Streit-, Lern- und Arbeitskultur *statt* unbewußtes Vorführen widersprüchlicher »Bildungskonzepte« oder dem schlichten Fehlen solcher Konzepte

- Angebote und Anreize für »*Handlungsmöglichkeiten*« und Engagement *statt* folgenlose – weil abstrakte – Lösung weitentfernter Konflikte und Probleme

- Übernahme von »*Verantwortung*« z.B. durch Erprobung demokratischer Partizipation *statt* theoretische Unterrichtseinheiten über sozial richtiges und gewünschtes Verhalten

- Kritische »*Aufarbeitung aktueller Problem- und Konfliktbereiche*« als Hilfe zum Verstehen der eigenen Wirklichkeit und ihrer Komplexität *statt* Orientierung an vorgeschriebenen Lehrplänen und Schulbuchinhalten

- Hilfen zum lebenspraktischen *Umgang mit* »*Multi-Kulturalität*« (Inter- und Intra-Kulturalität) in sozialen Gruppen *statt* gegenseitige Ignoranz, Arroganz und Ausgrenzung

- Herstellung von »*Ganzheitlichkeit*« und von Verstehensmöglichkeiten von Zusammenhängen *statt* Anhäufung diffuser, unzusammenhängender, fachspezifischer Wissensbestände

- »*Auseinandersetzung mit Begründungen und Modellen*« sozialen Handelns in Schulleben, Alltag, Medien, Gesellschaft *statt* unreflektierte Übernahme von Rollen- und Verhaltensmustern, externen Anpassungserwartungen und Gruppenzwängen

48   Gegen Gewalt in der Schule

Diese zwölf Leitideen stellen Gemeinsamkeiten heraus, die zwischen den drei nachfolgend skizzierten Teil-Ansätzen bestehen. Deswegen möchte ich jeden einzelnen Ansatz so beschreiben, daß auch erkennbar wird, wie er jeweils mit den beiden übrigen in Zusammenhang steht.

3.1 »Gestaltung des Schullebens« oder: Schule und Unterricht als Modelle lebensweltlicher und sozialer Orientierung
Die Gestaltung des Lebensraumes und Arbeitsplatzes Schule hat insofern eine wichtige Funktion, weil sie mithelfen kann, Modelle des gewaltfreien miteinander-Umgehens zu ermöglichen und zu unterstützen.
Unter der Perspektive des Modell-Lernens müssen Schülerinnen und Schüler erfahren können,

– wie miteinander lernen, arbeiten, spielen für alle sozialverträglich organisiert und gestaltet werden kann;
– wie entstehende Konflikte so ausgetragen und geregelt werden können, daß die Würde und die Gesundheit jedes einzelnen respektiert wird;
– daß, wie und warum Regeln entwickelt werden, die sich für alle als tragfähig erweisen und soziale Orientierungen sind;
– wie soziales Verhalten mit dazu beiträgt, »Lern- und Arbeitszufriedenheit« zu entwickeln und zu einem besseren Umgang miteinander führt.

Unter diesen Zielvorstellungen geht es nicht nur um Gewaltphänomene; die Perspektive ist weitreichender und damit auch langfristig tragfähiger. Es geht letztlich um die Entwicklung sozialer Orientierungsmuster, die als Modelle des miteinander Umgehens fungieren können. Daß dabei spezifischen Konflikten, Problemen und Verhaltensweisen, die in einem engen Zusammenhang zu »Gewalt« stehen, besondere Aufmerksamkeit gewidmet werden kann, liegt auf der Hand.
Ich skizziere nachfolgend einige solcher Gestaltungsaktivitäten. In Stichwörtern deute ich nur an, wie sie sich inhaltlich, vom Verfahren

oder von ihrer Problemoffenheit auf den Komplex → »Gewalt« beziehen.

- *»Morgenkreis«*: Gemeinsames Aufarbeiten und Besprechen von Erlebnissen, Erfahrungen, Erwartungen → Aufarbeiten von medialen Erlebnissen z.B. am Wochenende → Aufarbeiten und Sprechen über Sorgen und Ängste
- *»Freiarbeit und Wochenplanarbeit«:* Gemeinsames Planen von Arbeitsverfahren und Lernphasen → Kooperation mit anderen Schülerinnen und Schülern → Selbstverantwortlichkeit für die eigene Arbeit → Verantwortung für andere
- *»Soziale Helfersysteme«*: Kleingruppen, die ganz spezifische Aufgaben übernehmen, z.B. etwas anderen erklären, für andere etwas vorbereiten, erstellen, fertigstellen → Übernahme von Verantwortung; Selbsttätigkeit; Einbindung in gemeinsame Aktivitäten.
- *»Sachliche Helfersysteme«*: Verteilung und Organisation von Aufgaben für einzelne Schülerinnen und Schüler und Schülergruppen. »Soziale Dienste« in der Klasse, Verwaltung von Materialien, Büchern, Sammlungen; Pflege von Pflanzen, Tieren, Versuchsreihen, technischen Einrichtungen → Zuständigkeit und Verantwortlichkeit → Erfahren des »Gebraucht-Werdens«, des für andere »Wichtig Seins«.
- *»Kooperationsarbeiten«*: Gemeinsame Planung und Durchführung von Aktivitäten und Initiativen in der Schule; Gestaltung von Festen, Spielen, Ausstellungen, Vorführungen; Gestaltung von Räumen, Fluren, Arbeitsbereichen, Schulhof, Schulgarten → Erfahrung, daß man mit anderen etwas bewirken, verändern kann; Verantwortung für die eigenen Produkte und Ergebnisse → Verläßlichkeit und Zuverlässigkeit → Kooperationsfähigkeiten und Arbeitsteilung.
- *»Projektorientierte Arbeitsformen und Projekte«*: Selbständige Planung und Durchführung; Kontakte zu außerschulischen Institutionen und Personen; Vorstellen und Vorzeigen der Ergebnisse auch bei außerschulischen Partnern → Ermutigung zur Ko-

operation → Identifikation mit eigenen Leistungen und Ergebnissen.

- *»Rollen- und Simulationsspiele«*: Verdeutlichung von (un-) sozialen Verhaltensweisen in Rollenspielen; Rollenwechsel, eine Situation aus der Sicht unterschiedlicher Personen und Interessen spielen; Variationen und Alternativen im Spiel erproben → Perspektivwechsel → Erfahren unterschiedlicher Handlungsmöglichkeiten → Reflexion von Entscheidungen – Verhalten – Konsequenzen.
- *»Erlebnisorientierte Initiativen«*: Aufenthalte im Schullandheim, Klassenfahrten, Wandertage → Gruppenbeziehungen, Ich-Stabilität → Selbstvertrauen.

So aus dem schulischen und unterrichtlichen Zusammenhang gegriffen, wirken viele dieser Stichwörter und Hinweise eher »hilflos« gegenüber Gewaltphänomen und erwecken den Eindruck, als sei Schule mehr sozial-therapeutisch als fachlich ausgerichtet. Die schulpraktischen Beispiele zeigen, wie solche Aktivitäten in die Normalität von Schule und Unterricht eingebaut werden können. Sie zeigen auch auf, wie jede dieser Aktivitäten

- selbst wieder auch Probleme und soziale Auseinandersetzungen produziert, die aufgearbeitet werden müssen;
- zu Gesprächen, zum Nachdenken und zum Aushandeln von Handlungs- und Verhaltensformen führt,
- Perspektiven und Anregungen für soziale Orientierungsmuster und Regelungsbedarfe liefert.

Langfristig haben alle diese Aktivitäten das Ziel, die soziale Wahrnehmungsfähigkeit der Schülerinnen und Schüler zu verbessern, ihnen bei der Entwicklung sozialer Orientierungsmuster zu helfen und ihre Ein- und Anbindung an Personen und Gruppen zu unterstützen.

3.2 »Öffnung von Schule« oder: Die Einbindung
    von Lernen in die Lebenswirklichkeit der Schüler/-innen

In den Publikationen, Handreichungen und Beispielsammlungen zum nordrhein-westfälischen Rahmenkonzept »Gestaltung des

Schullebens und Öffnung von Schule« werden Ziele, Leitideen und Handlungsmöglichkeiten ausführlich beschrieben.[17] Der Kern dieses Ansatzes liegt darin, die Bildungs- und Lernressourcen des schulischen Umfeldes zu nutzen, um die lebensweltlichen Erfahrungen der Schülerinnen und Schüler mit der unterrichtlich-fachlichen Arbeit zu verbinden. Kooperationen mit außerschulischen Institutionen, Einrichtungen, Experten, Initiativen … führen so zu einem Lernen »vor Ort«, durch das viele Probleme und Inhalte konkreter/erfahrungsorientierter bearbeitet werden können.

Bezogen auf den Themenkomplex »Gewalt« ergeben sich aus dem Öffnungskonzept folgende pädagogische Ansätze.

- Schule braucht zur Aufarbeitung des Komplexes »Gewalt« Partner, die sowohl als Betroffene als auch als »Erziehende« bei der Aufarbeitung und bei der Entwicklung von Handlungskonzepten mitarbeiten.
- Besonders wichtige Partner sind die Jugendeinrichtungen und -verbände, die genau in dem Bereich tätig sind, auf den Schule ja kaum Einfluß hat. Hier haben sich (vgl. »Jugendarbeit und Schule«) Modelle des Miteinander-Kooperierens bewährt.
- Kommunale Institutionen, freie Träger und Initiativen bieten weitere Möglichkeiten, Erfahrungen, Initiativen und Konzepte aus außerschulischen Lebensbereichen einzubeziehen. Mit ihnen gemeinsam können Probleme »vor Ort« konkret und praktisch angegangen werden.

Diese skizzierten Kooperationsmoglichkeiten haben fur unser Thema eine spezifische Qualität. Zum einen geht es ja immer um dieselben Kinder und Jugendlichen, in welchen Gruppierungen, Schul-, Freizeit-, Kulturbereichen sie sich auch bewegen. Kooperation zwischen den jeweils tätig werdenden Partnern hat daher zu allererst die Funktion, sich gegenseitig über die vorhandenen Erfahrungen mit Gewaltphänomenen auszutauschen. Häufig genug wissen die Beteiligten nämlich wenig voneinander, arbeiten aneinander vorbei.

Zum zweiten geht es darum herauszufinden, wie Aktivitäten, pädagogische Konzepte, Ansätze zueinander passen und wie sie – unter

Respektierung der jeweiligen Möglichkeiten – aufeinander bezogen werden können. Drittens geht es schließlich auch um gemeinsame Aktionen.

Unter Rückgriff auf die 12 Leitideen (vgl. S. 46ff.) ergeben sich für Schule und Partner damit sinnvolle Kooperationsmöglichkeiten, die Schülerinnen und Schüler und die Personen des Umfeldes in einen *gemeinsamen* Prozeß einzubinden, in dem Alternativen zu »gewalttätigen« Handlungsmustern erprobt und gestaltet werden.

Umgekehrt können die auf diesem Bereich gewonnenen Erfahrungen wieder in schulischen Kontexten für die Aufarbeitung sozialer, personaler Problemlösungen genutzt werden.

3.3 »Reflexion und Urteilskompetenz« oder: Erziehung zur Verantwortung

Erfahrungen können auch dumm machen; Modelle können auch falsch sein; Verhaltensweisen, die übernommen werden, können unsozial sein; Konfliktlösungen, die in einer bestimmten Situation sinnvoll sind, versagen in ganz anderen; die Lösung eines eigenen Problems kann zu einem viel größeren für die eigene Gruppe werden.

Weil es keine einfachen Rezepte für vernünftiges und soziales Verhalten für alle Situationen und Lebensbereiche gibt und weil wir alle daran mitwirken müssen, daß Kinder und Jugendliche lernen, sich selbst über ihr Verhalten und dessen Begründbarkeit Rechenschaft abzulegen, geht es letztlich nicht ohne das Element der Reflexion. Wenn wir darauf verzichten würden, würden wir die Heranwachsenden von Vorschriften, Anweisungen, Regelungen abhängig machen. Reflexion in diesem Sinne bedeutet, den Sinn, die Notwendigkeit und die Tragfähigkeit von Regelungen, Werten, Normen und Konventionen zu verstehen. Es geht um den – zugegebenerweise – schwierigen Prozeß, moralkognitive Entwicklung zu fördern.

Konzepte zur moralkognitiven Entwicklung (Piaget, Kohlberg, Oser) zeigen auf, daß Urteilsfähigkeit sich ganz spezifisch entwickkelt und daß diese Entwicklung sich positiv beeinflussen und verstärken läßt. Dabei geht es zum einen darum, den Schülern und

Schülerinnen Gelegenheit zu geben, den Lebensraum Schule verantwortlich mitzugestalten; zum anderen aber auch darum, einen zunehmend differenzierten Zugang zur Begründung und zur Tragfähigkeit von Werten, Normen, sozialen Orientierungen zu entwickeln.[18]

Weil sich aus solchen entwicklungsorientierten Modellen viele interessante und wirkungsvolle Aktivitäten zur einsichtsbezogenen Gewaltprävention entwickeln lassen, möchten wir ein solches Entwicklungskonzept kurz vorstellen. Dazu ist es sicherlich hilfreich, vor der Darstellung schulpraktischer Beispiele kurz den theoretischen und pädagogischen Hintergrund zu verdeutlichen.

Wir gehen dazu auf das Modell ein, das der amerikanische Pädagoge und Psychologe Lawrence Kohlberg im Rückgriff auf frühere Ansätze bei Durkheim und Piaget entwickelt hat und das in vielfältiger Form in Schul- und Modellversuchen eingeflossen und schul- und unterrichtspraktisch erprobt worden ist.

Kohlbergs Konzept geht davon aus, daß moral-kognitive Entwicklung in Stufen verläuft. Die von ihm analytisch-empirisch gewonnenen Stufen unterscheiden sich in der Struktur der jeweiligen Begründung für das, was als richtig oder falsch, gut oder schlecht gewertet wird.

Wert- und Normentscheidungen können sich z.B. orientieren an eigenen Vorlieben, dem eigenen Wohlergehen, den eigenen Lustgefühlen, gemäß dem Motto: Richtig und gut ist etwas, wenn und weil es mir Spaß macht, wenn und weil es mir nutzt. Kohlberg nennt dies die »vormoralische Stufe«.

Begründungen für eigene Entscheidungen können sich an vorgegebenen Autoritäten orientieren, an den von Eltern, Erzieher/innen, Lehrer/innen gesetzten Anordnungen nach dem Motto: Richtig ist etwas, was sich mit diesen Anordnungen deckt. Diese Stufe 1 ist sozusagen die Stufe der Einsicht in die Notwendigkeit, Anordnungen von Autoritätspersonen auch nachzukommen. Oftmals bedarf es gar nicht expliziter Anordnungen. Man kennt die Erwartungen, die andere haben, weiß, was sie von einem wollen.

Häufig kann es z.B. wichtiger sein, den Erwartungen anderer gerecht zu werden, als eigenen Wünschen nachzugehen. Sozial erwünschtes Verhalten und die damit verbundene soziale Akzeptanz (nach dem Motto: »guter Junge, braves Mädchen, prima Kumpel, verläßlicher Kamerad ...«) wird als stärkere Begründung gewichtet als die Erfüllung kurzfristiger individueller Wünsche. Die Akzeptanz dieser Erwartungen macht den Kern der Stufe 2 aus.

In der dritten Stufe spielt das Gesamtinteresse der eigenen sozialen Bezugsgruppe (z.B. der peer group) die entscheidende Rolle, nach dem Motto: »Was Du nicht willst, das man Dir tu ...« oder: »Der wahre Egoist kooperiert!« Auf dieser Stufe steht die Einsicht im Mittelpunkt, daß es gar nicht sinnvoll ist, wenn eine Regelung einem oder wenigen nützt, daß es vielmehr besser ist, sozial verträglicher, konfliktfreier, wenn eine Regel dem Interesse der ganzen Gruppe entspricht.

Die Einsicht in die Notwendigkeit von festgelegten, aus gesellschaftlichen Entwicklungen entstandenen Regeln und Gesetzen, die selbst als Ausdruck und Sicherung individueller Rechte und Freiheitsräume erkannt werden, macht den Kern der Kohlbergschen Stufe 4 aus. Richtig ist also, was durch Gesetze festgelegt ist, denn Gesetze sind notwendige Regelungen, die z.B. den Prinzipien der Gerechtigkeit, der Sicherung bürgerlicher und individueller Freiheitsräume verpflichtet sind und somit vor Willkür anderer Gruppen und partikularer Interessen schützen.

Argumente der Stufe 5 orientieren sich dagegen an allgemeinen Prinzipien von Menschenrechten, wie sie in den verschiedenen Deklarationen formuliert sind. Diese Menschenrechte können z.B. als Bewertungsfolie herangezogen werden, um zu prüfen, ob und inwieweit bestehende staatliche Gesetze mit eben diesen allgemeinen Menschenrechten übereinstimmen, inwieweit sie sozusagen »menschenrechtskonform« sind. Auf dieser Stufe geht es auch um die Einsicht, daß alle Menschen die gleichen Rechte und Pflichten haben und daß Menschenwürde in jedem einzelnen Menschen zur Geltung kommen muß.

Die sechste Stufe orientiert sich am formalen Prinzip der Verallgemeinerungsfähigkeit, etwa am Kategorischen Imperativ von Kant oder an der Generalisierungsformel von John Rawls (»Eine Entscheidung ist dann gerecht, wenn sie vom sozial schwächsten Mitglied der Gemeinschaft akzeptiert werden kann«). Diese sechste, höchste Stufe läßt sich an die Prüffrage binden: »Läßt sich meine Entscheidung (die meiner Gruppe) verallgemeinern; kann ich wollen, daß alle genauso sich entscheiden und danach handeln?«

Entscheidungen bei Normen- und Wertekonflikten können also auf unterschiedlich tragfähige Begründungen zurückgehen. Die Begründungszusammenhänge lassen sich verstehen als spezifische Strukturen von Einsicht, die sich entwickeln und entwickeln lassen. Moralkognitive Konzepte gehen von der Annahme aus, daß durch moralische Intervention, durch gezieltes Argumentieren, z.B. durch die Konfrontation mit Argumenten aus der jeweils nächst höheren Stufe, durch einen gemeinsamen moralischen Diskurs dazu beigetragen werden kann, daß Individuen Einsicht in »höhere«, d.h. tragfähigere Begründungsstrukturen entwickeln.

»Moralisches Lernen« geschieht dabei durch die Auseinandersetzung mit Wertedilemmata. Ziel ist eine Urteilskompetenz, die auf einer möglichst differenzierten Begründungsstruktur basiert. Dabei wird versucht, Einsicht und Urteilsvermögen dadurch zu stimulieren, daß durch Konfrontation mit Argumenten aus der jeweils nächst höheren Stufe neue Verstehensstrukturen entstehen.

Für die Aufarbeitung von Gewaltphänomenen ergeben sich daraus folgende Perspektiven:

- Wertkonflikte und ihre Lösungsmöglichkeiten müssen daraufhin befragt werden, welche Folgen sich für den einzelnen, die Gruppe daraus ergeben.
- Es entstehen Argumentationszusammenhänge, die die jeweiligen Interessen, Bedürfnisse und Verhaltensweisen zur Sprache bringen und danach fragen, ob und wie ein Ausgleich, eine Balance zwischen ihnen möglich ist.
- Es entstehen Einsichten in die Tragfähigkeit von Regelungen, die

sowohl für einzelne Schülerinnen und Schüler als auch für andere Gruppen verträglich sind.

- In kleinen Gruppen, Klassenmeetings, Beratungen mit schulischen Partnern kann sich so etwas entwickeln wie eine Streitkultur.
- In Simulations- und Rollenspielen lassen sich Perspektiven wechseln; eine Situation wird aus der Sicht einer anderen Person gespielt. Lösungsangebote werden danach beurteilt, ob und wer (mit welchen sozialen Folgen) damit einverstanden sein kann.
- Unterschiedliche zum Teil »gewaltbestimmte Situationen« (Schulhof, Pausenhalle, Bus, Freizeitraum, ...) werden aus der Sicht der jeweils Beteiligten dargestellt. Regelungsmöglichkeiten (Strafen, Sanktionen, Regelungen, Vorschriften, Absichtserklärungen ...) werden auf ihre Wirksamkeit und ihre Konsequenzen für das weitere Zusammenleben in Klasse, Schule, Freizeit befragt.

Langfristig kann und soll sich so eine »Streitkultur« entwickeln, in der das Nachdenken über bessere, sozialverträglichere Lösungen auch zu einer Ächtung von Gewaltformen führt.

Anmerkungen und Literatur

1) Vgl. dazu Lind, G.: Sozialpsychologische Ursachen von gewalttätigem Verhalten, Vorlesungsmanuskript, multi.cop. Eichstätt, 1991.
Eine gute Aufarbeitung von Erklärungsansätzen zu Gewaltphänomenen z.B. unter soziologischen, gesellschaftspolitischen und kriminologischen Gesichtspunkten gibt Ohder, C., Gewalt durch Gruppen Jugendlicher. Eine empirische Untersuchung am Beispiel Berlins (Reihe: Verwaltung, Recht und Gesellschaft; Bd. 1, Berlin 1992, S. 161–202

2) Vgl. dazu Staatliches Schulamt für die Stadt Frankfurt a. M., Die Gewaltdiskussion in der Öffentlichkeit und die Situation an Frankfurter Schulen. Bestandsaufnahme und Handlungsperspektiven, Frankfurt 12/1991

3) ebenda, S. 13

4) Einen ersten guten Einblick in die Ergebnisse der von der Landesanstalt für Rundfunk in Auftrag gegebenen und von J. Groebel und U. Gleich durchgeführten quantitativen Analyse zur Gewalt in den deutschen Unterhaltungsprogrammen gibt Groebel, J., Mit Gewaltszenen buhlen TV-Anstalten um Einschaltquoten. Täglich werden im deutschen Unterhaltungsprogramm etwa 70 Menschen ermordet., in: Frankfurter Rundschau vom 25.04.1992

5) Vgl. dazu Schirp, H., Gewaltverhältnisse in der Schule. Ursachen und Effekte institutioneller Zwänge und Strukturen, in: Heitmeyer, W., Möller, K., Sünker, H. (Hrg.) Jugend-Staat-Gewalt, Weinheim und München 1989, S. 125–136; zur Krise der Staatsschule auch z.B. Baumert, J., Schulkrise: Krise der staatlichen Regelschule?, in: Zeitschrift f. Pädagogik 27.4.1981, S. 495–517

6) Schirp, H., Gewaltverhältnisse in der Schule. Ursachen und Effekte institutioneller Zwänge und Strukturen, a.a.O.

7) Der nachfolgende Teil ist größtenteils übernommen von Schirp, H., Ätzend, nervig, echt öde. Lernunzufriedenheit von Schülern und Schülerinnen als Herausforderung für Schule und Unterricht, in: Schularbeiten, Heft 3, »Lernen lernen«, Landesinstitut, Soest 1990, S. 5–8

8) NLZ, 8, 1988, S. 7

9) Oerter, R.: Die Formung von Kognition und Motivation durch Schule: Wie Schule auf das Leben vorbereitet. In: Unterrichtswissenschaft 3/1985, S. 221

10) Vgl. Resnick, L.B.: Learning in School and Out. In: Educational Researcher, Nr. 9, December 1987, S. 13–20

11) Sardei-Biermann, S.: Jugendliche zwischen Schule und Arbeitswelt. München 1984, S. 55

12) Der Spiegel, a.a.O., 15/88, S. 46

13) Heid, H.: Der pädagogisch verbrämte Mißerfolg. In: Erziehung und Wissenschaft, Heft 9, 1988

14) Vgl. dazu u.a. Brookover, W. et alt.: School Social System and Student Archievement. Schools Can Make a Difference. Brooklyn, New York 1979, S. 134 ff

15) Die folgenden Ausführungen habe ich z.T. übernommen aus Schirp, H., Moralisch-demokratische Erziehung in der Schule. Zwischen »Mut zur Erziehung« und Wertrelativismus, in: Dobbelstein-Osthoff, P., Schirp, H.: Werteerziehung in der Schule – aber wie?, Soest (Landesinstitut für Schule und Weiterbildung), 1987, S. 7–37

16) Vgl. dazu Brookover, W.. et alt.: a.a.O., S. 134 ff

17) Vgl. Kultusminister des Landes NRW (Hrsg.), Rahmenkonzept: »Gestaltung des Schullebens und Öffnung von Schule«, Düsseldorf 1988

18) Die schulpraktischen und didaktischen Ansätze einer moralkognitiven Förderung sind z.B. dargestellt in Landesinstitut (Hrsg.). Werteerziehung in der Schule – aber wie?, Soest 1993

derselbe: Schule und Werteerziehung »Ein Werkstattbericht«, 1991

Zum praktischen Umgang mit Gewalt in Schule und Elternhaus

Norbert Rixius

Wie wir Gewalt erleben und deuten

Der Schulausschuß einer westfälischen Stadt tagt gemeinsam mit
dem Jugendausschuß, um sich mit dem Thema »Schule – Macht –
Gewalt« auseinanderzusetzen. Eigentlich erwarten die meisten der
Anwesenden, daß der eingeladene Referent einen Vortrag hält. Statt
dessen stellt er Fragen:

- Montags in der Pause:
  Wenn Sie einmal beobachten, wie Kinder und Jugendliche sich
  auf dem Schulhof besonders am Montagmorgen verhalten, dann
  sehen Sie häufig mehr Kämpfe und Rangeleien als an anderen Ta-
  gen. Warum, glauben Sie, verhalten sich die Kinder und jüngeren
  Jugendlichen oft nach dem Wochenende aggressiver als sonst?
- Wie erleben Sie heute Gewalt? Wird heute mehr geschlagen als
  vor 10, 15 oder 20 Jahren? Hat sich der Umgangston verändert?
- Wie reagieren Sie auf Gewalt im Alltag? Weichen Sie aus? Greifen
  Sie ein – mit Worten oder werden Sie selbst handgreiflich?
- Wo würden Sie ganz praktisch ansetzen?

Sehr bald entzündet sich an einzelnen Beispielen ein Streitgespräch,
weil es viele unterschiedliche Meinungen gibt:
»Aber zu meiner Zeit, das ist zwar schon 35 Jahre her, da hat niemand darüber gesprochen, wenn Lehrer/innen ihre Schüler/innen
'mal geohrfeigt hatten.« »Ich finde, den Kindern werden heute gar
keine Werte und Normen mehr vermittelt. Mir sind sogar Fälle bekannt, wo Lehrer/innen von Schüler/innen geschlagen wurden.«
»Das sind doch eher Ausnahmen«, meinte eine Mutter, »aber in der
Grundschule meiner Tochter habe ich erlebt, wie die Jungs der vierten Klasse die jüngeren mit Kung-Fu-Tritten und Karate-Schreien
regelrecht vor sich hertrieben.« »Schon im Kindergarten hört man
bereits wüste Beleidigungen, die zu meiner Schulzeit völlig undenk-
bar gewesen wären«, ergänzt eine etwa 35jährige. »Das Schlimme

daran ist doch, daß Kinder schon bei nichtigen Anlässen regelrecht ausrasten. Früher galt wenigstens die Regel, ›wer am Boden liegt, wird verschont‹. Ich habe in den letzten beiden Jahren mehrfach Situationen erlebt, wo wir als Lehrer/innen dazwischen gehen mußten, um zu verhindern, daß auf am Boden liegende Schüler/innen noch eingetreten wurde.«

»Nicht nur der Umgangston, sondern auch die körperlichen Auseinandersetzungen sind spürbar härter, rücksichtsloser geworden; teilweise sieht es so aus, als wollten die Kontrahenten ihren Gegner völlig ›niedermachen‹.«

Viele Bilder von Gewalt

Kommt das Gespräch auf das Thema »Gewalt«, fallen uns spontan viele Bilder und Situationen ein. Jeder kann aus Erfahrungen, aber auch von Erzählungen, Fernsehbildern und Zeitungsberichten etwas beisteuern. Das führt sehr schnell zu dem Eindruck, daß in den letzten Jahren ›alles viel schlimmer geworden‹ ist. Gibt es eindeutige Belege für diesen Eindruck? Wir fragten im Frühjahr 1994 eine Gruppe von Polizeipräsidenten im Regierungsbezirk Düsseldorf, ob sie einen Anstieg der Gewalt in Schulen registriert hätten. Unter dem Eindruck der starken Aufmerksamkeit der Medien wurde im Raum Mönchengladbach sogar gezielt nachgefragt mit dem Ergebnis, daß sich kein Anstieg der angezeigten Straftaten in Schulen feststellen ließ. Diese Erfahrung aus Mönchengladbach bestätigten die anderen Polizeipräsidenten. Sie erklärten sich den Widerspruch zwischen der verstärkten öffentlichen Diskussion und der Polizeistatistik so: Vermutlich zeigen die Lehrkräfte Straftaten wie z. B. Körperverletzung, Sachbeschädigung, Beleidigung, Nötigung nicht an, weil sie diese Vorkommnisse schulintern regeln wollen oder schlichtweg Angst vor den Tätern haben. Der im Dezember 1993 veröffentlichten Untersuchung der Gemeinde-Unfall-Versicherungen über Schulunfälle in den Jahren 82–91 waren zwar zunehmende Trends an Haupt-,

Sonder- und Realschulen, insgesamt jedoch keine eindeutigen Hinweise auf eine wachsende Gewalt in den Schulen zu entnehmen. (BAGUV, 1993, S. 27)

Wie erleben Kinder und Jugendliche Gewalt im Zusammenhang mit Schule?

Anhand von vier Beispielen stellen wir Ihnen nun verschiedene Aspekte von Gewalt vor. Mit Hilfe einiger Fragen und Deutungsideen können Sie ihre eigene Wahrnehmung und Deutung des jeweiligen Beispiels überprüfen. Die einzelnen Problemaspekte werden in den folgenden Kapiteln noch eingehender behandelt. Hier geht es uns zunächst darum, die unterschiedlichen Sichtweisen und Erfahrungen zur Gewalt in der Schule zu verdeutlichen.

Beispiel 1: Schläge als Mittel der Erziehung?
Ein Lehrer erzählt von einem Kind, das sich bei ihm meldete, weil sein Turnbeutel verschwunden war. Da der Lehrer zufällig bei seiner Pausenaufsicht bemerkt hatte, wie ein anderes Kind mit Turnbeutel in Richtung Toiletten lief, schöpfte er Verdacht und erwischte es, als es diese verließ. Als er sah, daß der Turnbeutel in einer Kloschüssel lag und jemand sein Geschäft darauf verrichtet hatte, wurde er so wütend, daß er dem »Übeltäter« ein paar Schläge auf den Po verpaßte. Dieses Kind hätte seine »Lektion« verstanden, meinte der Erzähler, weil es in den darauffolgenden Tagen folgsam Papier vom Schulhof aufhob – so, wie es ihm aufgetragen worden war. Sein Verhalten begründete der Lehrer auch mit Erfahrungen aus Schulordnungsverfahren, die keine Besserung bei den Schülerinnen und Schülern bewirkten und viel, letztlich vertane Zeit erforderten.
Fragen:
Gelang es dem Lehrer, seine Wertvorstellungen dem Kind verständlich zu machen? Hat das Kind verstanden, warum der Lehrer »Schläge als Mittel der Erziehung« einsetzte?

Deutungsindeen:
Der Lehrer war zornig, weil er im Handeln des Kindes eine Mißachtung und bewußte Verletzung eines anderen Kindes sah. Daß er mit seinem Handeln in ähnlicher Weise sich verhielt, kann zur Folge haben, daß das Kind aus dieser Begebenheit die Lehre zieht: »Sieh' Dich vor vor dem mächtigen Erwachsenen und sei so clever, daß Du beim nächsten Mal nicht erwischt wirst.« Oder: »So wie andere Klopapierrollen benutzen, um eine Überschwemmung zu verursachen und die Erwachsenen zwingen, sich um uns zu kümmern, habe ich es halt mit 'ner anderen Aktion erreicht.«

Beispiel 2: »Die hat so blöd geguckt«
In einer westfälischen Kleinstadt war es der Lokalredaktion noch einen Hauptartikel im Lokalteil wert: Mehrere 11 – 13jährige Schüler/innen hatten eine Schülerin an einer Bushaltestelle gemeinsam zusammengeschlagen und so schwer verletzt, daß sie ins Krankenhaus mußte. Was unerklärlich und erschreckend daran war, zeigten Fragen und Reaktionen: Auch in ländlichen Regionen mit im Vergleich zu einigen großstädtischen Ballungszentren noch recht beschaulichen Wohnverhältnissen konnten Situationen entstehen, in denen ganze Gruppen gegen einzelne Gleichaltrige gewalttätig wurden.
Diese Gewalttat folgte jedoch einem Muster, das sich häufiger wiederholt: Das Mädchen hatte niemanden tätlich angegriffen, sondern lediglich – auf den Bus wartend – einige Mitschüler/innen aus einer anderen Klasse beobachtet. Dieses nahmen einige zum Anlaß, sie zunächst verbal, gleich darauf jedoch auch schon körperlich anzugreifen.
Fragen:
Warum suchte sich der erste Angreifer eine Mitschülerin aus, die ihn lediglich anschaute? Fühlte er sich so verunsichert, daß er diese Beobachtung nicht aushalten konnte? Was empfanden die anderen dabei, auf einen Menschen einzuschlagen, der sie offensichtlich nicht bedrohte oder gar angriff? Warum haben Umstehende nicht eingegriffen, bevor es zu spät war?

Deutungsideen:
Aus Befragungen von Schülerinnen und Schülern (z.B. Gymnasien und Hauptschulen) wissen wir, daß Kinder und Jugendliche z. T. »Spaß daran« haben, andere zu quälen. »Da bin ich wer, dann fühle ich mich stark, wenn andere vor mir Angst haben!« Sich ›angemacht‹ zu fühlen, reicht offenbar schon als Begründung, andere mit Schlägen und Tritten zu quälen, d.h. seine Macht spüren zu lassen und Distanz zu schaffen. Volle Haltestellen und Schulbusse gestatten wenig Bewegung, die aber nach sechs Schulstunden äußerst notwendig wäre. Wer froh war, nicht angegriffen zu werden, konnte sich ›raushalten‹ und nahezu sicher sein, in die Auseinandersetzung nicht hineingezogen zu werden. Wer sich einmischte, mußte damit rechnen, daß er/sie selbst als potentielles Opfer angegriffen wurde. Daraus folgt als Lehre: »Sieh zu, daß Du auf der starken Seite dazugehörst, sonst halte Dich 'raus, denn als einzelnen machen sie Dich fertig« …

Beispiel 3: »Gewalt gegen Lehrkräfte?!«
Im Laufe einer Fortbildungstagung erzählt mir eine ältere Kollegin von einem für sie extremen Beispiel von Gewalt, die von Schüler/innen ausging:
Während einer Entlaßfeier in der Schulaula hatten Schüler/innen der Abschlußjahrgänge einigen Lehrkräften auf der Bühne, d.h. vor der versammelten Schulgemeinde, Zeugnisse ausgehändigt. Mit ironischen und sarkastischen Bemerkungen »bedankten« sich die Schulabgänger/innen für Verhaltensweisen, Kommentare etc., die sie im Unterricht als verletzend und herabsetzend erlebt hatten. Nun führten sie ihre Lehrkräfte regelrecht vor, die sich z. T. öffentlich gedemütigt und bloßgestellt fühlten. »Wie Du mir, so ich Dir«, lautete hingegen das Leitmotiv der Jugendlichen, die nun mit dem »Zeugnis der Mittleren Reife« die Realschule verlassen würden. Übrigens ein Schulgebäude, von hohen Zäunen umgeben, selbst der Lehrer/innen-Parkplatz war mit einem Zaun aus kräftigem Vierkant-Stahl gesichert.
Auf die Frage, ob die Lehrkräfte denn diesen Vorfall aufgreifen woll-

ten, um ihn während der Fortbildung schulintern zu beraten, lautete die Antwort: »Nein, denn der Fall ist abgeschlossen, weil die Schüler/innen ja nicht mehr an dieser Schule sind ...«

Fragen:
Was wollten die Schüler/innen ihren Lehrkräften ›rüberbringen‹? Etwa die Gefühle, die sie selbst erlebt hatten? Wollten sie sich rächen? Warum wählten sie ausgerechnet die Abschlußfeier als Forum; war dies die geeignete Bühne?
Welche Botschaft nahmen die Lehrkräfte wahr? Eine Machtdemonstration mit umgekehrten Rollen? Einen mißratenen Streich, den sie nicht weiter ernstzunehmen brauchten?

Deutungsideen:
Wenn die Schüler/innen einigen Lehrkräften den Spiegel vorhalten wollten, weil sie sich ungerecht und unfair behandelt fühlten, war die Bühne, die sie wählten, die falsche. Sie verwendeten die gleichen Muster und wiederholten deshalb das Sieger-Verlierer-Verhältnis – nur mit vertauschten Rollen. Auch der Zeitpunkt bot kaum Möglichkeiten für ein konstruktives Gespräch, das Veränderungen in der Unterrichtspraxis hätte einleiten können. Indem die Schüler/innen diese Auseinandersetzung auf der Aula-Bühne »auftischten«, transportierten sie auch die Botschaft: »Jetzt sind wir 'mal die Stärkeren, jetzt zeigen wir Euch, was Macht und Ohnmacht sind – aber: Zu einer besseren Alternative haben wir auch (noch) keinen Vorschlag.« Als Gruppe fühlten sie sich den Lehrkräften eher gewachsen, als im Falle einer direkten und individuellen Konfrontation im akuten Konfliktfall.
Die Reaktionen der Schüler/innen wie der Lehrkräfte deutet aber auch auf ein Schulklima, für das die hohen Zäune auch symbolische Bedeutung gewinnen, nämlich eingeschlossen zu sein in einem System, aus dem keiner so recht den Weg herausfindet ...

Beispiel 4: Sind Beleidigungen ein Grund zuzuschlagen?
Eine Umfrage bei knapp 1000 Jungen und Mädchen an mehreren Recklinghausener Gymnasien im März 1994 ermittelte folgende Er-

gebnisse: Direkte körperliche Gewalt tritt relativ selten auf – so die Autoren der Auswertung -, immerhin meinten 32 % der Schüler/innen »Schlagen von Mitschüler/innen ist unvermeidlich«, 20 % hielten es für »sinnvoll« zu schlagen, 7 % machte es Spaß zu schlagen (Kindler 1994, S. 5). »Also, wenn ich mit einem harten Ball spiele oder mal den Schulhof verlasse, weil ich zum Bäcker will, habe ich sofort die Aufsicht am Hals und werde auch noch bestraft. Wenn ich aber einem in die Schnauze haue, sagt keiner was. Und wenn, muß ich nur sagen, daß ich geärgert worden bin und mir alles leid tut, und die Sache ist okay,« lautete beispielsweise der Eindruck eines Schülers, welche Regeln an der Schule »herrschen«. Vier von fünf Schüler/innen meinten außerdem, die Lehrer wüßten nicht wirklich, was zwischen den Schüler/innen geschieht. Gut die Hälfte der Befragten wünscht sich, daß Gewalt von den Lehrer/innen konsequent bestraft wird.

Dabei stellt sich jedoch die Frage, welches Verhalten gilt als normal? Wenn Schüler/innen sich gegenseitig verhöhnen, auslachen und ärgern – hierbei auch drastische sexistische Beleidigungen aussprechen – gewöhnen sie sich vielleicht an einen harten, zumindest aber härter werdenden Umgangston, den sie alltäglich, d.h. als normal erleben. Immerhin ein Drittel der Jungen dieser Befragung an Gymnasien meinte, einen Mitschüler schlagen zu dürfen, falls dieser ihn geärgert habe ...

Fragen:

Wenn es inzwischen immer »normaler« wird, sich – auch in drastischer Form – gegenseitig zu beleidigen oder anderweitig zu ärgern, ist dies nur der Eindruck von Lehrer/innen und anderen Erwachsenen? Können wir zuverlässige Schlüsse ziehen, ohne Daten und Stimmungsbilder aus anderen Zeitepochen heranzuziehen? Was folgt aus den unterschiedlichen Bewertungen? Leben Schüler/innen und Lehrkräfte in verschiedenen Welten, die kaum mehr Verständigung ermöglichen? Was wäre dann mit der Forderung an die Erwachsenen, sich mehr um die Dinge zu kümmern, die wirklich zwischen den Schüler/innen passieren? Wie könnten Regeln gefunden werden, die alle/möglichst alle auch akzeptieren bzw. ernstnehmen? Viele Fragen, die sich hier aufdrängen und im einzelnen noch zu klären sind. Etwas haben sie jedoch gemeinsam:

Denkmuster und Vorurteile können Handeln prägen
Wir gehen offenbar immer schon mit Bildern und Vermutungen im Kopf an Daten, Einzelerlebnisse und Gruppen heran. Das hilft einerseits, sich zu orientieren (*die* Lehrer, *die* Schüler/innen, *die* Eltern, *das* Jugendamt, *die* Polizei usw.), andererseits verstellt es unseren Zugang, unseren genauen Blick. Und außerdem bewerten wir neue Erkenntnisse stets auf der Grundlage von Vorkenntnissen und Vorurteilen. Die Aussage, daß 87 % einer befragten Schülergruppe in Recklinghausener Gymnasien »nur schlagen würden, um sich zu verteidigen«, kann zu einander sich ausschließenden Interpretationen führen ... und damit zu gegensätzlichen Entscheidungen für das eigene Handeln: Immerhin ein Drittel der Jungen sah »Ärgern« als Grund, andere Mitschüler zu schlagen. Deshalb kann man nicht behaupten, die hohe Prozentzahl von 87 % spreche für eine geringe Gewaltbereitschaft. Wir müßten also genauer nachfragen, wie hoch (oder niedrig) die Hemmschwelle liegt, körperliche Gewalt anzuwenden. Wer Beleidigungen überhaupt nicht als Grund zuzuschlagen akzeptiert, wird das Votum der Jungen als Beleg für eine niedrige Hemmschwelle werten, Gewalt auszuüben. Die Jugendlichen selbst sehen dies – zumindest nach diesen Umfrageergebnissen – anders; vor allem die männlichen Jugendlichen.

Fazit:
Unser erstes Beispiel und die weiteren vier, die wir skizziert haben, stellen nur eine kleine Sammlung von Situationen im Umfeld von Schulen dar. Sie zeigen deutlich: Es gibt derzeit keine objektive, völlig sichere Meinung über das Ausmaß von Gewalt an Schulen. Jeder Mensch sammelt im Laufe seines Lebens ganz individuell Bilder, Situationen, Meinungen usw., mit dessen Hilfe er sich auf (aus seiner Sicht) »gewaltträchtige Ereignisse« vorbereitet. Wir kennen inzwischen zwar zahlreiche Beispiele, die von vielen als »gewaltbesetzt«

empfunden werden. Doch zeigt sich häufig erst dann, wenn wir in Klassenkonferenzen, Schulpflegschaften etc. darüber sprechen, daß es keine festgefügten einheitlichen Vorstellungen über Gewalt gibt. Die verschiedenen Bilder anderer zu verdeutlichen und den Blick für andere Erfahrungen und Eindrücke offenzuhalten, darauf sollte niemand in und außerhalb der Schule verzichten. Sonst prallen diese Bilder ungeklärt aufeinander, wenn es um Schlußfolgerungen, will sagen: pädagogisch gut durchdachte Handlungsansätze geht.

Zu Beginn unseres Kapitels haben wir eine Situation vorgestellt, in der viele unterschiedliche Eindrücke zur Sprache kamen. Wir halten es für sehr wichtig, daß es uns gelingt, diese Phase zuzulassen. Erfahrungsgemäß versuchen viele Eltern und Lehrkräfte, möglichst spontan eine Lösung für das benannte Problem zu finden und sind dann nicht selten überrascht, wenn andere dem Lösungsvorschlag schon deshalb nicht zustimmen, weil sie den Fall (ganz) anders deuten.

Die vier Beispiele versuchen, Gewalt aus der Sicht von Kindern und Jugendlichen zu betrachten. So wirft das erste Beispiel die Frage auf, ob der häufig gebrauchte Satz »Ein Klaps auf den Po hat noch niemandem geschadet« allzu leicht als Rechtfertigung von Erwachsenen akzeptiert wird. Ob das Kind sein Fehlverhalten eingesehen hat, bleibt ja offen. Wenn bei genauer Analyse sich herausstellt, das Kind wollte beachtet werden, dann hat es aus diesem Beispiel womöglich gelernt, wie es auffallen kann. Ihm den Sinn von Grenzen einsichtig zu vermitteln und andere Formen der Zuwendung und Anerkennung zu ermöglichen, dies wäre ein Ziel, das ganz andere pädagogische Handlungen erforderte. Unter diesem Blickwinkel erscheint der Rückgriff auf Schläge eher fragwürdig.

Auch bei den anderen Beispielen wurde deutlich, daß die Sichtweisen der Beteiligten und Betroffenen wichtig sind, um zu klären, was passiert ist und welche Schlußfolgerungen wir aus unseren Wahrnehmungen ziehen. Für diesen ersten Schritt der Verständigung machen wir deshalb folgenden Vorschlag:

Prüfen Sie bitte deshalb vor Ort stets mit Beteiligten, Interessierten usw.,

- wer sich von dem Thema Gewalt-Macht-Schule angesprochen fühlt,
- wie Sie sicherstellen, daß alle Betroffenen ihre Sichtweise vertreten können,
- daß am Ende dieser ersten Klärung gemeinsame und realisierbare weitere Schritte verabredet werden, um Verständigung über Gewalterfahrungen künftig zu erleichtern.

Literatur

BAGUV (Bundesverband der Unfallversicherungsträger der öffentlichen Hand (Hrg.): Gewalt in Schulen, München 1993

Bitz, Ferdinand: Deutschlands Schulen – Schulen der Gewalt? Bekanntes, Allzubekanntes zum Thema »Gewalt an Schulen«. Eine kritische Nachlese der neueren Literatur. In: Die Realschule, 1993, Heft 7, S. 275–281

Gewalt in der Schule (Themenheft), in: betrifft:erziehung, 9. Jg., 1976, Heft 7, S. 32–52

Linneborn, Ludger; Kindler, Wolfgang: »Wir, die wir ein reines Gewissen haben …«, Recklinghausen 1994 (hektographiertes Manuskript)

Preuss-Lausitz, Ulf; Rülcker, Tobias; Zeiher, Helga (Hrg.): Selbständigkeit für Kinder – die große Freiheit? Weinheim/Basel: Beltz 1990

Schweitzer, Friedrich; Thiersch, Hans (Hg.): Jugendzeit – Schulzeit. Von den Schwierigkeiten, die Jugendliche und Schule miteinander haben. Weinheim, Basel: Beltz 1983 – darin ein Aufsatz von Hurrelmann, Klaus: Schule als alltägliche Lebenswelt im Jugendalter, in: Jugendzeit – Schulzeit, 1983, S. 30–56

Norbert Rixius und Benedikt Sturzenhecker

Hinsehen, Hinhören, aussprechen

Wie Menschen aus pädagogischen Berufen auf Gewalt unter Kindern und Jugendlichen reagieren können

»Wissen Sie«, sagte mir ein Schulleiter in Hamm, »bei uns – toi, toi, toi – gibt es doch relativ wenig Gewalt an unserer Schule, glücklicherweise ...«

Ich war mir sicher, daß er dies auch ehrlich so meinte und erzählte ihm in kurzen Zügen die Geschichte einer Essener Hauptschule, über die der Spiegel vor einiger Zeit ausführlich berichtete. Der springende Punkt war hier, daß eine Fülle strafbarer Handlungen den Lehrkräften und Eltern so lange verborgen blieben, bis ein Kind sich in seiner ausweglosen Situation zwischen angedrohter Prügel und ständig wachsenden Geldforderungen seiner jugendlichen Erpresser unter Tränen und voller Angst endlich den eigenen Eltern gegenüber offenbarte. An mehreren praktischen Beispielen konnte ich in der letzten Zeit ein Strickmuster erkennen, das mich sehr nachdenklich stimmte. In allen Fällen funktionierte das System aus kleinen »Erpressern«, die wiederum von organisierten Starken erpreßt und immer wieder auch verprügelt wurden, weil niemand eine wirkliche Chance sah, sich Eltern und Lehrkräften anzuvertrauen. »Denn wer könnte mich schützen vor den vergleichsweise noch schlimmeren Folgen meines ›Verrats‹? Irgendwann würden die mich doch erwischen und ›alle machen‹«, lautete stets die ängstliche Perspektive der Bedrohten.

»Wenn ich das so richtig überlege, dann könnten Sie recht haben, daß wir manches nicht mitbekommen«, lautete die nachdenkliche Reaktion des Schulleiters. »Vor etwa zwei Wochen hatte ich Aufsicht und betrachtete zwei Schüler, der eine war aus der fünften, der andere aus der achten Klasse. Als der jüngere dem älteren Zigaretten übergab, dachte ich, die beiden wollten heimlich rauchen und ging dazwischen. Der jüngere beeilte sich zu erklären: »Wir wollen nicht rauchen, ich hab' die ihm geschenkt«. Wenn ich jetzt darüber nachdenke, hab' ich mich vielleicht zu sehr darauf konzentriert, daß die Schüler das Rauchverbot auf dem Schulhof einhalten. Mich erschreckt, daß ich gar nicht auf die Idee kam, der ältere könnte den jüngeren vielleicht unter Druck gesetzt haben«.

Schulweg und Pausenhof sind z. B. nach einer Befragung von Schülern/-innen eines Gymnasiums im Ruhrgebiet die Orte, wo Kinder und Jugendliche heute sagen: »Da habe ich Angst vor Gewalt« oder »dort bin ich schon mal verkloppt, bedroht, massiv belästigt worden«. Auch die Fahrten mit den öffentlichen Verkehrsmitteln gelten als »gewaltbesetzt«. Mangels entsprechender wissenschaftlicher Untersuchungen können wir jedoch nicht sicher sagen, ob und inwieweit hier körperliche und psychische Gewalt in den letzten Jahren zugenommen haben. Viele Beobachtungen sprechen dafür, daß dem so ist. Doch sollten wir uns hüten vor allzu schnellen Bewertungen. Warum?

Offenbar reagieren Lehrkräfte und Schulleitungen recht unterschiedlich. In einer Atmosphäre der Konkurrenz zwischen Schulen und der großen Diskussion über Schule und Gewalt fürchten Pädagogen/-innen, daß ihre Schule öffentlich in ein schlechtes Licht geraten könnte, wenn sie das Thema »Gewalt in der Schule« auf die Tagesordnung setzen und in der eigenen Schule behandeln. Wie schwierig es ist, pädagogisch richtig mit Gewalt umzugehen, das erläutert im folgenden Benedikt Sturzenhecker, der als Referent für Jugendarbeit beim Landesjugendamt Westfalen-Lippe tätig ist. Er faßt seine Erfahrungen mit Mitarbeitern/-innen aus Schule, Jugendarbeit, Polizei und Erziehungsberatung zusammen:

»Schwierigkeiten einer praxisnahen Gewaltanalyse:

In den gemeinsamen Analysen und Handlungsplanungen wurde auch deutlich, daß *oft das verbreitete Konflikt- und Gewalttabu* der Pädagogen ein Verständnis der Jugendlichen und einen konstruktiven Umgang mit Gewalt und Konflikten behindert. Im Alltag begreifen Pädagogen Konflikte als zu vermeidende Behinderungen ihrer Arbeit. Sie streben einen glatt ablaufenden, problemnivellierten, reibungslosen Alltagsablauf an. Damit werden Lernchancen, die besonders in Konflikten liegen, verpaßt. Die Jugendlichen müssen ja *Konfliktbearbeitung* und nicht *Konfliktvermeidung* lernen. Die viel vertretene pädagogische Überzeugung, daß Gewalt immer und in allen Situationen abzulehnen sei, erkennt nicht die Gewalthaltigkeit des Alltags der Jugendlichen und die oft überlebenswichtige Fähigkeit, sich auch körperlich zu wehren. Erst recht verkennt sie die strukturelle und psychische Gewalt, die auch Pädagogen durch ihre Machtposition in Institutionen ausüben können. Für uns ist es hilfreich, für einen differenzierten Umgang mit Gewalt genauer den Sinn von Gewalt für Jugendliche in deren Alltag zu erkennen und auch die eigene Gewaltbeteiligung zu reflektieren. Dadurch werden neue Handlungsmöglichkeiten eröffnet, die Konflikte und Gewalt nicht einfach tabuisieren und verdrängen, sondern die danach fragen, wie in den Konflikten ein anderer Umgang mit Gewalt geübt werden kann und Destruktivität vermieden werden kann.

Wir versuchen, in Trainingsseminaren die pädagogischen Deutungsgewohnheiten zu durchbrechen und zu einem vielfältigeren Bild der Wirklichkeit und der Adressaten zu gelangen.

Das ist auch nötig, weil bei Gewalthandlungen in der Interpretation oft das »Täter-Prinzip« angewendet wird. Das heißt, Gewalt wird erst zu einem Problem, wenn sie in einer eindeutigen Handlung eines Täters identifiziert werden kann. Ihre komplexen Ursachen in gesellschaftlichen Bedingungen, Lebenssituationen, institutionellen Bedingungen und sozialen Verhältnissen, z.B. auch in den pädagogischen Institutionen, werden nicht mehr mit berücksichtigt. Das

74 Gegen Gewalt in der Schule

Problem ist dann der Einzeltäter und nicht die Bedingungen, die zur Gewalt geführt haben. Auch in dieser Frage kann deutlich werden, daß auch das eigene pädagogische Handeln und die Handlungszwänge, denen die Kollegen und Kolleginnen ausgesetzt sind, mit Ursachen für Gewalthandeln von Jugendlichen sein können. Danach bleibt dann als Auftrag, mehr das eigene Handeln zu verändern, statt den Jugendlichen umzuerziehen.

Im Alltag sind wir es nicht gewohnt, die Problemsituationen in unserem Arbeitsfeld systematisch zu analysieren und zu reflektieren. Methoden der professionellen Reflexion und Selbstreflexion von Problemstellungen mit Klienten waren höchstens noch aus dem Studium bekannt und in der Praxis nicht geübt. Das liegt darin begründet, daß unter dem Handlungsdruck der Praxis kaum Zeit für ein detailliertes Nachdenken und fachliches Analysieren eines erkannten Problems bleibt. Der Handlungszwang der Praxis führt fast zu einem »Handlungswahn«, der darin besteht, daß nicht zunächst offen analysiert wird, sondern die Analyse bereits in bezug auf ein schnelles Handlungsziel eingerichtet wird. Anders gesagt: Bevor man überhaupt richtig hinschaut, weiß man schon längst, was man machen will/soll. Die Handlungen, auf die man hinaus will, ergeben sich aber nicht aus der vernachlässigten Analyse, sondern eher aus pädagogischen Moden und aktuellen Lösungsversuchen. Wenn man gehört hat, daß eine andere Institution es mit der Handlung X versucht hat oder angeblich mit ihr erfolgreich war (z.B. mit Selbstverteidigungskursen), ist man leicht geneigt, diese Handlungsformen für die eigenen Klienten und die eigene Institution zu übernehmen. Dabei wird dann nicht mehr geprüft, ob sie tatsächlich der Situation der Kinder und Jugendlichen entsprechen, ob sie die eigenen pädagogischen Ziele treffen und welche Nachteile diese Methoden ebenfalls mit sich bringen können. Leicht schleicht es sich ein, daß man bestimmte Wahrnehmungen des Problems so zurecht biegt, daß die angestrebte Handlung als angemessen erscheint. Da aber die fundierte Analyse fehlt und die Handlung dann oft nicht entsprechend adäquat ist, schlägt sie leicht fehl und löst entsprechende Frustrationen bei den

Hauptamtlichen aus. So geht es immer wieder darum zu *üben, zunächst präzise zu verstehen*, warum Jugendliche wie handeln, bevor man zur Entscheidung über Handlungsschritte kommt.

Bei dem Versuch einer differenzierteren Analyse arbeiten wir uns oft zunächst erst durch die spontan einfallenden pädagogischen Erklärungs- und Deutungsfloskeln hindurch. Pädagogen und Eltern haben einen bestimmten *Bestand an üblichen stereotypen Deutungen* über ihre »Zöglinge« und über ihre beruflichen Handlungsweisen. Solche Formen helfen, den Alltag zu meistern und das eigene Handeln in seinem Sosein zu legitimieren und als nicht hinterfragbar darzustellen. Sie verhindern deshalb aber oft, daß die Wirklichkeit als anders und deshalb auch als veränderbar wahrgenommen wird. Ein Beispiel ist die bekannte Interpretation von jugendlichem provokativem Gewalthandeln: »*Die wollen mich doch nur austesten*«. Mit dieser schnellen Deutung ist dann auch in der Phantasie eine bestimmte Handlungsweise verbunden: Man darf sich nicht besiegen lassen und muß den Test bestehen. Dabei müssen evtl. auch Härte und Konsequenz gezeigt werden. Obwohl es natürlich Phänomene wie »Austesten« gibt, ist diese einfache Deutung jedoch zu simpel, um die komplexen Handlungsgründe und Beziehungstrukturen zwischen Pädagogen und Jugendlichen zu verstehen. Hier gilt es, weitere und auch konträre Deutungen des jugendlichen Handelns zu finden und das pädagogische Test-Bestehen zu hinterfragen.

Eine andere pädagogische Konvention besteht in der Deutung von Handlungen ausländischer Jugendlicher. Ihr Handeln wird schnell als ein »*Zwischen-den-Kulturen-Stehen*« interpretiert und möglicherweise entschuldigt. In dem verständlichen Versuch, sich gegen Ausländerfeindlichkeit abzugrenzen, versuchen Pädagogen, möglichst freundlich, entgegenkommend und verzeihend mit ausländischen Jugendlichen umzugehen. Besonders fürchten sie, von den ausländischen Jugendlichen als Ausländerfeinde kritisiert zu werden. Diese Haltung führt zu einer Art »positiven Diskriminierung« der ausländischen Jugendlichen. Konflikte mit ihnen werden dann nicht konsequent geführt und problematisches Verhalten wird unter

Umständen entschuldigt. Das kann wiederum dazu führen, daß sich »deutsche« Jugendliche über die angebliche Bevorzugung der ausländischen Jugendlichen beschweren, dann aber von den Pädagogen ihrerseits als Ausländerfeinde beschimpft werden.

Positive Erfahrungen:
Die Übung einer differenzierten Analyse von Gewalt und auch anderen sozialen Situationen in pädagogischen und anderen Institutionen ist für die Teilnehmerinnen und Teilnehmer hilfreich. Eingefahrene Handlungsweisen können nun in einem anderen Licht betrachtet werden und neue Handlungsmöglichkeiten leuchten auf. Es wird erkennbar, daß eine differenzierte Analyse auch eine präzise angemessenere Handlung bedingt. Andererseits wird die Wirklichkeit komplexer und kann nicht mit einfachen Technologien oder altbekannten Mustern (unhinterfragt) beantwortet werden. Es müssen auch (individuell) solche Wege beschritten werden, die zunächst verunsichern.
Beziehungsarbeit muß weiter Kernstück pädagogischen Handelns bleiben und kann nicht durch administrative und organisatorische Maßnahmen ersetzt werden. Die Jugendlichen suchen Personen zur Orientierung und zur Reibungsfläche, und es ist gerade die Stärke von Jugendarbeit, so etwas anbieten zu können. Die Jugendlichen werden aber nur Beziehungen aufnehmen, wenn sie erkennen können, daß echtes Interesse vorliegt und sie nicht »umerzogen« werden sollen.

Nicht Gewalt und Täter, sondern Konflikte zum Thema machen

Gewalt ist oft nur ein Symptom zugrundeliegender Konflikte. *Wer den Konflikt ignoriert und nur Gewalt bekämpft, wird keine langfristigen Lösungen finden können.* Die Jugendlichen können an den realistischen Konflikten ihres Alltages lernen, wie sie ohne Gewalt bearbeitet werden können. Das geht nur, wenn Pädagogen auch bereit sind, bestehende Konflikte auszureizen. Es geht nicht so sehr darum, absolute Lösungen zu entwickeln, *sondern eher darum, Konflikte auszuhalten und Widersprüche nicht einseitig aufzulösen.* Die Pädagogen können Vorbild sein, nicht indem sie ihre Orientierungen ultimativ vorgeben, sondern indem sie Jugendlichen *zeigen, wie man in unsicherer Lage immer wieder Orientierungen zu gewinnen sucht.* In der pluralistischen Gesellschaft mit ihren vielen Teilkulturen wird es weiterhin schwierig sein, einheitliche Lösungen für alle Beteiligten zu finden. *Deshalb gehört neben dem Aushandeln, Konsens- und Kompromißfinden besonders die Fähigkeit zum Ertragen von Meinungsunterschieden zu den wichtigen Lernerfahrungen für Jugendliche.* Sie müssen lernen, Konflikte auszutragen und auszuhalten, ohne den Gegnern sofort mit Gewalt und Vernichtung zu drohen. Gründe für Konflikte liegen oft in divergierenden Interessen. Für die Jugendlichen ist es sehr *wichtig zu lernen, wie sie eigene Interessen* (z.B. nach Räumen und freien Treffpunkten) *erkennen und auch realisieren können.* Die Unterstützung durch die Jugendarbeit bei der Umsetzung ihrer Wünsche zeigt ihnen einerseits, daß sie wichtig sind und ernstgenommen werden, andererseits müssen sie an den dabei entstehenden Problemen lernen, ohne Gewalt zu handeln.

Männlich – weiblich – Suche nach Vorbildern

Gewalt hat auch Ursachen in männlicher Sozialisation und in den Problemen von Jungen und jungen Männern, die in einer verunsicherten gesellschaftlichen Situation versuchen, ein *Bild eigener Männlichkeit* zu entwickeln und lebbar zu machen. Dazu wäre eine Jungenarbeit nötig, die auch diese Ursachen von Gewalt aufgreift und Jungen unterstützt bei der Entwicklung einer Männlichkeit, die für sie selber und andere Menschen nicht zerstörerisch ist. Männliche Pädagogen sollten diese Arbeit entwickeln und mit den Jungen durchführen. Sie muß ebenso wie die *Mädchenarbeit* gefördert werden und in eigenen geschlechtshomogenen Einrichtungen stattfinden können ...«[*]

Gewalt wird heute mehrheitlich von Männern und männlichen Jugendlichen bzw. Kindern ausgeübt. Könnte es nicht auch von den Vätern als ihr Problem wahrgenommen werden? Liegt es etwa an deren Körper- und Beziehungsarbeit, an ihrem Beispiel, wie sie sich im Alltag Jungen und Mädchen sowie Frauen und Männern gegenüber verhalten?

Institutionen verändern und demokratisieren

Es geht nicht an, daß die viel gebrauchte Formel der Entstehung von Gewalt und Rechtsextremismus aus der »Mitte der Gesellschaft« (Heitmeyer) nur immer die anderen meint. Wenn diese These stimmt – und vieles spricht dafür – dann müssen *die Institutionen und besonders die Erziehenden sich fragen, mit welcher Gewalt sie selber handeln und welche Folgen das für die Gewalthandlungen von Kindern und Jugendlichen hat. Wer selber gegen Gewalt arbeiten will, dem empfehlen wir, zunächst zu klären, in welcher Weise sie selber der Gewalt verhaftet sind. Dann sollte eine Selbstveränderung der Institutionen folgen, die die eigenen inneren Konflikte zum Thema öffentlicher gemeinsamer Auseinandersetzung machen würde.*

Viele pädagogische Institutionen wollen aber Konflikte vermeiden oder versuchen, sie bürokratisch »von oben« zu regeln. Eine demokratische Mitbestimmung, in der Kinder und Jugendliche ihre Lebenswelt und ihre pädagogischen Institutionen selber verändern und aktiv beeinflussen können, sind selten. So gibt es in der *Schule* kaum

---

[*] Quelle: unveröffentlichtes Typoskript: Sturzenhecker, Benedikt: Arbeitskreis »Jugend und Gewalt« – ein kleines Modell des Kreisjugendamtes Gütersloh und des Landesjugendamtes Westfalen-Lippe, Münster 1993
ders.: Eine Kritik aktueller Pädagogik gegen Gewalt und Rechtsextremismus ... in: Mitteilungen des Landesjugendamtes 1993, H. 116, S. 36–42

echte Mitbestimmungsmöglichkeiten, *aber auch die Jugendarbeit* hat ihren Anspruch auf Mitbestimmung zunehmend aufgegeben und statt dessen auf ein allzu einseitig an Spaß und Konsum orientiertes Angebot gesetzt. Kinder und Jugendliche müssen aber erfahren können, daß sie *Macht* und *Recht* haben, die *Wirklichkeit* nach ihren Interessen gemeinsam zu *beeinflussen* und zu *verändern*. Sie müssen in vielen Fragen des Alltags in ihren Institutionen mit einbezogen werden. Das darf nicht nur in pädagogischen Sandkastenspielen geschehen, bei denen es nur um scheinbar echte Entscheidungen geht. Es ist vielmehr notwendig, auch wichtige Entscheidungen gemeinsam zu diskutieren und zu treffen (z.B., wenn es um Finanzen und Personal geht). *Teil dieser Demokratisierung wäre auch die Selbstveränderung und Kritik pädagogischen Machthandelns und struktureller Gewalt in den Institutionen.* Wenn Jugendliche erkennen, daß sie ihre Probleme angehen können und echte Veränderungschancen haben, können sie von Gewalt Abstand nehmen.

Eine solche demokratische Selbstveränderung der Institutionen und Einübung von Streitkultur ist auch Moralerziehung. Kinder und Jugendliche verändern sich nicht, indem man ihnen angeblich gute und richtige moralische Grundsätze aufzwingt oder sie ihnen trickreich beibiegen will. *Kinder und Jugendliche wissen genauso gut wie wir, daß es keine eindeutige unhinterfragbare moralische Wahrheit gibt.* Sie wollen aber selber Regeln für ihre Person und für das Zusammenleben in der Gemeinschaft und Gesellschaft entwickeln. Moralerziehung sollte die Fähigkeiten zu Konflikt, Diskussion, Aushandeln von widersprüchlichen Interessen und Aushalten von unauflösbaren Differenzen entwickeln helfen. *Erziehung ist deshalb heute Erziehung zu einer demokratischen Streitkultur.*

Literatur

Hartmann, Ulrich; Steffen, Hans-Peter und Sigrid: Rechtsextremismus bei Jugendlichen, München: Kösel 1985

Jugend vom Umtausch ausgeschlossen. Eine Generation stellt sich vor. Jugendwerk der Deutschen Shell (Hrg.), Reinbek: Rowohlt 1984

Jugendkultur als Widerstand. Milieus, Rituale, Provokationen. Clarke, John; Cohen, Phil; Corrigan, Paul u. a., Frankfurt: Syndikat 1979

Jugendschutzforum ›88. Jugend und Gewalt. Junge Menschen als Täter und Opfer. Aktion Jugendschutz NW u. a. (Hrg.), Köln 1989

Lind, Georg; Raschert, Jürgen (Hrg.): Moralische Urteilsfähigkeit. Eine Auseinandersetzung mit Lawrence Kohlberg, Weinheim/Basel 1987

Preuss-Lausitz, Ulf: Die Kinder des Jahrhunderts: zur Pädagogik der Vielfalt im Jahr 2000, Weinheim/Basel: Beltz 1993

Schirp, Heinz: Moralisch-demokratische Erziehung in der Schule. Zwischen ›Mut zur Erziehung‹ und Werterelativismus, in: Werteerziehung in der Schule – aber wie? Ansätze zur Entwicklung moralisch-demokratischer Urteilsfähigkeit, Landesinstitut für Schule und Weiterbildung (Hrg.), Soest, 1993, S. 7–37

Ziehe, Thomas: Zeitvergleiche. Jugend in kulturellen Modernisierungen, Weinheim/München: Juventa 1991

Erfahrungen, Anregungen und Hinweise

Norbert Rixius

Den Schulweg sicherer gestalten

»Haben Sie denn schon einmal untersucht, wie es mit den Schulwegen aussieht, was in Bussen und Straßenbahnen alles passiert, wenn Schülerinnen und Schüler unterwegs zur Schule oder nach Hause sind?« fragte ein Polizeibeamter und Vater den Jugendforscher, Professor Hurrelmann, im Rahmen einer Fortbildungsveranstaltung des Innenministers von Nordrhein-Westfalen. »Nein, dazu liegen uns leider noch keine gesicherten Erkenntnisse vor«, antwortete Klaus Hurrelmann, der viele Untersuchungen über die Frage, wie Jugendliche Schule erleben, vorgelegt hat.
Täglich gehen Millionen Kinder und Jugendliche zur Schule und benutzen dabei öffentliche Verkehrsmittel oder private, z.B. Fahrrad und das Auto der Eltern. Alljährlich veröffentlichen die Statistiken die neuen Zahlen der Verkehrsopfer, darunter einige tausend Menschen im schulpflichtigen Alter. Verkehrserziehung findet besonders im Grundschulalter statt, jedoch müssen viele Kinder ab dem elften Lebensjahr in der Regel längere Wege zu den weiterführenden Schulen zurücklegen als zu ihrer bisherigen Grundschule. In ländlichen Regionen mit sogenannten Mittelpunktschulen sind Fahrzeiten von mehr als 30 Minuten keine Seltenheit. Die Kinder in den fünften Klassen erleben eine Reihe neuer sozialer Situationen:
– Umstellung auf längere und andere Schulwege,
– neu zusammengesetzte Klassen,
– nicht mehr die ältesten, sondern die jüngsten in der Schule zu sein,
– sich in größeren Schulgebäuden zu orientieren,
– deutlich mehr Lehrkräfte unterrichten in einer Klasse.
Es leuchtet sicher ein, daß Kinder unterschiedlich gut solche Umstellungen bewältigen. Wer in einer Gruppe bisheriger Mitschüler/innen in eine weiterführende Schule wechselt oder ältere Schüler bereits kennt, findet gefühlsmäßig einen anderen Rückhalt

als z.B. ein einzelnes Kind, das erst einmal neue Kontakte aufbauen muß.

Ältere gegen Jüngere?

Aus einer Reihe von Befragungen und Berichten geht hervor, daß in den Beispielen über Gewalt von älteren gegen jüngere Schüler/innen häufiger die Rede ist. Der Einstieg in die weiterführenden Schule scheint hierbei mit besonderen Belastungen verbunden zu sein. Den Berichten zufolge, die auch auf Befragungen von Schüler/innen beruhen, nehmen die schlechten Erfahrungen mit älteren in den Klassenstufen 6–8 schrittweise ab.

Eine allgemeine Aussage versuchte das Frankfurter Schulamt, das Ende 1991 die Ergebnisse einer Befragung aller kommunalen Schulen zusammenfaßte. Dort heißt es: ... »Es scheint immer schwieriger, die Schule nach außen hin abzugrenzen und die Schüler/innen im Vorfeld der Schule und auf dem Schulweg zu schützen. Vielfach wird von einer wachsenden Angst der Schüler/innen auf dem Schulweg berichtet.« (Schulamt Frankfurt, 1991, S. 7)

Wie sind die Berichte einzuschätzen?

Im Zuge der öffentlichen Diskussion über Gewalt zeichneten Zeitungs- und Fernsehberichte in den letzten Jahren immer wieder Bilder von zum Teil massiver Gewalt, auch auf dem Schulweg. Regelrechte Waffensammlungen erzeugten in diesem Zusammenhang vielfach Angst und Schrecken. Solche Bilder sind den Medien natürlich eher eine Nachricht wert als der Alltag in den Schulen. Aus vielen Praxisbeispielen zum Umgang mit Gewalt geht denn auch hervor, daß die alltäglichen Gefahren der Schulwege offenbar weniger in der Schule und in den Medien behandelt werden als Gewalt von Schüler/innen gegen Schüler/innen. So stellen Presseberichte – ebenso wie viele einzelne Beispiele – Ausschnitte dar, und es ist wichtig, auf die Zusammenhänge zu achten, in die Ereignisse eingebettet sind. So auch in dem Beispiel, das wir hier stellvertretend für viele andere dokumentieren:

Revier-Kampf ängstigt die Schüler in der Nordstadt

St. Anna Gymnasium wandte sich hilfesuchend an Bezirksvertretung

Zuletzt sei es am Montag passiert, seien Schüler auf dem Nachhauseweg auf dem Schusterplatz von einer Gruppe von Jugendlichen bedroht worden. Seit Anfang Oktober

Die Schüler werden angerempelt, beschimpft, geschlagen, Mädchen belästigt; meistens geschehen die Überfälle auf dem Weg vom Schusterplatz zum Grünewalderberg und auf der Treppe Tippen-Tappen-Tönchen. Auch die Polizei, so Schutzbereichsleiter Ulrich Keßler, wurde informiert. Man werde künftig nach Schulschluß „verstärkt präsent sein". Diese Abschreckung habe am Wilhelm-Dörpfeld-Gymnasium gewirkt, wo vor einiger Zeit ähnliche Überfälle für Unruhe sorgten.

„20 Nationen sind an unserer Schule vertreten, die immer gut zusammengelebt haben. Jetzt gab es erstmals ausländerfeindliche Parolen", sagte Jansen. Daß es nicht nur ausländische Jugendliche sind, die auch in Wuppertal zunehmend Banden bilden und zunehmend gewalttätig auftreten, erklärte ein Vertreter des Jugendamtes. Viele Banden im „Vordisco-Alter" seien ausschließlich mit deutschen „Kindern" besetzt. Es sei weniger ein Problem zwischen Deutschen und Ausländern,

komme es immer wieder zu solchen Vorfällen, berichtete der stellvertretende Schulleiter des St. Anna Gymnasiums, Dr. Reinhard Jansen, der Bezirksvertretung Elberfeld.

als eines zwischen „Underdogs" und Privilegierten, ein Stück Revier-Kampf in der Nordstadt. Ob es sich um eine Reaktion auf die ausländerfeindlichen Übergriffen der letzten Wochen handeln könnte, gab Reinhard Kaiser (Grüne) zu bedenken.

Man war sich einig: Die Polizei allein kann vielleicht erschrecken, das Problem jedoch nicht lösen. Zur Sprache kam auch die Personalknappheit: Sowohl Polizei als auch Jugendhilfe haben nicht genug Leute.   Cordula Helmig

Westdeutsche Zeitung vom 29.11.1991

Gibt es typische Konfliktsituationen?

Folgende Elemente fallen auf:
– jüngere Schüler/innen in den unteren Klassenstufen nennen häufiger Ängste und negative Erlebnisse mit älteren,
– einzelne werden von Gruppen bedroht oder angegriffen, oder es wird mit einer Gruppe von Personen Druck erzeugt,
– in gewalttätigen Gruppen verteilen sich die Rollen, z. B. auf Wortführende, besonders gewaltbereite und mitlaufende, Beifall spendende Kinder oder Jugendliche,

86   Gegen Gewalt in der Schule

– Erwachsene oder andere, die den Konflikt beobachten, sehen zu,
  aber greifen nicht ein,
– unüberschaubare Stellen, Wartezeiten an Haltestellen und Enge
  in den öffentlichen Verkehrsmitteln sind Orte/Situationen, wo
  z.b. Rangeleien häufiger als anderen Ortes entstehen.

Schulwege stellen einen öffentlichen Raum dar, auf den weder die
Eltern noch die Lehrkräfte einen unmittelbaren Einfluß ausüben
können. Nach dem Ende des Unterrichts entstehen außerdem zeit-
liche Freiräume, besonders dann, wenn Kinder und Jugendliche zu
Hause nicht erwartet werden. Alle diese Aspekte können auf die jeweilige Situation an ihrer Schule einwirken, es läßt sich jedoch kein
eindeutiger Zusammenhang herstellen.

Angst vor dem Weg allein zur Schule

Jugendamt-Videoprojekt „Gewalt" im Theater an der Gathe

Von unserem Redaktionsmitglied Volker Pfau

Das Herz des 16jährigen Mäd-chens schlägt bis zum Hals. Sie hat Angst. Dabei geht sie nur durch eine schummerige Un-terführung. Die Angst wird im-mer größer. „Hoffentlich über-fällt mich hier keiner", denkt sie. „Hier könnte mir keiner helfen."

Eine Szene aus dem Video „Ge-fährliche Begegnung". Ein Vi-deo von insgesamt elf, die 51 Schüler aus vier Wuppertaler Schulen, der Peter Härtling-Schule, der Hauptschule Ger-trudenstraße, des Gymnasiums St. Anna und der Gesamtschule Elberfeld, gedreht haben. Alle Videos haben ein Thema: Ge-walt. „Unter Jugendlichen ist eine zunehmende Gewaltbereit-schaft zu erkennen", erklärt An-dreas von Hören, der für das Ju-

gendamt das Videoprojekt durchführte, die Gründe, war-um er das Thema behandelt ha-ben wollte. „Die Gewalt unter Jugendlichen geht sogar soweit, daß Schüler sich nicht mehr al-leine zur Schule trauen", er-gänzt er.

Jeweils zwei Tage lang arbeite-ten die Schüler von der 7. bis zur 10. Klasse an ihren Videos. Spontan bildeten sich völlig verschieden besetzte Gruppen, aus Jungen und Mädchen, aus Deutschen und Ausländern, aus den verschiedenen Schulfor-men. „Das war wichtig für das gemeinsame Verständnis", stellt Andreas von Hören fest. „Jetzt heißt es: 'Den kenne ich, dem hau' ich nicht in die Schnauze.'" So unterschiedlich wie die Gruppenbesetzung, so· unter-schiedlich näherten sich die Schüler dem Thema Gewalt. In den elf Videos reicht die Spanne von der Gewalt, die Eltern ge-genüber ihren Kindern aus-

üben, über Telefonterror und das Betatschen und Begrap-schen von Frauen, Vergewalti-gungsversuchen bis hin zum Haß auf Ausländer. Mehr oder weniger professionell ist das Er-gebnis des Videos. Aber das war den „Machern", die ihre zwei bis sechs Minuten langen Vi-deos bei der Premiere im Thea-ter an der Gathe beklatschten, relativ egal. Zittrige Kamera oder Tonschwierigkeiten spiel-ten nicht die wesentliche Rolle. Auch nicht, ob das jeweilige Vi-deo einen Ausweg aus der Ge-waltspirale anbietet, ·Lösungs-möglichkeiten aufzeigt. „Allein die Auseinandersetzung mit dem Thema ist wichtig", meint von Hören. Und Burkhard Mast-Weisz vom Jugendamt er-gänzt: „Die Schüler der sechsten Klassen haben sich beschwert. Sie wollen beim nächten Pro-jekt auch mitmachen. Solche Beschwerden hören wir gern".

Westdeutsche Zeitung vom 09.07.1992

So ist zwar verständlich, wenn Eltern in einer ersten Reaktion einen besseren Schutz, z.B. durch die Polizei fordern. Diese verweist aber selbst darauf, daß abschreckende Wirkungen nicht auf Dauer, sondern eher nur kurzfristig zu erwarten sind. Auch die Polizei setzt daher auf Vorbeugung und versucht, gemeinsam mit den Beteiligten (Eltern, Lehrkräften, Minderjährigen und Sozialpädagog/-innen) sinnvolle Maßnahmen zu entwickeln.

Was Eltern und Lehrkräfte tun können

Die folgenden Hinweise stützen sich auf vielfältige Erfahrungen. Anhand der Erfahrungen z.B. aus Frankfurt und Wuppertal wollen wir verdeutlichen, warum es keine Rezepte geben kann.

Neue Situationen erzeugen Unsicherheiten. Wenn Kinder eingeschult werden sollen, bzw. in eine weiterführende Schule wechseln, bieten sich verschiedene Möglichkeiten der Vorbereitung. Viele Schulen laden zu Informationsveranstaltungen ein, wo ein erstes Kennenlernen in einladender Atmosphäre möglich ist. Es gibt gut erprobte gruppenpädagogische Übungen, die Hemmungen in der ersten Begegnung zwischen Fremden zu überwinden helfen. Allein schon mit Blick auf die alltäglichen Gefährdungen im Straßenverkehr empfiehlt es sich, daß Kinder und Jugendliche *möglichst in Gruppen den Schulweg zurücklegen* können.

Den Schulweg klassenweise oder mit der Jahrgangsstufe in kleinen Gruppen zu erkunden, hilft, »neuralgische Punkte« und Gefahren aus der Sicht von Kindern und Jugendlichen zu erkennen und zu dokumentieren. Stadtspiele wurden zunächst in der Freizeitpädagogik und Jugendbildung entwickelt und haben sich gut bewährt. Findet diese Erkundung zum Beginn des Schuljahres statt, kann sie in den Gruppen das Gefühl stärken zusammenzugehören. Außerdem werden die Sichtweisen und Eindrücke der Kinder und Jugendlichen von Erwachsenen ernstgenommen, wenn die Dokumentation in der Schule ausgestellt und in den Elternpflegschaftssitzungen behandelt wird. Bezirksvertretung und Bauausschuß sind kommunale Gremien, die sich ggf. mit »neuralgischen Punkten« der Schulwege beschäftigen. (Mehr dazu im folgenden Kapitel).

Es hilft nicht so sehr zu bagatellisieren, aber auch nicht, etwas zu dramatisieren, lautet u.a. das Fazit der Frankfurter Untersuchung. Gerade weil Schulwege sich des unmittelbaren Einflusses von Eltern und Lehrkräften entziehen, überrascht es nicht, daß beide Gruppen sich manchmal hilflos und überfordert fühlen. Wir wollen unterscheiden zwischen akuten, spontanen Reaktionen und pädagogisch durchdachten Maßnahmen, weil akute Situationen zunächst keine Zeit für sorgfältige Beratungen lassen.

Akute Situationen. Wenn Sie beobachten, wie sich eine Situation auf dem Schulweg zuspitzt, können Sie *das aggressive Verhalten öffentlich machen*, indem Sie Umstehenden gegenüber Ihre Meinung deutlich hörbar mitteilen. Eine andere Möglichkeit besteht darin, den angegriffenen Menschen aus der Situation herauszunehmen. Wann der richtige Zeitpunkt dafür ist und welche Handlungsweise Erfolg verspricht, hängt von den jeweiligen Umständen und von Ihnen selbst ab. Wir alle fühlen uns in solchen Situationen nicht selten unsicher. Deshalb lohnt es sich, in Rollenspielen zu üben, wie Sie akut helfen können. (Mehr dazu im Kapitel »einander helfen«)

Grenzen verdeutlichen heißt zu klären, welches Verhalten nicht mehr toleriert werden kann. Aber auch: die eigenen Grenzen zu respektieren und Unterstützung suchen, wo wir selbst unsicher sind, es allein zu schaffen. Schiedsrichterfunktionen oder gar die Aufgabe der Polizei, Straftaten aufzuklären, sollten wir möglichst nicht übernehmen.

Partner suchen und einbeziehen. In unserem Beispiel aus Wuppertal rieten die Lehrkräfte zunächst einmal den Schüler/innen, in Gruppen den Schulweg zurückzulegen. Außerdem nahmen sie mit den umliegenden Schulen, dem Jugendamt, der Drogenberatung, einer Familienbildungsstätte und der Polizei Kontakt auf. Auf Stadtteilebene entstand ein Kreis von Menschen, die aus ihren jeweiligen Sichtweisen heraus versuchten, Ursachen zu klären und sinnvoll erscheinende Maßnahmen zu vereinbaren. Die folgende Aufzählung skizziert, wie die verschiedenen Akteure vor Ort versuchten, auch die Ursachen der Konflikte auf dem Schulweg zu bearbeiten:

– *spiel- und erlebnispädagogische Angebote* für die Klassen 5 und 6 in Zusammenarbeit mit Jugendeinrichtungen im Stadtteil. Dadurch kommen Kinder unterschiedlicher Schulen und Nationalitäten zusammen und lernen durch die Angebote sich untereinander besser kennen. Außerdem erfahren sie, wie sie Konflikte anders lösen können, als mit den Verhaltensmustern, die sie vor allem aus Action-Filmen kennen.

– *Video-Workshops*, ebenfalls in Kooperation mit Jugendfreizeiteinrichtungen, in denen sie Gewalt-Erfahrungen und -bilder nachspielen. Auch hier werden schulübergreifende Gruppen gebildet, so daß die Jugendlichen aus den Klassen 7–10 gemeinsam Video-Filme produzieren. Diese Filme werden in den Schulen gezeigt und vermitteln den beteiligten Schüler/-innen Anerkennung und Bestätigung. Die Lebenswelt und die Sichtweisen der 13–16jährigen wird auch zum Bestandteil von Unterricht (siehe auch unter »Medienbilder als Vorbilder«).

– *Intensivere Elternarbeit* mit Unterstützung außerschulischer Partner soll gegenseitige Schuldzuweisungen für gewalttätiges Verhalten abbauen. Die Verantwortung von Elternhaus und Schule so zu verstehen, daß beide Seiten versuchen, sich wechselseitig zu unterstützen, lautet das Ziel (vgl. S. 207–219).

Patenschaften zwischen älteren und jüngeren Schüler/innen sind ebenfalls eine Möglichkeit, soziales Lernen im Schulalltag zu fördern. (Mehr dazu im Kapitel »einander helfen« bzw. »sinnvolle Freizeitbeschäftigung«)

Diese skizzierten Maßnahmen sind z. T. längerfristig angelegt und zeigen, daß verschiedene Einrichtungen im Stadtteil gemeinsam versuchen, ein anderes Klima unter den Kindern und Jugendlichen zu entwickeln.

Literatur

Bundesverband der Unfallversicherungsträger der öffentlichen Hand (BA-GUV) (Hrg.): Gewalt in Schulen, München 1993, Bezug: Fockensteinstr. 1, 81539 München, Tel.: 089/622720

Staatliches Schulamt (Hrsg.:) Die Gewaltdiskussion in der Öffentlichkeit und die Situation an Frankfurter Schulen. Bestandsaufnahme und und Handlungsperspektiven, Frankfurt 1991.

Norbert Rixius

Die Pausenhöfe als Spielplätze beleben

»Montags morgens ist es oft noch schlimmer als an anderen Tagen, doch sind wir längst überfordert mit der Aufsicht. Schauen Sie sich um! Da ziehen ganze Gruppen über den Schulhof und führen sich auf, als wären sie Kung Fu höchstpersönlich. Das Geschrei, die Gesten und die akrobatischen Tritte haben die Kinder wohl aus den Action-Filmen, die sie zu Hause oder bei Freunden sehen. Einige treiben ihre Opfer regelrecht vor sich her, während andere umstehende Schüler sie auch noch anfeuern. Gehen wir in einem Fall dazwischen, müßten wir gleichzeitig drei andere Streitfälle schlichten. Dazu kommen noch die Kinder, die unbedingt etwas loswerden wollen, mir am liebsten ganze Geschichten von Gott und der Welt erzählen würden, wenn ich dafür die Zeit hätte … Manchmal rennen einzelne oder Gruppen von Schüler/-innen ohne Rücksicht auf ihre Mitschüler/innen über den Platz; es gibt aber auch Situationen, in denen Kinder unversehens auf andere einschlagen. Werden sie zur Rede gestellt, heißt es mitunter lapidar: ›Die hat so blöd geguckt‹ oder ›hat er selbst Schuld, er hätte aus dem Weg gehen können …‹«

Gibt es denn nur Streit und Kampf auf dem Schulhof?

»Nein«, lautet die Antwort, »aber wenn man ständig das Gefühl hat, daß jede Sekunde etwas Gravierendes passieren könnte, dann übersieht man manchmal einfach ›die Normalen‹, die sich friedlich verhalten, die spielen oder sich mit anderen unterhalten.«
»Jeder kann verstehen, daß Kinder Bewegung brauchen; deshalb sind die Pausen auch so wichtig. Das merkt man besonders nach der großen Pause. Dann sind die meisten etwas ausgeglichener, aufmerksamer und disziplinierter im Unterricht. Dagegen kommen manche

bereits regelrecht geladen in die erste Stunde. Dann könnte ich drauf wetten, was auf dem Schulweg oder zu Hause passiert ist.«

»Was uns Sorgen macht, ist, daß es immer mehr Kinder gibt, die bei jedem Wetter schon eine halbe Stunde vor dem Unterricht auf dem Schulhof herumstreunen. Manche scheinen kein richtiges Elternhaus mehr zu haben und wissen scheinbar vor Langeweile nichts mit sich anzufangen.

Immer wieder fallen einzelne auf, weil sie andere quälen, in die Enge treiben. Es sieht fast so aus als hätten sie Spaß daran, anderen Kindern Schmerzen zuzufügen. Wir haben schon des öfteren vergeblich versucht herauszubekommen, warum. Als Antwort hören wir lediglich: ›Die hat mich geärgert‹ oder ›der hat mich angerempelt‹.« Das heißt:

Immer sind die anderen schuld

»Ja, es stimmt, auch früher hat es Rangeleien, Prügeleien und blaue Flecken gegeben. Neu ist, daß aus nichtigem Anlaß blindlings zugeschlagen wird. Immer wieder müssen wir dazwischengehen und erleben fast stereotype Begründungen, die keinerlei Reue erkennen lassen – oder sogar nur Sprachlosigkeit. Neulich habe ich mit ansehen müssen, wie ein Schüler unserer Grundschule einen anderen zu Boden schlug und dann noch auf ihn eintrat. Ich wußte nichts anderes zu tun, als ihn zu packen und nahm ihn mit ins Rektorzimmer. Auf dem Weg dorthin trat der Junge mehrfach nach mir. Als ich ihn dann fragte: »Warum hast Du das getan?« verließ er wortlos das Zimmer.«

Hat die Erziehung der Eltern versagt?

Mit dieser Frage sahen sich einige Wochen nach diesem Vorfall die Eltern konfrontiert, die zur turnusmäßigen Klassenpflegschaftssitzung versammelt waren. Sie erfuhren, daß die Schulkonferenz aufgrund dieses Vorfalls beschlossen habe, solche Beispiele in den Klassenpflegschaften zu behandeln. Die Eltern sollten Vorschläge diskutieren, wie auf die beschriebenen Verhaltensweisen der Kinder reagiert werden könne, so lautete der Wunsch der Lehrkräfte.

Schockiert waren offenbar nicht nur einige Lehrkräfte, weil Kinder offenbar keinerlei Gefühl für die gefährlichen Folgen ihres Handelns zeigten, im Gegenteil, sogar ihre Verantwortung leugneten. Hierin zeige sich, so die Meinung auch von einigen Eltern, daß die Eltern dieser Kinder in ihrer Erziehung versäumt hätten, ihren Sprößlingen Grenzen zu setzen. Deshalb forderten sie empfindliche Strafen. »Dazu ist es doch jetzt viel zu spät!« gaben andere Eltern zu bedenken. »In einem solchen Fall müßte sofort reagiert werden und nicht erst drei Wochen später. Sonst wird der Zusammenhang zwischen der Tat und erzieherischen Konsequenzen nicht deutlich!« »Wenn wir jetzt sinnvoll etwas vorschlagen sollen, würden wir vorher gern wissen, was die Eltern dieser Kinder gesagt haben.« Aus anderen Fällen kennen wir Antworten wie etwa: »Ich erreiche meinen Sohn auch nicht mehr«, oder »Bei uns zu Hause ist so etwas noch nie passiert!« Wir wissen jedoch nicht, wie Eltern im Einzelfall reagieren. Aber es hilft den Lehrkräften auch nicht viel weiter, nur zu fragen, ob die elterliche Erziehung in diesem einen Fall versagt habe. Denn es bleibt ihnen im Schulalltag oft nicht die Zeit, sich mit jedem Beispiel von Gewalt, mangelnder Rücksicht, Verantwortungslosigkeit etc. eingehend zu befassen.

Härtere Umgangsformen – nicht nur auf dem Schulhof

Aus vielen Beobachtungen auf Pausenhöfen haben wir den Eindruck gewonnen, daß es zwar einzelne sogenannte Rabauken immer wieder gibt. Doch hat sich offenbar das Klima in den Schulen insgesamt gewandelt; ein härterer Umgangston wird begleitet von einem Mehr an körperlichen Auseinandersetzungen.

94   Gegen Gewalt in der Schule

Viele Eltern meinen durchaus: »Mein Kind muß lernen, sich durch-
zusetzen, sonst wird es im Leben später untergebuttert.« Die Forderung:»Laß Dir nichts gefallen, wehr Dich!« wird jedoch inzwischen
mit unverhältnismäßigen Mitteln umgesetzt. Schon bei geringen Anlässen wird hart reagiert. Stolpert jemand über die Schultasche eines
anderen, setzt es häufiger als früher, so scheint es, Schläge. Vor allem
der Umgangston ist härter geworden, berichten Lehrkräfte und
Schulpsychologen. Viele Schüler/innen haben in Befragungen sehr
deutlich zum Ausdruck gebracht, daß sie besonders in den großen
Pausen und auf dem Schulweg sich vor Gewalt fürchten. Obwohl
gerade der Schulhof von Lehrkräften – im Gegensatz zum Schulweg
– beaufsichtigt wird, klagen Schüler/innen, daß die Lehrkräfte ihnen
kaum Sicherheit vor Übergriffen bieten können. Pausenaufsicht
empfinden umgekehrt viele Lehrkräfte als unangenehme Pflicht,
weil sie sich überfordert fühlen.
Was wir geschildert haben, deutet auf härtere Umgangsformen zumindest auf dem Pausenhof. Bevor wir jedoch überhaupt sicher sein
können, ob diese Vermutung zutrifft, müssen wir genauer Bescheid
wissen.

Wir fragen nach:

1. Lassen sich die Orte und Situationen genauer bestimmen, wo es
   häufiger als anderswo zu Rangeleien etc. kommt?
2. Sind es stets einzelne Kinder, die als ›Rabauken‹ auf dem Schulhof auffallen? Wie verhalten sich diese Kinder im Unterricht?
3. Gegen wen oder was richtet sich gewalttätiges Handeln? Welche
   Anlässe und Gründe beschreiben die Kinder bzw. Jugendlichen?
   Welche sehen die Erwachsenen (Eltern/Lehrkräfte)?
4. Wie verhalten sich andere betroffene Schüler/innen? Gibt es regelrechte Opfertypen oder typische Verhaltensweisen, etwa:
   ›Jungen-Mädchen-Konflikte‹; ›Spaßkloppe‹, die ernst wird; ›Zuschauer‹, die Beifall spenden?

Stolpersteine – und wie sie ausgeräumt werden können

Genauer nachzufragen, aufmerksam zu beobachten und verschiedene Schulhöfe zu vergleichen, kann helfen, Stolpersteine zu finden. Indem wir genauer hinsehen, erkennen wir z. B., daß viele Schulhöfe eher grau und trist wirken: Große asphaltierte oder gepflasterte Flächen mit etwas »Anstandsgrün«, das häufig auch noch niedergetrampelt wurde. Kinder und Jugendliche versuchen, sich im Raum zu orientieren. Große Flächen bieten kaum Abwechslung und Betätigungsmöglichkeiten.

Die Rennerei und Rempelei auf dem Schulhof hängt vielleicht mit dem Bedürfnis zusammen, die Weite und ihre Grenzen zu erfassen, so eine Erklärung der Jugendforschung. Außerdem finden Kinder und Jugendliche kaum Rückzugsmöglichkeiten, so daß Gruppen oder einzelne in der Tat von allen Seiten angreifbar werden.

Abb. 1

Vorschlag:
Ein attraktives und stärker gegliedertes Schulgebäude kann diese
»Stolpersteine« zunächst abschwächen. Anhand einiger Fotos und
Einschätzungen aus Solinger Schulen wollen wir dies verdeutlichen:
Schulbeispiele:
Grundschule Erholungsstr. in Solingen

Abb. 2 Den Eingang zum neu angelegten Schulgarten bildet eine Pergola.

Abb. 3 Ein Jahr später ist eine blühende Pforte entstanden.

Die Schule hat eine Wiesenfläche neben dem Schulgebäude in einen
Schulgarten verwandelt. Durch einen Rosenbogen betritt man jetzt
einen bunten Garten. Neben einer Blumenwiese wurde ein Teich angelegt. Eine Sitzecke dient als offenes Klassenzimmer.
Das ganze Projekt hat die Schule nach einer Beratung durch den
Schulgeländeberater in Eigenleistung verwirklicht. Bei der Planung

bis zum Umbau waren Lehrer/innen, Schüler/innen und Eltern beteiligt. Es wurde vielfach mit Recycling-Material gearbeitet, so wurde z. B. für den Wegeausbau und die Sitzecke eine Wagenladung gebrauchter Ziegelsteine von Hand gereinigt und verlesen. Das Gartenamt stellte diverse Baumaterialien zur Verfügung und übernahm die Entsorgung anfallenden Schutts.

Die verantwortliche Lehrerin berichtet, daß sie mit diesem Projekt nur positive Erfahrungen gemacht hat:

»Die Möglichkeit, daß Eltern, Schüler/-innen und Lehrer/innen an einem Strang zogen, wirkte sich für alle Beteiligten sehr günstig aus. Durch das gemeinsame Arbeiten wurde manche Barriere abgebaut und das Vertrauen zueinander größer. Diese Tatsache beeinflußte somit auch das schulische Miteinander. Erstaunlich war aber auch, daß Nachbarn oder auch Passanten sich unseren Schulgarten anschauten und Gespräche mit mir und den Schüler/-innen suchten. Diese konnten dann stolz berichten, welche Bedeutung die Kräuterspirale oder die Trockenmauer hat.«

Innerhalb eines Projekts zur Aktiven Pause wurde der Schulhof mit einer Tischtennisplatte, einem Reck und einem Reifenberg ausgestattet. Ein besonderer Schwerpunkt der Freiraumaktivitäten war die Anlage eines Schulgartens, der unter den Aspekten der Perma-Kultur betrieben werden sollte. Innerhalb des Schulgartens wurde ein Fußerlebnispfad angelegt. Nach Ansicht der Schule gelingt es am ehesten durch praktisches Tun, »Schüler/innen zu einem gesunden Sozialverhalten zu erziehen und in die Verantwortung für das Leben ringsum einzubeziehen«.

Diese Erwartung wurde dann auch durch die Beobachtungen bei der Schulgartenarbeit bestätigt:»Bei der Arbeit im Garten konnten wir gerade bei verhaltensauffälligen Kindern gesteigerte Ausdauer und Verantwortungsbereitschaft erkennen. »Zerstörungsfreudige« Kinder begannen, ihre Pflanzen zu schützen, indem sie sich gegenseitig zur Umsicht aufforderten und sich selbst umsichtig verhielten.« Die Schule möchte auch in Zukunft den Schulgarten »als Möglichkeit zur Erziehung und Selbstfindung« nutzen.

98 Gegen Gewalt in der Schule

Zwei fotographische Impressionen illustrieren Erfahrungen aus anderen Grundschulen:

Abb. 4 Die Kinder der Grundschule Westersburg legen eine Trockenmauer an.

Abb. 5 Fußerlebnispfad im Schulgarten

Außerschulische Partner helfen mit

Nistkästen wurden mit Hilfe von Eltern hergestellt. Die Schüler/innen des vierten Jahrgangs nahmen Kontakt mit Umweltverbänden und der Forstbehörde auf, um in Zusammenarbeit mit diesen die Nistkästen im Wald aufzuhängen. So ergab es sich, an einer Krötensammelaktion im benachbarten Ittertal mitzuwirken. Die Ausstattung des Schulgeländes wurde mit Hilfe der Eltern erstellt. Die Anlage des Schulgartens wurde aus Fördermitteln finanziert. An der Planung waren Studenten der Universität Wuppertal beteiligt. Aus diesen Kontakten heraus baute eine weitere Studentengruppe dann gemeinsam mit den Lehrer/-innen den Fühlpfad im Schulgarten. Für die Unterhaltung des Schulgartens hat sich eine Eltern-Schüler/innen-Lehrer/innen-Gruppe gebildet. Die Beete werden von einzelnen Schulklassen bestellt.
Vielfältige Effekte der Veränderungen im Schulgelände beschreiben Lehrkräfte des *Schulzentrums Vogelsang*, in dem eine Realschule und ein Gymnasium untergebracht sind:

Abb. 6

An diesem Schulzentrum sind in den letzten Jahren viele ökologische Projekte durchgeführt worden. Dazu steht der Schule hinter dem eigentlichen Schulgrundstück eine große städtische Brachfläche zur Verfügung. Hier wurden folgende Biotop- und Schulgartenprojekte verwirklicht: ein großes Feuchtbiotop mit einem Teich, ein Hügelbeet, eine Trockenmauer, eine Vogelschutzhecke, ein Steingarten, eine Kräuterspirale, Staudenbeete, Gemüsebeete, ein Rundweg, ein großer Sitzplatz.

Die anfallende Pflegearbeit in dem Biotopbereich wird mit verschiedenen Schülergruppen erledigt. Zwei Arbeitsgemeinschaften bearbeiten den Schulgarten und befassen sich mit neuen ökologischen Projekten. Bei den einzelnen Projekten arbeitete die Schule mit verschiedenen außerschulischen Partnern zusammen. So erhielten die Schulen Unterstützung von dem Botanischen Garten, der unmittelbar benachbart ist, dem Gartenamt, das verschiedene Baumaterialien usw. zur Verfügung stellte, von der Deutschen Umweltaktion und der Zivildienstgruppe Umweltschutz.

Abb. 7

»Seit 1992 ist durch eine Änderung der bestehenden Hausordnung auch die Pausenfläche um das Gelände des Schulgartens erweitert worden. Damit können die Schüler/innen jetzt auch in den Pausen die Wege durch das Naturbiotop nutzen. Vor allem in den Sommermonaten wird diese Möglichkeit von vielen Schüler/-innen unterschiedlichen Alters genutzt. Jüngere Schüler/innen (vor allem der Klassen 5) nutzen das Gelände sogar zeitweise für Versteck- und Abenteuerspiele in den Pausen. Einzelne Schüler/innen zeigen sich daran interessiert, die Tiere in und auf dem Teich bzw. die Vögel, die zu den überall auf dem Schulgelände angebrachten Nistkästen fliegen, zu beobachten.

Hin und wieder kann man sogar entsprechende Gespräche zwischen einzelnen Schülergruppen verfolgen, die gerade die vielfältigen Beobachtungsmöglichkeiten im Naturbiotop zum Inhalt haben. Von daher achten die Schüler/innen auch aufeinander, so daß sich trotz der großen Schülerzahl (ca. 1500) Zerstörungen im Garten oder am Teich sowie Verunreinigungen im Vergleich zum übrigen Schulgelände relativ in Grenzen halten.«

Weiterhin beschreibt die Schule, daß sich die Schüler/innen anscheinend mit dem »Garten und dem gesamten Naturbiotop identifizieren können und sich für seinen Erhalt mitverantwortlich fühlen. Dies scheint mir in einer Zeit, wo zunehmende Gewalt an Schulen Tagesthema in den Medien ist, besonders beachtenswert zu sein. Es läßt die Hoffnung zu, daß möglicherweise die Einrichtung solcher Erholungs- und Lernbereiche eine Möglichkeit zum Abbau zunehmender Aggressivität und Zerstörungswut darstellen könnte.«

Fassen wir zusammen:

Eltern, Lehrer/innen und Schüler/innen waren/sind an allen dargestellten Beispielen gemeinsam beteiligt, jeweils mit unterschiedlichem Engagement, zeitlich befristet. Nach ersten Schritten sammeln alle Erfahrungen; es zeigt sich, ob die ursprünglichen Erwartungen eingetroffen sind. Schon bei der Verwirklichung verändern die Beteiligten einzelne Planungen, wenn es sich in der Praxis als erforderlich erweist. Der Unterricht kann von solcher Änderung mehrfach profitieren, indem er im praktischen Lernen sowohl fachliche Inhalte vermittelt als auch soziales Miteinander in Gruppen unterstützt. Ehrenamtliche Hilfe, Spenden und die Unterstützung durch die kommunale Verwaltung, insbesondere Schul- und Gartenamt können bei guter Zusammenarbeit vieles bewegen. Deshalb bieten die vorgestellten Erfahrungen Anhaltspunkte für das Vorgehen vor Ort; eine Garantie für das Gelingen gibt es zwar nicht, aber vielfach hat beharrliches Bemühen und Werben um Zusammenarbeit Türen geöffnet, die vorher verschlossen schienen.

Wie die Pausen z.B. mit Spielangeboten attraktiver werden, beschreiben wir im folgenden Abschnitt »Aktive Pause«.

Literatur

Beratungsmappe: Naturnahes Schulgelände, Naturschutzzentrum NRW (Hrg.), Recklinghausen, 1994, 2. Auflage, Bezug: Postfach 101052, 45610 Recklinghausen, Tel.: 02361/305-1

Lernort Schulgelände. Schulen gestalten Umwelt, Landesinstitut für Schule und Weiterbildung (Hrg.), Soest, 1995 – mit 25 Beispielen Solinger Schulen

Aktive Pause

Mit diesem Stichwort verbinden sich viele Möglichkeiten, die Pausen u.a. mit Hilfe von Spielangeboten attraktiver zu gestalten. Vor allem in Grund-, Haupt- und Realschulen wurden diese Bewegungsspiele angeschafft, nachdem z.B. zuvor Spielaktionen mit außerschulischen Partnern stattfanden. Denn viele Lehrkräfte und Eltern kennen die große Bandbreite des heutigen Spielmarktes kaum. Traditionelle Spiele gerieten inzwischen in Vergessenheit. Einige Jugendämter und Sportvereine haben Spielekisten oder gar Spielmobile eingerichtet, die auch von Schulen ausgeliehen werden können.

Schulbeispiele: Grundschule Süd in Leopoldshöhe und Grundschule Halle/Westfalen
Eine Elterninitiative begann vor wenigen Jahren, alte Kinderspiele und Spielideen zu sammeln. Daraus entstand eine Loseblatt-Mappe, die von den Kindern in jeder Klasse ausprobiert und weiter gestaltet werden konnte. Nach zweijähriger Erprobung befragte man die Kinder nach ihren Wünschen, Ideen und Anregungen für die Pausengestaltung, auch um zu überprüfen, ob sich das Spielebuch für die Klassen bewährt hat. Die Kinder konnten ihre Ideen in Bildern ausmalen oder (insbesondere in den 3. und 4. Klassen) beschreiben. Viele Zeichnungen zeigten ein liebevoll ausgestattetes Spielumfeld mit Blumen und Beeten, Obstbäume mit Körben voller Früchte, Tische und Bänke, eingerahmt von Sträuchern und Hecken, die zum Erzählen einladen, einen kleinen Bach, der über eine Pumpe entsteht usw.

»Als direkte Antwort auf die erfragten Schülerideen haben wir unter Mithilfe von weiteren Eltern, Schüler/-innen und Lehrer/-innen in einer Wochenendaktion den Pausenhofasphalt mit Hüpfkästchen, Würfel-, Murmel- und Steinchenspielen belebt. Hinfort gab es den Hinkelclown und das Planetenspiel, den Würfelpluto und die Murmelblüte, die Zahlenschnecke und die Giraffe im Hüpfkästchenkaro.« (Koenen, 1991, S. 89)

Das Spielebuch enthält mehr als 100 Spielanleitungen, darunter auch Handklatsch-, Faden- und Steinchenspiele, Abzählreime und Zungenbrecher. Einige Lehrkräfte bieten das Buch während des gemeinsamen Frühstücks an und einzelne Kinder stellen ein Spiel vor. So lernen die Kinder, schriftliche Anleitungen mit eigenen Worten zu vermitteln. Umgekehrt wird z. B. im Sprachunterricht geübt, verständliche Spielebeschreibungen zu Papier zu bringen, vielleicht auch in bildlicher Form. Gemeinsame Spielzeiten etwa im Anschluß an eine intensive Arbeitsphase oder im Sportunterricht bieten weitere Gelegenheiten, das Spielebuch praktisch zu nutzen und Spielevarianten auszuprobieren.

Märchen, Phantasiegeschichten, Schatten- oder Puppenspiele ermöglichen Kindern, aber auch Jugendlichen und Erwachsenen, in verschiedene Rollen hineinzuschlüpfen. Nicht nur die Kasper-Figur ist in vielen Ländern Europas und Asiens bekannt, so daß es sich sicher lohnt, die Kinder aus verschiedenen Kulturen nach Spielbeispielen forschen zu lassen – auch bei Eltern, Großeltern und im Bekanntenkreis. Auf diese Weise können viele etwas beitragen, was letztlich nicht nur die Pausengestaltung belebt.

Beispiele von Haupt- und Realschulen

Ähnliche Ansätze wurden z. B. in Dorsten bzw. in Köln an weiterführenden Schulen erprobt. In Dorsten haben Sportvereine über die Sportjugend an einer Hauptschule eine aktive Pause eingeführt. Zunächst befragte eine Gruppe von Schüler/-innen alle Klassen nach ihren Wünschen und Ideen für eine attraktivere Pausengestaltung. Nachdem diese Kerngruppe mit neuen Bewegungsspielen vertraut war, wurden für jede Klasse Spiele-Ausleihen organisiert, wobei die Kerngruppe die Aufgabe übernahm, andere Schüler/-innen ggf. anzuleiten und die Ausleihe der Spiele und Spielmaterialien zu organisieren.

In Köln nahm das ganze Kollegium an einer sportpädagogischen Wochenendtagung teil und lernte am eigenen Körper die positiven Effekte von Bewegungspausen kennen. Die Möglichkeit, z. B. auch als Mathematiklehrer zu erleben, wie kurze Bewegungspausen die eigene Physis und Psyche beleben kann, ermutigte eine ganze Reihe von Kolleg/-innen, die erlernten Übungen ebenfalls in ihrer Klasse während des Unterrichts einzusetzen. Die aktive Pause mit Spieleausleihe war in diesem Modell eingebettet in stützende Maßnahmen: z.B. gesunde Ernährung, Kooperation mit Sportvereinen, um eine größere Auswahl an Sportangeboten im Breitensport in den Schulen zu ermöglichen. An diesem Modell beteiligten sich u.a. die Kölner Sporthochschule, die AOK, das kommunale Gesundheitsamt und die Bundeszentrale für gesundheitliche Aufklärung.

Ähnliche Netzwerke sind inzwischen in anderen Städten entstanden, z.B. in Bielefeld und Dortmund. Unter dem Motto »bewegte Schule« erprobt das nordrhein-westfälische Schulministerium weitere Möglichkeiten, im Unterricht dem (natürlichen) Bewegungsbedürfnis von Kindern und Jugendlichen besser Rechnung zu tragen. Damit eng verbunden ist eine vielfältige Gestaltung des Klassenraumes, der Flure und besonders des Pausenhofes.

Zentrale Elemente attraktiver Pausen sind:

- spielpädagogische Anleitung und Angebote
- schrittweise Umgestaltung von Räumen und Plätzen im Schulgelände
- Unterstützung von Sportvereinen, Eltern, Krankenkassen etc.
- pädagogisches Konzept des Kollegiums
- Interessen und Bedürfnisse der Kinder und Jugendlichen aufzugreifen und anzuregen.

Literatur

Koenen, Marlies: Eine Elterninitiative »macht Schule«. Die Pause als Aktions- und Erfahrungsfeld. In: Von Bachpaten, Mädchenförderung, Ulenspiegel u.a., Landesinstitut für Schule und Weiterbildung, Soest 1991, S. 79–94

Kollegium der Grundschule Halle-Ost: Ein Stein wird ins Wasser geworfen und zieht seine Kreise. Interkulturelles Lernen in der Grundschule. In: Von Biotopen, Berufsbasaren, Begegnungen mit der Nachbarschaft u.a., Landesinstitut für Schule und Weiterbildung, Soest 1992, S. 69–82

Ulrich, Michaela; Oberhuemer, Pamela; Reidelhuber, Almut (Hrsg.): Der Fuchs geht um auch anderswo. Ein multikulturelles Spiel- und Arbeitsbuch, Weinheim und Basel: Beltz, 1987

Norbert Rixius

Medien-Vorbilder

Für die einen ist es so, daß sie am liebsten die anderen auffordern
würden: »Kommt doch einfach mal in unsere Schule und schaut
Euch an, was uns Kinder und Jugendliche vorführen. Das sind unübersehbar die Helden aus Fernsehserien, wie sie allabendlich im
frühen Abendprogramm der Fernsehsender zu sehen sind.« Sie halten den ganzen Streit um die Frage, ob Gewalt im Fernsehen bei
Kindern und Jugendlichen Vor-Bilder für Konflikte und dafür liefert, wie sie bearbeitet werden können, angesichts solcher Beobachtungen für müßig.
In der Tat spiegeln auch Videos, die z. B. im Rahmen von Medien-
werkstätten medienpädagogischer Arbeit von Kindern bzw. Jugendlichen produziert werden, häufig einschlägig bekannte Fernseh-
Video-Vorbilder. »Für Kinder sei es besonders schwer, das Ver-
schwimmen der Genregrenzen zu erkennen … In allen Sendebereich-
chen sei eine Zunahme detaillierter und drastischer Bilder von den
Leiden der Gewalt-Opfer festzustellen. Vor allem im Reality-TV
werde dies noch verstärkt durch eine besonders spannungsreiche
fiktionale Inszenierung und durch Spezialeffekte.« Für Kinder seien
solch drastische Bilder generell ängstigend. Außerdem könne die
»inszenierte Alltäglichkeit von Gewaltgeschehen dazu führen, daß
Kinder die Wirklichkeit nur noch als Konglomerat von Gefahren,
Gewalt als allgegenwärtige und unausweichliche Bedrohung empfinden. Die … Fähigkeit, zwischen Fiktion und Realität zu unterscheiden …«, könne dadurch wieder verwässert werden. Auch
Nachrichtensendungen, die z. B. über Kriegsereignisse in einer Folge
zahlreicher Nachrichten berichten, könnten dazu beitragen, daß
Kinder nicht deutlich wahrnehmen, was Nachrichten von Spielfil-
men unterscheidet. Eine alltägliche und drastische Darstellung von
Gewalt im Fernsehen könne zu ängstlichen Weltsichten führen. So

der Bericht der Süddeutschen Zeitung am 25.04.1994 über eine Münchner Studie, in der Kinder zwischen acht und 13 Jahren befragt wurden.

Heizen Medienbilder das Klima der Gewalt an?

Dieser Frage ging im Juni 1993 der Rheinische Merkur nach, nachdem zuvor u. a. »Spiegel« und »Stern« – neben vielen anderen Zeitschriften – Gewalt an Schulen z. T. in reißerischer Form aufgemacht hatten. So folgte auf den ausführlichen Bericht des »Spiegel« über eine Schule im Ruhrgebiet ein Jahr zuvor ein wochenlanger Ansturm von Pressevertretern. Ähnliches erlebten auch die Solinger Schulen nach dem Brandanschlag auf das Mehrfamilienhaus in der Unteren Wernerstraße. Einige Journalisten boten Kindern Geld für gewaltbesetzte Fotos oder Berichte an, was für die Betroffenen in doppelter Hinsicht verlockend war. Zum einen konnten sie einmal im Rampenlicht stehen und erhielten außerdem noch Geldbeträge angeboten, die ihr monatliches Taschengeld um ein Vielfaches überstiegen. Von derartigen Praktiken wurde auch im Zusammenhang mit Berichten über rechtsorientierte Jugendliche bisweilen berichtet.

Gibt es objektive Bilder?

Die vielen Gewalttaten gegen Fremde haben eine breite Auseinandersetzung über Ursachen und Folgen ausgelöst. Dazu gehört auch, daß das Thema »Gewalt an Schulen« in die Schlagzeilen geriet. Eine wichtige Folge war, daß sich viele Schulen mit diesem Thema befassen mußten, spätestens, wenn sie selbst zum Gegenstand der Recherchen von Journalist/-innen wurden. Die Angst, als Schule mit einem schlechten Image abgestempelt zu werden, hat sicherlich Lehrkräfte und Schulleitungen davon abgehalten, darüber zu diskutieren, inwieweit an ihrer Schule ein Klima für rassistische oder gewalttätige

Konflikte gewachsen ist. Spiegeln die Berichte ein realistisches Bild? Wird zuviel dramatisiert? Oder verschweigen wir manches, übersehen Anzeichen aus Sorge, von Erkenntnissen überrollt zu werden? Es wäre jedoch müßig, darüber zu spekulieren, wie die Gewaltdiskussion aussähe, wenn wir eine andere Medienlandschaft, eine andere Art des Journalismus hätten. Sie sind Teil unserer Gesellschaft. Für Lehrkräfte wie für Eltern heißt dies, sich kritisch zu informieren und vor allem, sich mit Kindern und Jugendlichen über Medienbilder und -erfahrungen auseinanderzusetzen.

In den skizzierten Beispielen wird deutlich, daß Schulen kein »Schonraum« sind, wo Konflikte außen vor bleiben können. Vielmehr bringen Schüler/innen ihre Eindrücke besonders von Fernsehbildern mit. In den »Spielhandlungen« auf dem Schulhof probieren sie aus, wie sich das, was sie im Fernsehen sahen, in der Wirklichkeit anfühlt. Wenn sich Eltern und Lehrkräfte die Zeit nehmen, um mit den Kindern auch Ängste, Sorgen und unbewältigte Gefühle zu bearbeiten, können sie ein Mehrfaches leisten:

- Über den Austausch verschiedener Eindrücke und Deutungen der Kinder, was sie erlebt haben, können die Beteiligten zunächst erfahren: »*Ich bin nicht allein mit meinen Erlebnissen*«.
- Individuelle Wahrnehmungen werden durch die Reaktionen anderer relativiert, verständlicher, faßbarer: »*Ich kann mir etwas von der Seele reden, und es hört mir jemand ernsthaft zu.*«
- Gewalt, die scheinbar keine Ursachen hat, kann auf Zusammenhänge hin befragt werden: »*Warum handeln Menschen so?*«
- Konflikte, die gewalttätig bearbeitet wurden, können danach untersucht werden, auf welche Weise sie anders, gewaltärmer bewältigt werden können: »*Gibt es andere oder sogar verschiedene Möglichkeiten, solche Konflikte zu lösen?*«

Dabei kommt es nicht darauf an, zu allen Fragen eine abgeklärte Antwort parat zu haben. Kinder und Jugendliche honorieren es durchaus, wenn Erwachsene auch eingestehen können, daß sie nicht perfekt sind und Grenzen haben. Wir wissen jedoch aus vielen Erfahrungsberichten von Lehrkräften, daß ihnen dieses Eingeständnis schwerfällt, besonders dann, wenn sie es bisher gewohnt waren, das Unterrichtsgeschehen weitgehend zu steuern. Diese Unterrichtsform, Frontalunterricht genannt, erscheint mehr und mehr ungeeignet, einerseits an die alltäglichen Erfahrungen der Schüler/innen anzuknüpfen und andererseits eine andere Lehrerrolle zu entwickeln. So beklagen Lehrkräfte, daß sie immer mehr Aufwand treiben müßten, um die Schüler/innen zur Mitarbeit zu motivieren. Bisweilen säßen sie in der Klasse wie vor dem Video und erwarteten von der Lehrkraft eine ähnlich spannende Darbietung wie im Fernsehen …

Auch hier wird deutlich: So wie der Unterricht strukturiert wird, in welchem Maße Schüler/innen sich aktiv einbringen können und dazu ermutigt werden, wirkt ebenfalls als Vorbild für soziale Erfahrungen. Wenn der Unterricht alle 45 Minuten das Thema wechselt, können Interessen der Schüler/innen nur eine sehr geringe Rolle spielen. Es gibt zwar überzeugende Hinweise, daß traditioneller Unterricht Konsumhaltungen fördern kann. Wir sollten uns jedoch hüten, vorschnell zu folgern, jeder Unterricht verlaufe nach diesem Muster. Das Dilemma besteht allerdings darin, daß viele Lehrkräfte fürchten, den »Stoff« nicht mehr zu schaffen, wenn sie sich darauf einlassen, die Alltagswelt der Kinder und Jugendlichen im Unterricht zu thematisieren. Hier spielen auch Ängste vor Eltern eine Rolle, die aus Sorge um die Zukunftschancen ihrer Kinder von der Schule erwarten, daß sie vor allem viel Wissen vermittelt.

Fassen wir zusammen:
Medienbilder sind zu vielfältig, als daß ihnen eine eindeutige Vorbildwirkung zugesprochen werden könnte. Weder die Bilder von Gewalt insgesamt noch von Gewalt an Schulen können ungeprüft verallgemeinert werden. Beim Umgang mit Medienbildern sind wir Erwachsenen stets auch ein Vorbild für Kinder und Jugendliche.

Die folgenden Beispiele zeigen stellvertretend für viele andere, wie Lehrkräfte, Eltern und andere Partner von Schule sich gemeinsam mit Kindern und Jugendlichen mit Medienbildern und Gewalt auseinandersetzen können.

Beispiel 1: Videos zum Thema »alltägliche Gewalt«
Anläßlich von Auseinandersetzungen zwischen Schüler/-innen verschiedener Schulen entstand eine Stadtteilinitiative in Wuppertal, die Schüler/-innen der 7.–10. Klassen mehrerer Schulen Videoworkshops zum Thema »alltägliche Gewalt« anbot. Mit Unterstützung des Jugendamtes und der Jugendeinrichtungen produzierten die verschiedenen Gruppen im Rahmen eines ersten Workshops elf kurze Filme, die in z. T. beklemmender Form Gewalt auf dem Schulweg/im Stadtteil insbesondere aus Sicht der Opfer darstellten. Wichtige Effekte dieser Maßnahmen war, daß die Schüler/innen verschiedener Schulen gemeinsam Filme drehten und sich dadurch besser kennenlernten. Öffentliche Aufführungen in den Schulen förderten zudem das Selbstbewußtsein der jungen Filmproduzent/-innen. Auch im Unterricht setzten einige Lehrkräfte die Filme ein, um das Thema mit ihren Schüler/-innen weiter zu bearbeiten. Diese Zusammenarbeit zwischen Schulen und Jugendamt wird auf Stadtteilebene fortgesetzt. Inzwischen hat sich das Klima im Stadtteil entspannt, nachdem außer diesen Workshops auch Stadtteilfeste und Spielaktionen durchgeführt wurden. Die innerschulischen Bemühungen sowie die Elternarbeit sollen weiterentwickelt werden. Auch die Bezirksvertretung ist an den Maßnahmen beteiligt.

Beispiel 2: Asylsuchende in Dortmund
Anläßlich von einzelnen Äußerungen gegen Asylsuchende, die im Unterricht kritisch befragt wurden, begann eine sechste Klasse, in mehreren Gruppen, Informationen über Asylsuchende in Dortmund zu sammeln. Ausgehend von unterschiedlichen Darstellungen in Presseberichten, z. B. über möglichen Mißbrauch des Asylrechts, recherchierten die Schüler/innen vor Ort. Sie befragten u. a. Vertreter von Behörden, einen Rechtsanwalt und konnten nach mehreren Anläufen auch eine Sammelunterkunft selbst in Augenschein neh-

men. Ihre Erkenntnisse faßten sie in einer Dokumentation zusammen und zeigten sie im Rahmen einer schulinternen Ausstellung. Nach den Interviews vor Ort waren die Schüler/innen zunächst sehr überrascht, wieviele Einzelheiten ihnen entgangen wären, wenn sie ihre Rechercheergebnisse nur schriftlich festgehalten hätten. So lernten sie den Cassettenrecorder und die Videocassette als zusätzliche Medien schätzen. Ein weiterer Effekt im Umgang mit diesem Thema in der Öffentlichkeit war, daß die Schüler/innen in ihrer Dokumentation die Namen ihrer Interview-Partner lediglich mit dem Anfangsbuchstaben des Nachnamens wiedergaben.

Beispiel 3: Computer und Ausländerfeindlichkeit
Zum 50. Jahrestag des Beginns des Zweiten Weltkrieges wurde eine Schule von einer »SA-Gruppe Herne« schriftlich aufgefordert, alle »Ausländer« auf dem Schulhof zu versammeln. Offenbar ging es den Urhebern darum, die Schulgemeinde in Angst und Schrecken zu versetzen. »Polizei, verstärkte Aufsicht und Eltern sorgten,« so der Bericht der Schule, »für einen störungsfreien Unterricht.« Doch wollte das Kollegium es nicht dabei belassen, sondern wandte sich an die kommunale »Regionalstelle zur Förderung ausländischer Kinder und Jugendlicher« (RAA) und das Jugendamt und bat um Mithilfe. Aufgrund gemeinsamer Beratungen beschloß das Kollegium, in die geplante Projektwoche ein Angebot »Computerspiele und Ausländerfeindlichkeit« aufzunehmen. Hintergrund dieser Entscheidung war, daß es eine Reihe ausländerfeindlicher und rassistischer Computerspiele gab (und gibt), die unter der Hand als Raubkopien relativ weit verbreitet sein dürften. Da Computerspiele auf jüngere Jugendliche eine hohe Anziehungskraft ausüben, befürchten Expert/-innen im Jugendschutz, daß fremdenfeindliche Denkmuster über (meist heimlich kopierte) Computerspiele »spielenden« Eingang in Meinungen von etwa 10–15jährigen finden.
In dem Dreischritt »spielen – diskutieren – auswerten« sollte es gelingen, daß sich die Schüler/innen kritisch mit den Inhalten und dem Medium Computerspiel auseinandersetzten. Als dieser eben nicht

leichte Versuch von der örtlichen Presse so dargestellt wurde, als hätten die beteiligten Pädagog/innen sich ratlos und überfordert gezeigt, mußten die Betroffenen sich gegen eine aus ihrer Sicht tendenziöse Darstellung wehren (Leserbrief der Schüler/innen vom 14.11.1989). Andere lokale Presseorgane griffen ebenfalls die Diskussion auf; Briefe von Leser/innen lobten den Mut der pädagogisch Verantwortlichen, dieses Thema anzugehen (Leserbrief vom 04.11.1989).

Schüler zum Computerspiel-Projekt

Kinder ernster nehmen

Zum Bericht „Schüler spielen den Anti-Türken-Test" vom 31. Oktober 89 nehmen Schüler der Gesamtschule Herne, die in dem Projekt „Computerspiele-Ausländerfeindlichkeit" mitgearbeitet haben, Stellung.

Ihr Artikel hat uns sehr schockiert. Sie haben bei den Lesern den Eindruck erweckt, wir gehörten einer rechtsradikalen Gruppierung an. Dies stimmt nicht und trifft uns sehr.

Unser Hobby ist Spielen und Arbeiten mit dem Computer. Aus diesem Grunde fanden wir es toll, unser Hobby in der Schule mit Lehrern und Lehrerinnen durchzuführen. Neben dem Spaß haben wir auch manche neue Denkanstöße

durch das Projekt bekommen. In der Gruppe haben sich die türkischen und marokkanischen Mitschüler auch wohl gefühlt.

Sie schreiben in Ihrem Artikel, daß wir rechtsradikale Computerprogramme entwikkelt hätten. Dies ist eine Verleumdung. Zwei Mitschüler haben ein unterhaltsames Quiz geschrieben, das auch Ihnen Spaß machen würde.

Um den Einfluß von rechtsradikalen Gruppierungen auf Jugendliche zu verhindern, wäre es nach unserer Meinung besonders wichtig, Kinder und Jugendliche mit ihren Wünschen und Anliegen viel ernster zu nehmen. Ein solches Verhalten erwarten wir von Ihrer Zeitung auch.

Leserbrief vom 14.11.1989 (WAZ)

Gegen Gewalt in der Schule

Computerspiele:

Initiatoren
sind mutig

Leserecho

Zum Bericht „Schüler spielen den Anti-Türken-Test" in der WAZ vom 31. Oktober schreibt Claus Petersen, Hoverskamp 11 a:

„Es ist erschreckend, was bei diesem Artikel ans Licht gekommen ist", klage ich als Leser! Anstatt den Mut (und der damit verbundenen Hoffnung auf Änderung) der Projektleiter/innen herauszustellen, die es wagten, eine Bestandsaufnahme zum Thema „Nazi-Computer-Spiele" usw. bei Schülern einer Schule durchzuführen, ist hier nur von unerwünschter Kritik und zwecklo-

sen Diskussionsversuchen mit Schülern die Rede. Deutlich ist und wird auch hier: Die negativen Möglichkeiten der Computer haben schon lange das Kinderzimmer erobert, auch wenn gerade diese „Spiele" gern übersehen werden.

Verdienen die Initiatoren dieses Projektes da nicht eher, vor allem in der Presse, Unterstützung für den Realitätssinn und der damit verbundenen Hoffnung auf positive Einflußmaßnahme?! Da gibt es noch viel zu tun, also anpacken, nicht einpacken.

Leserbrief vom 4.11.1989 (WAZ)

Beispiel 4: Großformatige Plakatwände gestalten
Mehrere Gelsenkirchener Schulen, insgesamt sieben, beteiligten sich daran, im Stadtgebiet großformatige Plakatwände zu gestalten für ein besseres Verständnis zwischen Einheimischen und Fremden aus verschiedenen Kulturen. So wollten sie gemeinsam mit ihren Motiven unübersehbare Zeichen setzen und öffentlich ihre Meinung verdeutlichen. Eltern und Künstler/innen unterstützen sie in dem Bemühen, diese Aktion zu verwirklichen und um dem Eindruck entgegenzutreten, fremdenfeindliche Aktionen würden schweigend hingenommen (Abb. 8 und 9).

Medien – Vorbilder 115

Abb. 8 Hauptschule am Dahlbusch, Klasse 10

Bleibt anzumerken, daß solche Aktionen durch Presseberichte in der Lokalpresse stadtweit bekannt werden und vor allem lokale Zeichen setzen. Auch wenn in vielen anderen Städten solche Plakat-Aktionen ebenfalls stattgefunden haben, scheint es uns nicht alltäglich zu sein, daß mehrere Schulen gemeinsam Farbe bekennen.

Abb. 9 Gesamtschule Buer-Mitte, Jahrgang 5

Literatur

Bömer, Brigitte: Asylsuchende in Dortmund. Projektorientiertes Lernen in einem 6. Schuljahr, in: Von Biotopen, Berufsbasaren, Begegnungen mit der Nachbarschaft u. a., Landesinstitut für Schule und Weiterbildung (Hrg.), Soest, 1992, S. 95–102

Gewalt und Medien (Themenheft). In: medien praktisch, 1993, Heft 65

Grill, Michael: Wenn Angst die Oberhand gewinnt. Eine Münchener Studie untersucht, wie Kinder mit realer und fiktiver TV-Gewalt umgehen, in: Süddeutsche Zeitung v. 25.4.94

Groebel, Jo: Einschaltquoten. Täglich werden in deutschen Unterhaltungsprogrammen etwa 790 Menschen ermordet. In: Frankfurter Rundschau v. 25.04.1992

Groebel, Jo; Gleich, Uli: Gewaltprofil des deutschen Fernsehprogramms. Eine Analyse des Angebots privater und öffentlich-rechtlicher Sender, Opladen: Leske + Budrich, 1993

Krüger, Udo Michael: Gewalt in Informationssendungen und Reality TV, in: Media Perspektiven, 1994, H. 2, S. 72–85

Kübler, Hans-Dieter: Angstlust auf Knopfdruck – Warum die übliche Wirkungsdebatte am Problem der Gewaltvideos vorbeiführt. In: deutsche jugend, 1984, Heft 4, S. 172–184

derselbe: Schrecken auf dem Bildschirm. Formen und mögliche Wirkungen medialer Gewaltdarstellungen. Soest: Stadt Soest, Jugendamt 1992

Marquis, Wolfgang: Schüler sitzen in der Klasse wie vor dem Video. In: Frankfurter Rundschau v. 12.08.1993

Das Fremde und das Eigene. Ausländer, Medien und Gewalt, in: Medium 1993, H. 3, S. 29–64 und H. 4, S. 27–56

Posselt, Ralf-Erik; Schumacher, Klaus: Projekthandbuch: Gewalt und Rassismus, Mülheim (Ruhr): Verlag an der Ruhr 1993

Reinecke, Siegfried: Symbolische Logik. Von den Schwierigkeiten der Medien mit Rassismus, in: Medium, 1993, H. 3, S. 29–31

Spanhel, Dieter: Isolierte Medienerziehung reicht nicht aus. Die neueren Bildschirm-Medien im Alltag der Jugendlichen, in: Spielmittel, 1987, H. 3, S. 72–85

Wider Gewalt (Themenheft), in: FWU-Magazin, 1993, H. 2, S. 2–29

Norbert Rixius

Kampfsport, Meditation und Theaterarbeit

Manche werden beim Lesen dieses Titels fragen, ob das nicht einen Widerspruch in sich enthält, Kampfsport als Mittel gegen Gewalt einsetzen zu wollen. Es gibt wohl kaum eine andere Kampfsportart, die als Inbegriff von Stärke und Härte bekannter wäre als Kung Fu. Die Person, die von vielen Jugendlichen (und auch Kindern) als Inbegriff von Schnelligkeit, Härte und ein gerüttelt Maß an Skrupellosigkeit gesehen wird, ist der Schauspieler Bruce Lee. Er kämpft für die richtige Sache, wobei allerdings in den Filmen kaum mehr zu erkennen ist, worin der Unterschied zwischen »böser« und »guter« Gewalt liegt. Die Faszination der Action-Filme liegt nicht zuletzt daran, daß dort viel passiert (»action«), sondern auch in der Persönlichkeit des Hauptdarstellers. Er strahlt Selbstdisziplin und Durchsetzungsvermögen aus, setzt sich für andere ein und das mit körperlichem Nachdruck. Er scheint keine besondere Vorliebe für wortreiche Erklärungen zu haben.

Und die Welt von Jugendlichen? Sieht sie etwa so aus wie in dem Theaterstück »Herz aus Stahl«, das in einer der monotonen Schlafstädte der 70er Jahre entstanden ist: (Textauszug) »Volker: … Hier ist doch seit Wochen nix mehr los. (Nach einer kurzen Pause …) Wir müßten mal wieder Action machen! Michael: Wat willste denn hier für Action machen? Guck dir doch den Scheiß hier an. Hochhäuser, ne Ladenstraße mit zwei Supermärkten und ner Bude, wo immer nur die Alks rumhängen. Und in den Wohnungen nur Kanaken, Polen, Libanesen, sogar Chinesen. Hier ist doch total tote Hose. Eben neue Heimat. Die haben in den 60ern diese Betonviertel hochgezogen. Nach dem Motto: Länge mal Breite mal Knete. Schneller wohnen, schneller verdienen. Guck dich doch hier mal um: Da brauchse doch gar kein Bier, damit dir schlecht wird.«

Ob in der Essener Oststadt, im Dortmunder Norden, in Köln-

118   Gegen Gewalt in der Schule

Chorweiler, Hamburg, Hannover, im Märkischen Viertel Berlins
oder in Ratingen-West, in den Trabantenstädten, die in den sechziger
und siebziger Jahren entstanden sind, liefen seit Ende der 80er Jahre
verschiedene Entwicklungen zusammen: wachsende Arbeitslosig-
keit, zunehmend ungesicherte Zukunftsaussichten der Jugendlichen,
Abbau von kulturellen Angeboten und Jugendfreizeitarbeit durch
kommunale Sparmaßnahmen.
Langeweile und die Lust auf Abenteuer, jemand sein zu können, der
etwas wert ist, sind Erfahrungen und Bedürfnisse nicht nur von Jugendlichen. Doch in der Pubertät sind sie besonders verunsichert
und anfällig für einfache Erklärungen über mögliche Ursachen solcher Miseren. Da Körperlichkeit und das Gefühl, stark zu sein,
besonders zu den männlichen Eigenschaften gerechnet werden, liegt
es nicht allzufern, wenn sich in Gleichaltrigen-Gruppen soziale
Hackordnungen entwickeln, die auch im Schulalltag spürbar werden. Störendes Verhalten im Unterricht, Aggressivität gegenüber
anderen (Gleichaltrigen oder Jüngeren) sind Symptome, die auf Probleme verweisen. Probleme, mit denen Lehrkräfte im herkömmlichen Fachunterricht oft nicht recht umzugehen wissen.

Gestörte Körperwahrnehmung – ein Fallbeispiel

Ein elfjähriger Junge galt als Störenfried in seiner Klasse, weil er fast
ständig andere Kinder provozierte und auch schlug, stets jedoch so,
daß die unterrichtende Lehrkraft nie unmittelbar beobachten konnte, daß er die Auseinandersetzung provoziert hatte. So endete der
Versuch, den jeweiligen Schuldigen auszumachen, in wechselseitigen
Anschuldigungen der beteiligten Schüler/innen. Im fünften Schuljahr hatte dieser Schüler in seiner Berliner Schule inzwischen einen
schlechten Ruf: Er galt als Schläger-Typ. Denn jedesmal, wenn er mal
wieder zu spät zum Unterricht erschien, dauerte es mehrere Minuten, bis er in der hintersten Reihe an seinem Einzeltisch saß. Auf dem
Weg dorthin stolperte er über manchen Ranzen und geriet mit seinen

Mitschüler/-innen in Streit, weil er ihre Bemerkungen über sein Stolpern in zunehmend aggressiver Form beantwortete.

Nachdem die Klassenlehrerin endlich eine schulpsychologische Beratung suchte, weil sie nicht mehr weiterwußte, stellte sich heraus: Dieser Junge hatte offenbar ein gestörtes Körpergefühl. So als spürte er seine eigenen Körpergrenzen nicht genau, suchte er unbewußt andauernd äußere Grenzen und stolperte deshalb über Ranzen oder rempelte andere an. Aufgrund seiner vielfältigen negativen Erfahrungen hatte er sich zwischenzeitlich mit seinem Image als Störenfried soweit arrangiert, daß ihn sein Stolperunglück nicht so sehr bedrückte. Schließlich fand er durch seine Reaktionen die Aufmerksamkeit, die er offenbar anderweitig nicht erhielt. So schloß sich ein Teufelskreis, der erst durch die Beratung als solcher erkannt wurde.

Deshalb lernte der Junge im Rahmen der Therapie, zunächst ein bewußteres Gefühl für seinen Körper zu entwickeln, seine Bewegungen besser zu koordinieren und mit seinen inneren Spannungen anders umzugehen. Dazu war es auch erforderlich und hilfreich, die ganze Klasse mit einzubeziehen, damit über das Verständnis seines Verhaltens und gezielte motorische Übungen zur Spannung und Entspannung auch mit der ganzen Klasse die Mitschüler/innen die Chance erhielten, einen anderen Umgang mit ihm zu entfalten..

»Der Kopf soll wissen, was der Fuß macht«

Dieses Motto beschreibt in anschaulicher Weise, was in vielen Schulen versucht wird: Körper, Geist und Seele als Einheit auch im schulischen Lernen zu erfahren.

Ein Beispiel:

Beobachtungen auf dem Schulhof und Gespräche mit Schüler/innen der 9. und 10. Klassen hatten ergeben, daß der Bewegungsdrang von Kindern und Jugendlichen oft in aggressive Auseinandersetzungen mündete. Was als »Spaßkloppe« begann, endete, trotz vorher vereinbarter Regeln, im Ernst. Offenbar war dieses »Spiel« zu sehr damit verbunden, daß es jeweils nur einen Sieger geben konnte. Auch fehlten Verantwortliche, die darauf achteten, daß die Regeln eingehalten werden – und die von den Beteiligten auch geachtet werden. Um einen Ausweg aus der Kette von Bewegungsdrang, Provokation, Regelverstoß, Verletzung und Sieg bzw. Niederlage zu finden, ohne den Bewegungsdrang massiv zu unterdrücken, kam das Kollegium einer Gelsenkirchener Hauptschule auf die Idee, Kampfkunstsport als Wahlpflichtangebot einzurichten. Dafür wurde ein erfahrener Kursleiter engagiert.

»Jugendliche brauchen einen Rahmen, ›sich auszutoben‹«. In der Verbindung von Kampfkunst und Meditation sieht der Kursleiter einen Weg, jungen Menschen zu helfen, dem Leben nicht mit Härte zu begegnen. Er leitet sie an, mit ihrer Kraft umzugehen und sich zu entspannen. Intensive körperliche Aktivität und Konzentration auf das innere Geschehen sind notwendig, um Eindrücke, insbesondere auch von den Medien, zu verarbeiten. Gymnastik, fließende Bewegungen, eine ruhige Atmosphäre, Spannung und Entspannung sowie Musik sind wichtige Elemente dieser Verbindung von Kampfkunst und Meditation. Edson Vlijt (der Kursleiter) erklärt den Jugendlichen: »Meditativ kämpfen heißt, seine Bewegungen zunächst mit dem Kopf durchzuführen. Der Kopf muß wissen, was der Fuß macht.« Am Beispiel des Kranichs zeigt er, was er meint: »Der Kranich hat weite Wege zurückzulegen – wie wir Menschen auch.« Er breitet seine Arme wie Flügel aus und streckt sich – stolz, mit aufgerichtetem Kopf. Dann spielt er, macht sich bereit für den langen Weg, sammelt sich. »Diese Kombination von Kampf, Tanz und Meditation könnt Ihr immer gebrauchen, in der Schule, zu Hause, wenn es langweilig ist. Sucht Euch schöne Musik, bewegt Euch.« Der Kampfkunstlehrer zeigt noch eindrucksvolle Möglichkeiten der Selbstverteidigung. Bei den Übungen geht er geduldig auf alles ein, korrigiert, sport an und lobt selbst kleinste Fortschritte.

Die Schüler/innen sind mit Eifer bei der Sache: Laufen, Liegestütze, Kampfschreie und dann wieder langsame, ruhige Bewegungen. Manchen fällt es schwer, und sie trauen sich noch nicht so recht. Einige haben Koordinationsprobleme, es fehlt ihnen an Kondition und Kraft, oder sie erfahren, daß ihr Körpergefühl noch schwach entwikkelt ist. Fast alle haben Konzentrationsschwierigkeiten. Sie sehen nicht genau hin. Auch Gespräche gehören zum Training: Es geht um Respekt vor sich, den Übungspartnern, gegenüber dem Trainingsleiter. Die Schüler/innen erleben im Training, daß er diesen Respekt auch konsequent einfordert und ihnen die Erfahrung ermöglicht, daß sie selbst maßgeblich dazu beitragen, sagen zu können: »Das hat mir etwas gebracht.« Anläßlich der sich häufenden fremdenfeindlichen Aktionen im Frühsommer 1993 spricht Edson Vlijt mit den Schüler/innen auch über Ängste, die jeder hat. In einer aufgeheiterten Stimmung, die bis in die Klassenräume reicht, erzählt der Kursleiter auch von seinem Leben als Farbiger, von seinen Erfahrungen und der Verpflichtung, etwas zu tun, sich klar zu werden über die eigene Einstellung und Haltung im Leben. »Ich habe durch diese Verbindung von Meditation und Kampfsport einen positiven Weg gefunden, mit meiner Aggression umzugehen«, sagt er überzeugend. Dann ist wieder Bewegung angesagt ...

Fassen wir für's erste zusammen:
In dieser Verbindung von Kampfkunst und Meditation
– setzen sich die Jugendlichen intensiv mit dem eigenen Körper auseinander,
– erfahren sie, wie sie Kraft und Aggression bewußter und schöpferisch umsetzen können,
– erleben sie, wie Spannung und Entspannung im Wechsel auf ihr Wohlbefinden einwirken,
– üben sie sich in Partnerschaft und Respekt vor anderen,
– können sie über Konflikte und ihre Ängste/Gefühle reden.
Diese Elemente können auch in anderen Formen schulischen Lebens und Lernens wirksam werden. Dazu zwei weitere Beispiele, die wiederum stellvertretend für viele andere stehen.

122 Gegen Gewalt in der Schule

Theater und Zirkus

Nachdem eine Bielefelder Hauptschule während eines Schulhalbjahres versuchsweise ein Projekt »Wir machen eine Bühnenshow« gemeinsam mit einem benachbarten Jugendzentrum erprobt hatte, entschlossen sich beide Einrichtungen, die Zusammenarbeit auszubauen. Zwei Projekte – »Theater« für die 9. und »Zirkus« für die 7. und 8. Jahrgangsstufe wurden im Rahmen des Wahlpflichtunterrichts, also während der Unterrichtszeit angeboten. Die Schüler/innen wurden von Teams, je einem Lehrer, einem Sozialarbeiter des Jugendzentrums und einer Theaterpädagogin bzw. zwei Zirkusleuten angeleitet.

Auszug aus dem Praxisbericht:
Vor allem das *Zirkus-Projekt* erwies sich für die Schüler/innen als überaus attraktiv. Es kam der vorhandenen Lust an Bewegung entgegen und bot ihnen die Möglichkeit, Fertigkeiten in Akrobatik und Jonglage zu erlernen und diese später wiederum öffentlich zu präsentieren (und damit allerhand Aufmerksamkeit auf sich zu lenken). Trotz des hohen Maßes an Ausdauer, Geduld und Konzentration, das hier gefordert war, machten die Schüler/innen gute Lernfortschritte, lernten etwas von Teamarbeit und nutzten den Freiraum für individuelle Ausdrucksmöglichkeiten. Das gewachsene Selbstvertrauen spiegelte sich dann in dem nicht nur einmaligen Auftritt der Gruppe wieder.
Demgegenüber gestaltete sich im *Theater-Projekt*, das kein fertiges Stück einstudieren wollte, die inhaltliche Findungsphase als recht schwierig; zu vielfältig und verschieden waren die Ideen, die die Teilnehmer/innen hier realisieren mochten. Hinzu kam, daß sie nur langsam zu einer Gruppe zusammenwuchsen und daß vor allem die Jungen schon mit dem »Warming up«, der regelmäßigen Einstimmung und Lockerung sich schwertaten. Erst nach vielen Übungen und Aktionsspielen entwickelten sich anhand kurzer Texte erste Spielszenen, die dann auch erste Erfolgserlebnisse vermittelten. Im

Laufe der Zeit ergab sich ein inhaltlicher Zusammenhang, entstand das Stück »Titanic II«, das diverse Aktionen und Vorkommnisse auf einer Dampferfahrt schilderte. Ein für die Betreuer des Projektes unvollendetes Stück, das für die Schüler/innen aber fertig war und in ihren Augen keine zusätzlichen Übungstermine in ihrer Freizeit erforderte. Ungeachtet des großen Durcheinanders wurde es bei der Entlaßfeier für die 10. Klasse mit großer Gelassenheit aufgeführt – und kam bestens an.

Zwischenzeitlich wurde, vor dem Hintergrund von Spannungen und z. T. handgreiflichen Auseinandersetzungen zwischen deutschen und nichtdeutschen Jugendlichen in der Schule, darüber hinaus ein *offener Gesprächskreis* angeboten. Mit durchschnittlichen 10 Teilnehmer/innen aus den Projektgruppen, mehrheitlich ausländischen Jungen, entstand ein längerer Diskussionsprozeß über Ursachen und Folgen der Konflikte. Das mündete in wenn auch noch vorsichtigen Gesprächs- und Verständigungsversuchen zwischen den Verfeindeten, auch mit den Eltern eines deutschen Jugendlichen, die Anzeige gegen einen seiner ausländischen Mitschüler erstattet hatten. Die Anzeige wurde zurückgezogen, die Atmosphäre entspannte sich sichtlich – und gab einen entscheidenden Anstoß für die Themenstellung des folgenden Theaterprojektes »Die Würde des Menschen ist unantastbar«.

Fassen wir zusammen:
- *Theaterarbeit und Zirkus bieten vielfältige Lernmöglichkeiten*
  Von der Suche nach einem gemeinsamen Thema, das es in verschiedenen Szenen auszugestalten gilt, bis hin zur öffentlichen Aufführung entwickelt sich ein dynamischer Prozeß, in dem fachliches und soziales Lernen vielfältig verknüpft werden. Werden die Schüler/innen an der Themenwahl beteiligt, haben die Inhalte etwas mit ihrer Lebenswelt zu tun.
- *Theater als Spiegel der Lebenswirklichkeit* heißt auch, daß die Schüler/innen über sich selbst nachdenken, lernen, Interessen zu artikulieren, Konflikte auszuhandeln und etwas öffentlich zu prä-

sentieren. Dies erfordert Ausdauer, Konzentration, Mitverantwortung und Verläßlichkeit sowie Leistungsbereitschaft.
- *Rollen zu spielen heißt auch, sich in andere hineinzuversetzen.* Theaterspiel und Zirkus ermöglichen es, in Rollen hineinzuschlüpfen, zu erproben, wie es sich anfühlt, anders zu sein. Hier kann ich im Schonraum der Rolle testen, wie es in Wirklichkeit sein könnte, welche Folgen möglich wären.
- *Kooperation von vielen für ein gemeinsames Ziel* ist unverzichtbar für eine gelungene Aufführung. Texte müssen geschrieben, Rollen einstudiert werden. Bühnenbilder, Dekoration, Kostüme, Beleuchtung, Musik, Öffentlichkeitsarbeit – dies alles ist nur zu bewältigen, wenn viele mithelfen: Eltern mit ihren Hobbys und beruflichen Erfahrungen, Sponsoren, die mit Geräten und Sachspenden aushelfen, Theater- und Zirkus-Experten ...
- *Auch der Fachunterricht läßt sich sinnvoll verknüpfen*: Deutsch, Fremdsprachen, Kunst, Musik, Arbeitslehre, Technikunterricht und die naturwissenschaftlichen Fächer können ihren Unterricht – zumindest phasenweise – in Theater- und Zirkusprojekte integrieren.

Was Eltern und Lehrkräfte tun können:

Zahlreiche Erfahrungen aus allen Schulformen zeigen, daß Theater- und Zirkusprojekte im kleinen beginnen und von unten gewachsen sind. Inzwischen beobachten wir eine Reihe von förderlichen Rahmenbedingungen und Initiativen auf kommunaler und überregionaler Ebene. Dabei ist nicht so sehr entscheidend, ob sie nun »Bewegte Schule«, »Alternativen im Schulsport« oder »Landesschüler-Theater-Treffen« genannt werden. Die genannten Titel spiegeln Plattformen, die von offizieller Seite (Schulverwaltung, Gewerkschaften) angeboten werden. Meistens formulieren sie Freiräume, die vor Ort von jeder Schulgemeinde individuell ausgestaltet werden können.

Kampfsport, Meditation und Theaterarbeit 125

Eine »ansteckende Idee«, ein guter Anlaß sind Kristallisationspunkte, auf die sich Menschen durchaus gern einlassen. Versuchen Sie es zunächst mit Probephasen. Sie begrenzen Zeiträume und das Risiko, sich zu überschätzen. Wenn Sie andere zur Mitarbeit einladen, denken Sie bitte daran, ihnen echte Möglichkeiten zur Mitgestaltung anzubieten, ihre starken Seiten anzusprechen.[*]. Bei größeren Vorhaben brauchen Sie eine oder mehrere Kontaktpersonen im Team, das die Fäden zusammenhält, d.h. nicht alles entscheidet, sondern für den notwendigen Austausch sorgt, also sich um durchschaubare Verhältnisse kümmert. Öffentliche Aufführungen erzeugen stets Lampenfieber und Spannungen. Dann ist es gut, wenn jemand ausgleichend wirkt, die Nerven behält. Der beste »Lohn« sind gelungene Präsentationen, über die sich alle freuen können. Gemeinsam solche Erfahrungen zu machen, die nie konfliktfrei verlaufen, schafft zwischenmenschliche Bindungen, die über den Tag hinaus tragen.

Literatur

Bernhard, Hajo; Horst, Frauke; Koster, Anke; Mauter, Reinhold: Ulenspiegel. Schule und Stadtteil spielen Theater. In: Von Bachpaten, Mädchenförderung, Ulenspiegel u.a., Landesinstitut für Schule und Weiterbildung (Hrg.), Soest 1991, S. 11–20

Fornero, Gaby: Eine Schule macht sich auf den Weg. Praxisbericht zum Thema »Gewalt und Aggressionen an der Schule«, Erfahrungen zur Gestaltung des Schullebens und Öffnung von Schule, H. 2. Landesinstitut für Schule und Weiterbildung (Hrg.), Soest 1994

GEW (Hrg.): Alternativen im Schulsport. Dokumentation der Tagung der GEW-Sportkommission 12./13. Nov. 1993. Bezug: Gewerkschaft Erziehung und Wissenschaft, Postfach 90 03 09, 60444 Frankfurt, Tel. 0 69/ 78973–0

---

[*] Neben den öffentlichen Theaterbetrieben gibt es viele freie Initiativen und Theater, die sich für die Zusammenarbeit mit Schulen anbieten. Einen Überblick kann das örtliche Kulturamt geben. Adressen überregionaler Art liefert u.a. das unten genannte Buch von M. Schwarzwald

126 Gegen Gewalt in der Schule

Gröpper-Brinkmeier, Jutta: Was soll der Zirkus? 6 Jahre Schüler/innen-Zirkus »Pepperoni« an der Friedensschule Hamm, In: Von Biotopen, Berufsbasaren, Begegnungen mit der Nachbarschaft u. a., Landesinstitut für Schule und Weiterbildung (Hrg.), Soest 1992, S. 149–164

Jugendarbeit macht Schule – Schule macht Jugendarbeit. Kulturelle Projekte in Schule und Freizeit. Jugendamt der Stadt Bielefeld – Kinder- und Jugendzentrum »Kamp« (Hrg.), Bielefeld 1992. Bezug: Kinder- und Jugendzentrum »Kamp«, Niedermühlenkamp 43, 33604 Bielefeld, Tel. 05 21/51 25 74

Scheller, Ingo; Wickert, Hans-Martin u. a.: Jugend und Gewalt. Szenische Interpretation von Dramenszenen. Begründungen, Verlaufsbeschreibungen, Erfahrungsberichte, Universität Oldenburg – Zentrum für päd. Berufspraxis (Hrg.), Oldenburg, 1994, 2. Aufl., Oldenburger Vordrucke, H. 208/93

Schirp, Heinz: Alles nur Theater? Oder: Was Schülertheater mit Schulöffnung und Schulqualität zu tun hat. In: Von Biotopen, Berufsbasaren, Begegnungen mit der Nachbarschaft u. a., Landesinstitut für Schule und Weiterbildung (Hrg.) Soest 1992, S. 135–148

Schülertheater in Nordrhein-Westfalen. Dokumentation der Landes-Schülertheater-Treffen 1985–1988, Kultusminister NRW (Hrsg.), Bochum: Kamp 1989

Schwarzwald, Michael: Bücher, Texte, Tips zum Schülertheater, Landesinstitut für Schule und Weiterbildung (Hrg.), Soest 1992

Spiel-Räume. Ein Werkbuch zum Boal‹schen »Theater der Unterdrückten«, Arbeitsstelle Weltbilder (Hrg.), Münster/Bern 1993. Bezug: Arbeitsstelle Weltbilder, Agentur für interkulturelle Pädagogik, Südstr. 71 b, 48153 Münster, Tel. 02 51/7 20 09

Theater Zine. Texte und Bilder gegen Rassismus. Begleitheft zum Theaterprojekt »Herz aus Stahl«, Essen 1993. Bezug: Die Werkstatt e. V., Grendplatz 4, 45276 Essen, Tel. 02 01/51 22 22

Wein, Hildegard: Theaterpädagogisches Projekt mit Schülerinnen. Selbstverantwortung als Lernziel in der Jugendarbeit in: Jugendarbeit und Schule. Beiträge zur Gestaltung des Schullebens und Öffnung von Schule, Landesinstitut für Schule und Weiterbildung (Hrg.), Soest, 1990

Norbert Rixius

Schmiererei – oder die Kunst, Räume und Schulklima zu gestalten

»Kürzlich haben wir mit einer Gruppe von Eltern mehrere Schulen besucht«, erzählt eine Mutter, »und ich muß sagen, nach fünf Minuten überkam mich in einigen Schulen ein Frösteln. Diese Schulgebäude strahlten eine Kälte aus, die mich an Kühlschrankatmosphäre erinnerte. In anderen Schulen dagegen fühlte ich mich regelrecht eingeladen. Das lag wohl daran, daß dort Bilder und andere Ergebnisse aus dem Unterricht an den Wänden und in den Fluren ausgestellt wurden. An vielen Stellen fanden wir Blumen, besonders in den Klassenräumen. Dort standen auch Regale mit Materialien; an den Wänden oder auf Leinen, die zum teil quer durch den Raum gespannt waren, hingen Bilder, Texte und Collagen.«

Jede Schule hat ein eigenes Gesicht

Was uns zunächst ins Auge fällt, wenn wir ein Schulgebäude betreten, sind die äußerlich sichtbaren Strukturen: die Architektur des Gebäudes, Flure, Wände, Farben. Allein diese Grundstrukturen prägen einen ersten Eindruck, der sehr unterschiedlich sein kann. Sicherlich gelingt es nicht leicht, fabrikähnliche Zweckbauten, die vor allem in den 70er Jahren mit viel Waschbeton errichtet wurden, freundlicher zu gestalten. Kahle Wände, lange, leere Flure im Neonlicht und Klassenräume, in denen außer den Tischen, Stühlen und einer Tafel fast nichts zu finden ist, sind aber nicht nur in Schulgebäuden aus den letzten 20 Jahren, sondern auch in Altbauten anzutreffen.

Graffities auf Tischen und Wänden – besonders im Toilettenbereich – weisen auch auf Störungen im Schulklima hin, die bis zu regelrechten Zerstörungen an Sachen und Einrichtungsgegenständen reichen. Denn an Schulen mit vielfältigen Gestaltungsmöglichkeiten bieten sich den Schüler/innen immer wieder Gelegenheiten, das Gesicht der Klassenräume und Flure mitzuprägen. Viele Erfahrungen zeigen, daß dort Schüler/innen sich mit ihrer Schule eher identifizieren, als mit einem Gebäude, das insgesamt Kälte ausstrahlt.

Fluchttendenzen beschreibt eine Lehrerin stellvertretend für viele als Folge unwirtlicher Schulräume: »Die einen flüchten auf die Straße, die anderen in Unterrichtsroutine.« Lehrkräfte wie Schüler/innen verbringen so wenig wie möglich Zeit in der Schule, an der zwischen kahlen oder beschmierten Gängen, im Lärm und Gestank des Treppenhauses, in der Öde der kaputten Klassenzimmer vor allem Aggression und Gewalt gedeihen. Im Laufe von Jahren einte wohl alle, vom Hausmeister bis zu den Pädagog/innen, dieses unangenehme Gefühl einer kalten Atmosphäre«.

Leiden und »Aha«-Erlebnisse

Offenbar halten es Schüler/innen und Lehrer/innen solche Umstände eine ganze Zeit aus, nehmen die Verhältnisse wie sie sind und kommen nicht auf die Idee, etwas daran zu ändern. Die beschriebenen Fluchttendenzen, Graffities an den Wänden und zunehmende Gewalt gegen Sachen und Mitmenschen entstehen ja nicht quasi über Nacht, sondern werden womöglich erst dann wahrgenommen, wenn die Symptome nicht mehr zu übersehen sind.

Solange jedoch die Probleme so gedeutet werden, daß vor allem »schlecht erzogene oder unangepaßte« Schüler/innen Ursache von Vandalismus, Gewalt oder Disziplinlosigkeit sind, so lange wird das Kollegium versuchen, »notfalls« mit Schulordnungsmaßnahmen die Situation zu kontrollieren. Ein solches Klima prägt aber das Bild von Schule, das die Lernenden gewinnen.

Au s der Schreibwerkstatt:
Nichts macht mir Spaß!

> Nichts macht mir Spaß!
> Aufstehen ist Quatsch
> In die Schule gehen ist Quatsch
> Die erste Stunde ist Quatsch
> Die zweite Stunde ist Quatsch
> Die zweite Stunde ist Quatsch
> Die dritte Stunde ist Quatsch
> Die vierte Stunde ist Quatsch
> Die fünfte Stunde ist Quatsch
> Die sechste Stunde ist Quatsch
> Die siebte Stunde ist Quatsch
> Nach Hause gehen ist auch Quatsch
> Auf meine Geschwister aufpassen ist auch Quatsch
> Aber wenn ich Freundinnen aus meiner alten
> Klasse treffe und mit ihnen spazieren gehe, und
> wir quatschen, quatschen, quatschen, quatschen,
> quatschen
> Das macht mir Spaß!
> Tülay

Quel le: erziehung & wissenschaft 1993, H. 7–8, S. 7

Eine Chance, über den eigenen »Tellerrand« des pädagogischen Alltags zu schauen, finden viele Lehrkräfte in außerschulischen Situationen. So berichtet eine Berliner Lehrerin, daß sie beim Besuch ihrer Klasse bei einem Bildhauer plötzlich bemerkte, wie ihre Schüler/innen dem Künstler echte Fragen stellten. Ihre schlichte Erkenntnis lautete: »Die brauchen Leute, die ihnen etwas bieten, die sie ernstnehmen und sich selbst für etwas begeistern können.«

Vielfältig gestaltete Räume

Besonders in den Grundschulen hat sich eine Praxis entfaltet, vor allem die Klassenräume und Flure mit vielfältigen Materialien auszustatten. Hier finden sich z.B. Leseecken mit Sitzkissen oder Matratzen, wo Kinder in Ruhe in Büchern stöbern können. In den Fluren stehen Tische mit Schreibmaschinen und Setzkästen, die zum Schreiben und Drucken einladen. Die Kinder arbeiten an Tischen in kleinen Gruppen, allein oder zu zweit an ihrem Wochenplan. Von der ersten Klasse an lernen sie, leise ihre Aufgaben zu bearbeiten; wenn sie Fragen haben, können sie ihre Mitschüler/innen fragen oder die Lehrerin. Diese Wochenplanarbeit läuft fast täglich und ermöglicht es, durch die vielen kleinen Hilfen, die sich die Kinder untereinander geben, intensiver einzelne Kinder zu fördern. An verschiedenen Stellen im Klassenraum liegen Übungsmaterialien für Sprache, Sachunterricht und Mathematik.

Allgemeine Grundregeln hängen gut sichtbar an den Wänden oder sind an die Tafel geschrieben, ebenso die aktuellen Aufgaben.

Rhythmisierung des Schulalltags

Auf den offenen Unterrichtsbeginn, der es den Kindern ermöglicht, innerhalb etwa einer Viertelstunde individuell im Klassenraum anzukommen und sich gedanklich einzufinden, folgt z.B. ein Morgenkreis. Dort können einzelne Kinder der ganzen Klasse Wichtiges vom vergangenen Tag erzählen, etwas vorschlagen oder auch Konflikte benennen. In einer ersten Unterrichtsphase gibt es Lerneinheiten, wo alle gemeinsam an den Gruppentischen sitzend, mit neuen Themen und Inhalten bekanntgemacht werden. Solche eher lehrgangsorientierten Phasen wechseln mit Phasen freier Arbeit. Hier wählen die Kinder aus unterrichtsbezogenen Lernangeboten aus oder gehen selbstgewählten Arbeitsaufgaben nach.

Wichtig ist hierbei, daß die Schüler/innen während der Vormittage

Schmiererei – oder Räume und Schulklima gestalten 131

Abb. 10 Paul-Gerhardt-Schule Werl, Klassenraumgestaltung

mehrfach die Möglichkeit haben, sich im Klassenraum zu bewegen und sich mit unterschiedlichen Inhalten und Themen zu befassen. Dazu gehört es auch, bei Bedarf verschiedene Materialien zu nutzen und individuell Hilfe zu holen. Wer etwas malen will, muß dies nicht heimlich tun oder auf den Kunstunterricht warten, sondern erhält dazu jede Woche mehrfach Anregungen. Auf diese Weise entstehen praktisch in jeder Unterrichtsphase Produkte, die die Kinder in der Schule, im Klassenraum ausstellen oder zu Hause ihren Eltern (und Geschwistern) zeigen können. Die Grundregeln für das Miteinander in der Schule sind so überschaubar wie die Zahl der Finger an einer Hand und werden auch konsequent beachtet. Das heißt z.B. auch, daß die Erwachsenen (ebenso wie die Kinder) im Treppenhaus hintereinander gehen und die rechte Hand am Geländer entlangführen. Soweit das Beispiel der Paul-Gerhardt-Schule im westfälischen Werl, einer Kleinstadt im ländlichen Raum. Es steht für ein ausgeprägtes pädagogisches Profil, das im Laufe mehrerer Jahre Schritt für

Schritt entwickelt wurde. Die Raumgestaltung ist also nicht nur dekorativer Schmuck, sondern spiegelt in etwa, wie die Schule als Lebens- und Erfahrungsraum ausgestaltet wird.

Beispiele:

- *Wandbilder*: In einer Sonderschule für Lernbehinderte entdeckte eine Lehrerin die Begeisterung ihrer Schüler/innen für Fabelwesen aus einer Fantasiegeschichte. Trotz der Skepsis der Schulleitung setzte sie durch, daß sie mit ihren Schüler/innen eine Wand im Treppenhaus gestalten konnte. Als Ideenvorlage nutzte sie die im Unterricht behandelte Geschichte, so daß die Schüler/innen nach eigenen Ideen Muster entwarfen. Diese wurden sauber auf Folie gezeichnet und durch den Overhead-Projektor vergrößert an die Wand projiziert. Auf diese Weise entstand eine Vorlage mit lebensgroßen Fabelwesen. Unter der Voraussetzung, »daß hinterher alles wieder sauber ist«, konnte die Klasse dann eines Samstags ihr Kunstwerk auf die besagte Treppenhauswand malen.

- *Graffiti-Malwand*: In einer Hauptschule suchte die Beratungslehrerin das Gespräch mit Schüler/innen und Lehrkräften zum Thema »Gewalt in der Schule«. Über die Schüler/innenvertretung wurden Meinungen wie etwa: »Wir wünschen uns einen Raum oder eine Wand, die wir selbst gestalten können«, erstmals formuliert. Nach reiflicher Diskussion wurde eine Flurwand weiß gestrichen, und die Schüler/innen konnten ihre eigenen Graffities und Sprüche »verewigen«. Bis knapp über den Rand füllte sich das so entstandene weiße Feld mit Schülerbeiträgen, doch nach einigen Monaten stellte sich heraus, daß die Graffiti-Wand ihre Attraktivität verloren hatte. Erneut berieten Vertrauenslehrer/innen mit den Vertreter/innen der Schüler mit dem Ergebnis, daß diese volle »Sprüche-Wand« wieder weiß getüncht wurde. Neben dem erneuten Anstrich war aber besonders wichtig, daß das Mitteilungsbedürfnis der Jugendlichen akzeptiert wurde und die Lehrkräfte sich mit an einen Tisch setzten, um eine tragfähige Lösung des Konflikts zu formulieren. Die Jugendlichen konnten dabei ihre Sichtweisen verdeutlichen. So steht die Graffiti-Wand nicht isoliert im Schulleben, sondern ist Teil einer Entwicklungsphase, in der die Schüler/innen in eigener Verantwortung auch das äußere Gesicht der Schule mitgestalten können. Ohne Lehrkräfte, die die Interessen der Schüler/innen ernstnehmen und eigene Gestaltungsmöglichkeiten im Schulleben anbieten, wäre der positive Effekt der Graffiti-Wand einfach nicht möglich gewesen.

Abb. 11 Konrad-Duden-Gymnasium Wesel, Flurgestaltung

- *Collagen und Plastiken* entwarfen Schüler/innen eines Kunst-Kurses einer gymnasialen Oberstufe und dokumentierten ihre Sichtweisen zum Thema »alltägliche Gewalt«. Dazu gehörten u. a. Ton-Collagen aus Nachrichten und Plastiken, die verschiedene Gewalt-Szenen darstellten, z. B. Gewalt gegen Frauen, körperliche Quälerei, Bedrohung mit Waffen, Eingesperrt-Sein.

Abb. 12 *Das Messer an der Kehle* und niemand hilft: Die Hinterhofdarstellung veranschaulichte, daß Gewalttätiges zumeist ignoriert wird.

Viel wichtiger noch als die Ausstellung zum Abschluß der Projektwoche war die Auseinandersetzung der Schüler/innen mit alltäglichen Formen von Gewalt. Bei diesem Versuch einer gemeinsamen künstlerischen Darstellung wurden unterschiedliche Haltungen der einzelnen zum jeweiligen Aspekt von Gewalt deutlich, brachen Meinungsunterschiede auf, d.h. die Schüler/innen konnten hautnah spüren, wie sehr sie selbst sich mit dem Thema befassen mußten. Etwa beim Thema »Vergewaltigung« oder »Gewalt gegen Schwächere« bemerkten die Jugendlichen, daß dies auch mit ihrem Verhalten im Schulalltag zu tun hatte. Für die beiden Lehrerinnen bedeutete dieses Projekt zuzulassen, daß es zunächst keine abschließende einheitliche Meinung zum Thema »alltägliche Gewalt« gab. Vielmehr löste die Ausstellung am Ende der Projektwoche unterschiedliche Reaktionen bei den Besucher/innen aus und zeigte den beteiligten Schüler/innen, wie Menschen auf Gewalt im Alltag reagieren (können).

Fassen wir zusammen:

Schule als Lebens- und Erfahrungsraum zu gestalten, heißt:

– in den Klassenräumen/im Schulgebäude immer wieder sichtbar werden zu lassen, was zur Zeit geschrieben, gezeichnet und entwickelt wird. Das schafft mehr Transparenz und weckt das Interesse der Schüler/innen an neuen Unterrichtsergebnissen: Anderen etwas zeigen zu können, verstärkt das Bedürfnis, anschaulich und verständlich die eigenen Unterrichtsergebnisse Schüler/innen aus anderen Kursen/Klassen zu verdeutlichen;

– vielfältige Anregungen durch Materialien zu schaffen, die den unterschiedlichen Interessen und Lernfähigkeiten der Schüler/innen gerecht werden;

– Räume, Ecken und Nischen für verschiedene Betätigungen so zu gestalten, daß die Schüler/innen unterschiedliche Lernumwelten vorfinden bzw. wählen können;

– echte Möglichkeiten pflegen, das individuelle Gesicht der Schule mitzugestalten. Dies gilt ganz besonders für weiterführende Schulen, wo Schüler/innen (vor allem die 13–15jährigen) sehr kritisch prüfen, ob ihnen lediglich eine Art »Spielwiese« angeboten wird;

– schrittweise Veränderungen wagen, den haustechnischen Dienst, Reinigungskräfte (und bei Gelegenheit auch die Feuerwehr) einzubeziehen, damit auch diese sich auf eine neue pädagogisch orientierte Gestaltung der Räume einlassen.

Bilanzierend formuliert eine Hauptschullehrerin: »Je mehr Schule das Individuum Schüler/in wieder in die Mitte stellt und Kreativität als schöpferische Möglichkeit zuläßt, um so eher wächst die Chance, das Starre und Destruktive der Institution Schule zu durchbrechen.« Kreativität zu fördern, Schüler/-innen zu eigenen Lösungswegen zu ermutigen – das heißt für die Lernenden, auch Fehler machen zu dürfen, nicht für alles gleich eine Note zu bekommen. Es bedeutet ebenso, Einblick in Unterricht zu ermöglichen, und Schüler/-innen zu helfen, ihren Lernprozeß anschaulich und verständlich anderen zu vermitteln (e & w 7–8/93, S. 10).

Was Eltern und Lehrkräfte tun können

1. *Sprachlosigkeit überwinden*, indem sie sich trauen, im Klassenverband/in den Gruppen darüber zu sprechen, warum sie die Schulatmosphäre als kalt/unpersönlich oder einfach unangenehm empfinden. Ein guter Anlaß kann z. b. eine Klassenpflegschaftssitzung sein, die einmal in gemütlicher Atmosphäre stattfindet.

2. *Schüler/innen besser verstehen lernen*, indem z. b. Grafitties nicht nur als Schmiererei und Sachbeschädigung gedeutet werden, sondern auch als Botschaften und Signale, die sich anderswo offenbar nicht artikulieren (können). Eine (Foto-)Dokumentation mit Schüler/innenkommentaren kann z. b. eine schulinterne Diskussion auslösen, die zu Verbesserungsvorschlägen führt.

3. *Offene Entwicklungen zuzulassen* oder zu unterstützen, die die Identifikation mit dem Gebäude, mit dem Klassenraum fördern. Schrittweise vorzugehen sichert die Möglichkeit, daß das Raumgefühl der in Schule lebenden Menschen sich weiterentwickeln kann. Solche Veränderungen bleiben überschaubar, wirken weniger bedrohlich als Vorhaben, die die Schule auf den Kopf stellen. In einem Klassenraum anzufangen, ermöglicht den Lehrkräften, Schüler/innen und Eltern eine individuelle, auf die jeweilige Situation in der Klasse zugeschnittene Planung und Gestaltung. Hier können alle Beteiligten sich direkt einbringen und mit der Entwicklung identifizieren. Ergebnisse werden unmittelbar sichtbar, so daß es nicht allzu lange dauert, bis spürbare Veränderungen eintreten.

4. *Mit Unfallversicherern und Feuerwehr beharrlich verhandeln* hilft, den pädagogischen Gedanken gegenüber dem Sicherheitsdenken zu verstärken. Auch hier wächst häufig mit der positiven Erfahrung der Mut, gestalterische Handlungsfreiräume zu erproben.

5. *Die Veränderung der Raumgestaltung als Teil von Unterricht und Schulleben* zu verstehen, damit sie nicht kosmetisches Beiwerk wird bzw. bleibt.

Eine erste Phase kann dadurch eingeleitet werden, daß jedes Mitglied der Klasse etwas mitbringt (Blumen, Poster, Bilder), um den Klassenraum angenehmer zu gestalten. Andere Möglichkeiten sind z.B.

– ein Portrait aller Schüler/innen und Lehrkräfte mit persönlichen Steckbriefen,
– eine Sammlung von Materialien zu einem Unterrichtsprojekt, zu dem jeder etwas beitragen kann,
– die Dokumentation der Produkte aus einer Unterrichtsreihe (Rechercheergebnisse, Bilder, Texte, Fundstücke, Materialien) mit Kommentierungen und Erläuterungen sowie weitergehend
– die Veränderung der Sitzordnung, die es den Schüler/innen erlaubt, in kleinen Gruppen zusammenzusitzen und zu arbeiten. Dieser Schritt erfordert aber auch einen Unterricht, der Gruppenarbeit und gegenseitige Hilfe unter den Schüler/innen nicht nur ausdrücklich zuläßt sondern geradezu erfordert.

Literatur

Dreidoppel, Heinrich: Wandmalerei in der Schule. Zwischen Aktion, Wohnlichmachen und Kunst, in: Kunst und Unterricht, 1985, Heft 91, S. 12–15

Freiarbeit in der Sekundarstufe I, Landesinstitut für Schule und Weiterbildung, Soest 1993

Günther, Inge: Kunst und Kreativität in Kreuzberg. Das Berliner KIDS-Projekt, in: Erziehung und Wissenschaft, 1993, Heft 7–8, S. 6–10.

Kinder lernen selbständig. Arbeitshilfen für Freie Arbeit und Wochenplanarbeit in der Grundschule, Landesinstitut für Schule und Weiterbildung (Hrsg.), Soest 1993

Projektorientiertes Arbeiten in der Realschule, Landesinstitut für Schule und Weiterbildung (Hrsg.), Soest 1988 (mit vielen Praxisbeispielen)

Schulhäuser gestern und heute. Bilder zur Physiognomie der Schule im Ruhrgebiet. Begleitheft von Gunter Reiß und Mechthild von Schoenebeck zur Fotoausstellung von Wolfgang Jahn, Kommunalverband Ruhrgebiet, Essen 1990

Tiemann, H.-P.: Kindgemäß und sachangemessen. Ansätze ganzheitlichen Lernens im Fächerverbund, in: Von Biotopen, Berufsbasaren, Begegnungen mit der Nachbarschaft u. a., Landesinstitut für Schule und Weiterbildung, Soest 1992, S. 45–57 (ein Beispiel aus dem Gymnasium)

Norbert Rixius

Einander helfen – im Schulalltag üblich?

»Wir können nicht mehr so unterrichten wie vor 10 oder 15 Jahren, weil die Kinder anders aufwachsen als damals. Die meisten Lehrkräfte haben sich aber während ihrer Ausbildung darauf getrimmt, den Unterricht so zu gestalten, daß alle Schüler/innen im Gleichtakt lernen und das Unterrichtsgeschehen von A-Z durchgeplant ist. Sehr viele Kinder wachsen jedoch ohne Geschwister auf und sitzen dann im ersten Schuljahr unvorbereitet mit 30 anderen in einem Klassenraum. Ich glaube, viele Unterrichtsstörungen rühren daher, daß die Kinder zu Hause nie gelernt haben, ihre Interessen und Bedürfnisse mit gleichaltrigen auszuhandeln, geschweige denn, sich mit vielen anderen Kindern die Aufmerksamkeit eines Erwachsenen zu teilen. Aufgrund meiner Ausbildung habe ich viel zu lange meine Schüler/innen nicht verstanden und ihr Verhalten als vorlaut, undiszipliniert und egozentrisch abgelehnt. Bis ich merkte, daß in meinem Unterricht etwas falsch lief, denn, je mehr ich versuchte, die Kinder zu disziplinieren, desto weniger Zeit fand ich für die fachliche Arbeit. So wuchs mein innerer Druck, weil ich im Stoff immer weniger schaffte; und ich wurde zunehmend unzufriedener mit meinen Schüler/innen und natürlich auch mit mir selbst …« So oder in ähnlicher Weise haben uns Lehrkräfte ihre Unterrichtserfahrungen in den vergangenen Jahren häufig geschildert.

Einzelkämpfer im traditionellen Unterricht

So offen und selbstkritisch beschreiben Lehrkräfte ihre Unterrichtspraxis in der Regel nicht. Häufig brauchen sie genügend Abstand zu sich selbst und das Vertrauen, daß ihre Haltung bzw. ihre Anfragen an den vielfach noch gängigen *Frontalunterricht* ernstgenommen werden. Zwar hat sich an den Grundschulen eine pädagogische Praxis entfaltet, die Partner- und Gruppenarbeit ausdrücklich fördert, doch erfahren die Schüler/innen beim Übergang in die weiterführenden Schulen den Wechsel zum »Fachlehrerprinzip« oft als Bruch. Das bedeutet ein Mehrfaches: Im Unterricht erleben sie Lehrkräfte, die unter Zeitdruck den Stoff abhandeln, vor der gesamten Klasse. Auch die Arbeitsblätter ändern häufig nichts an der skizzierten Unterrichtsstruktur, in der jede/r Schüler/in für sich allein arbeitet. Denn die Leistungsmessung hebt ja auch auf individuell erbrachte Leistungen ab, die benotet werden sollen. In einem solchen System ist »einander zu helfen« von vornherein nicht vorgesehen und wird strukturell verhindert.

Schüler/innen erleben so einen Unterricht, der wenig Raum läßt für wechselseitige Hilfe, kurzum: die Kinder und Jugendlichen werden geradezu verleitet, mit Blick auf die Zeugnisnoten eher auf den eigenen Vorteil bedacht zu sein. Allenfalls außerhalb des Unterrichts können die Schüler/innen ihre Mitschüler/innen etwas fragen und um Hilfe bitten.

Auch die Lehrkräfte sind (noch sehr häufig) Einzelkämpfer im Beruf. Wenn sie die Tür des Klassenraumes hinter sich geschlossen haben, stehen sie allein vor der Klasse. Wer sich eher als Fachlehrer sieht, der muß sich nicht wundern, wenn Schüler/innen sagen: »Dabei wird der Unterricht nur durchgezogen, und es bleibt kein Raum für Eigenaktivität.« Und: »Die Themen sind zu festgelegt, und wir können viel zu wenig unsere Interessen/Fragen einbringen.«

Im traditionell angelegten Unterricht verwenden Lehrkräfte mitunter

- ca. 10–15 Minuten, um im Verlauf der Stunde Ruhe und Disziplin herzustellen,
- etwa zehn Minuten, um die Hausaufgaben nachzusehen,
- bis zu zehn Minuten zur Wiederholung des Stoffes der vergangenen Stunde,
- etwa 10–20 Minuten für neue Inhalte und
- die restlichen Minuten für die Formulierung von Hausaufgaben,

mithin also nicht besonders viel Zeit für neue Inhalte. Besonders störend empfinden viele Lehrkräfte die Zeiten für die Wiederholung des
Stoffes und die Herstellung der Disziplin. Die Furcht, daß ihnen
mangelnde pädagogische Kompetenz vorgeworfen wird, hindert sie,
mit anderen diese Probleme zu besprechen. So wird mitunter nicht
erkannt, wie Unterrichtsstörungen und geringe Lernmotivation seitens der Lehrkräfte unbewußt verstärkt werden.

Wege zur Förderung von Kooperation und zur Entwicklung von Helfersystemen im Schulalltag

Wie »einander zu helfen« zum Bestandteil schulischen Lernens werden kann, wollen wir anhand von Erfahrungen in vier Bereichen verdeutlichen. Das tägliche Unterrichtsgeschehen und die darin prakti-
zierten Umgangsformen stellen Modelle dar, an denen sich alle
Beteiligten orientieren. Anhand positiver Modelle läßt sich zeigen,
welche Ansatzpunkte und Gestaltungsmöglichkeiten in der Schulpraxis entwickelt und erprobt worden sind. Es handelt sich um folgende Bereiche:
1. Offener Unterricht und Freiarbeit
2. Unterrichtsinhalte koordinieren, Sinnzusammenhänge stiften
3. Klassenrat – soziale Verträge aushandeln
4. Patenschaften und altersübergreifende Arbeitsgemeinschaften
Anhand der Beispiele werden Sie feststellen, daß die einzelnen Bereiche nicht isoliert nebeneinanderstehen. Vielmehr können sie sich
gegenseitig ergänzen, um das Lernklima im Schulalltag so zu gestalten, daß Schüler/innen die Vorteile von Helfersystemen schätzen
und lernen, faire Lösungen in Konfliktfällen zu entwickeln.

1. Offener Unterricht und Freiarbeit

Die eigene Unzufriedenheit nennen viele Lehrkräfte als Auslöser, ihren Unterricht anders zu organisieren. »Das größte Hindernis, Formen der Partner- und Gruppenarbeit in den Unterricht einzuführen,

war in mir selbst«, berichten Lehrer/innen. »Da gibt es Bilder, daß einem die Kinder über Tische und Bänke gehen; es entstand Angst davor, daß das Unterrichtsgeschehen mir aus der Hand läuft. Heute weiß ich, daß allein schon die *Umstellung der Tische in Gruppentische* einen ersten Schritt bedeutete. Ganz wichtig sind *Regeln für das Arbeiten an Aufgaben*, damit die Schüler/innen einander beraten und helfen konnten, ohne jedoch die Nachbarn (am anderen Tisch) zu stören. Anfangs mußte ich mehr Arbeit investieren, um *Arbeitsblätter etc. auf die Gruppenarbeit umzustellen*. Inzwischen aber haben meine Schüler/innen – erst zögernd, dann zunehmend sicherer – das vielfältigere Angebot von Aufgaben und Materialien angenommen und gelernt, sich für die Arbeit je nach Auftrag Partner zu suchen. Ich selbst kann mich viel besser einzelnen widmen, weil die Schüler/innen viele Fragen untereinander klären. Die Schwächeren profitieren dabei von den Stärkeren, aber die Stärkeren lernen, ihre Kenntnisse und Fähigkeiten anderen zu vermitteln.

Durch die verschiedenen Arbeitsaufgaben und die Freiarbeit kommen unterschiedliche Begabungen und Interessen der Schüler/innen zum Vorschein, wie dies im traditionellen Frontalunterricht in dieser Vielfalt nicht möglich wäre.«

Zum Beispiel: Üben mit individueller Lernkartei. Nach gemeinsamer Einführung in den Gebrauch einer individuellen Lernkartei entwickelten Schüler/innen verschiedene Übungsformen. Manche arbeiteten zu zweit, hörten sich gegenseitig die für sie schwierigen Wörter ab, buchstabierten und schrieben sie anschließend auf Karteikarten. Einige Schüler/innen entwickelten quizartige Gruppenaktivitäten, manche schrieben Wortlisten oder setzten die »schwierigen« Wörter in Sätze und formulierten neue Texte, so daß bisweilen auch witzige Nonsens-Geschichten oder -Aussagen entstanden.

Zum Beispiel: freies Experimentieren im Chemieunterricht. Als Einstieg konnten die Schüler/innen ihre Gedanken und Bilder zu Papier bringen, die ihnen beim Stichwort »Chemie« einfielen. Auch zu den Menschen, die sich mit Chemie beruflich beschäftigen und den Stoffen, die dabei verwendet und hergestellt werden, fielen den Schü-

ler/innen einige Stichworte ein. Da es in der Chemie sowohl um ge-
fährliche als auch um ungefährliche Stoffe geht, war bald ein Ord-
nungskriterium gefunden, solche Stoffe zu suchen, mit denen gefahrlos experimentiert werden konnte. Ein Elternbrief half den
Schüler/innen, Reste an Haushaltsprodukten zu sammeln. Auf der
Grundlage von fünf Sicherheitsregeln konnten dann in Gruppen
kleine Experimente durchgeführt werden, die wiederholbar sein
mußten. So entspann sich eine emsige Arbeitsatmosphäre, in der die
Tischgruppen bis zu zehn kleine Versuche durchführten, Beobachtungen und Erfahrungen festhielten und zu erklären versuchten. In
einer zweiten Phase konnten die Schüler/innen ihre Deutungen auch
in Comic-Form veranschaulichen. Mehr als 100 Fachbegriffe und
Lehrbuchdefinitionen wurden mit schülereigenen Definitionen auf
Karteikarten ergänzt. Die Schüler/innen haben auf diese Weise eigene Wege gefunden, sich mit chemischen Vorgängen vertraut zu
machen und fanden ihre Sprache und Ausdrucksform, Fachbegriffe
mit Beobachtungen und konkreten Vorgängen in Beziehung zu
setzen.

Diese beiden Beispiele veranschaulichen, daß

- offener Unterricht und Freiarbeit im Fachunterricht möglich
  sind,
- individuell verschiedene Lernformen und wechselseitige Hilfen
  durch diese Unterrichtsformen strukturell gefördert werden,
- die Schüler/innen sich viel aktiver und kreativer am Unterrichtsgeschehen beteiligen können als im Frontalunterricht,
- Kooperation und Eigentätigkeit integrale Bestandteile dieses Unterrichts sind und
- die Lehrkräfte offener werden für verschiedene Lernformen,
  mehr beraten als vortragen und Schüler/innen als motivierter und
  leistungsbereiter erleben.

Erfahrene Lehrkräfte betonen außerdem, daß es zwar gute Lernkar-
teien und Materialien von Verlagen für Freiarbeit und offenen Unterricht gibt. Selbsterarbeitetes Material kann jedoch spezifisch auf
die jeweilige Lerngruppe zugeschnitten werden. Es hat insbesondere

für Sekundarstufenschüler/innen einen engeren Bezug zum eigenen Lernprozeß und kann gemeinsam und oft recht preisgünstig hergestellt werden. Vielfach haben Lehrkräfte zunächst mit kleinen Schritten ihren Unterricht in dieser Form verändert. Die positiven Auswirkungen insbesondere auch auf das soziale Verhalten der Schüler/innen ermutigt immer wieder auch andere Kolleg/innen, in ihrem Unterricht ähnliche Schritte zu wagen. So wächst auch die Kooperation im jeweiligen Kollegium und ermöglicht weitere Schritte, z.B. Koordination von Fachunterricht, Entwicklung fächerübergreifender Themen.

2. Unterrichtsinhalte koordinieren – Sinnzusammenhänge stiften

Im Laufe der Schuljahre erleben die Schüler/innen, daß gleiche Themen unkoordiniert in mehreren Fächern behandelt werden. »Nicht schon wieder«, lautet z.B. die Reaktion der Lernenden, wenn ihnen ein Thema zum wiederholten Mal angeboten wird. Lehrkräfte erleben es ebenfalls als frustrierend, wenn sie nur mit großer Mühe – im ungünstigen Fall mit Verweis auf die Noten – ihre Klasse für den Unterricht interessieren können. In der Tat wurde erst in den letzten Jahren begonnen, Richtlinien und Lehrpläne inhaltlich besser aufeinander abzustimmen. Nachdem rund 15 Jahre lang versucht wurde, das stetig wachsende Wissen in den Fachdisziplinen in immer umfangreicheren Lehrplänen zu »verpacken«, setzt sich allmählich die Erkenntnis durch, daß dies in eine pädagogische Sackgasse münden kann. (Wohlgemerkt handelt es sich hier um eine kurze Skizze von Problemen.)

»Nachdem mir klar geworden war, daß die reine Stoffvermittlung im Frontalunterricht für mich und die Schüler/innen zur Quälerei geworden war, habe ich mir vorgenommen, für die letzten 15 Jahre meines Lehrerdaseins nochmal etwas Neues auszuprobieren.« So begründen Lehrer/innen, warum sie aus gewohnter Unterrichtsroutine ausbrechen und eine Chance suchen, u.a.durch mehr Kooperation im Kollegium, sinnvoller zu unterrichten.

Da offene Unterrichtsformen und Freiarbeit häufig auch Aspekte thematisieren und Fachfragen aufwerfen, die im jeweiligen Fachunterricht nicht allein zu behandeln sind, bieten unterrichtliche Leitthemen einige Möglichkeiten sinnvoller Koordination. Das Spektrum von Praxisbeispielen reicht hier etwa von zwei Lehrkräften, die ihren Biologie- und Chemieunterricht im 9. Jahrgang der Realschule unter dem Leitthema Ökologie gemeinsam gestalten bis hin zu einem Jahresprojekt im berufsbildenden Bereich zum Thema Ernährung, an dem sich nach und nach 15 Fachlehrkräfte und neun Klassen beteiligten.

Durch *thematische Absprachen* entstehen *gemeinsam gestaltete Unterrichtsreihen*, in denen mehrere Fachlehrkräfte einige Wochen zusammenarbeiten. In den offener gestalteten Unterrichtsstunden werden Sinn- und Sachzusammenhänge mit verschiedenen fachlichen Perspektiven bearbeitet. Solche »Epochen« können durch eine geschickte Stundenplangestaltung noch unterstützt werden, indem die Bündelung von Stunden auch längere Arbeitsphasen ermöglicht.

Solche *Unterrichtsepochen* und *Formen des Blockunterrichts* bedingen, daß sich im Kollegium ein soziales Klima entfaltet, in dem das Zutrauen in offenere Unterrichtssituationen und die Lernbereitschaft der Schüler/innen mit den praktischen Erfahrungen wächst. Im Team von Lehrkräften Lehrpläne verschiedener Fächer auf inhaltliche Querbezüge zu untersuchen, vermittelt einerseits wechselseitige Einblicke in die fachlichen Perspektiven anderer Lehrkräfte und hilft andererseits, mit Grenzen eigener Fachkenntnisse und Kompetenzen umzugehen. So verändert sich schrittweise das Selbstbild der Lehrkräfte, und ihre Zusammenarbeit wirkt auch als Modell. In der Praxis hat es sich bewährt, in einer Jahrgangsstufe zu beginnen und die individuellen Erfahrungen im Kollegium transparent darzustellen. Schulinterne Entwicklungen dieser Art können am ehesten vom Gesamtkollegium wohlwollend toleriert werden, wenn sie zu einer offiziellen Sache in der Schule werden.

Das Prinzip »einander helfen« bedeutet hier auch, die *Eltern schriftlich und mündlich über entsprechende Vorhaben zu informieren, ihre Wünsche, Sorgen und Vorschläge ernstzunehmen* und über Ergebnisse – besser noch über Zwischenergebnisse – zu informieren. *Unterrichtsprodukte und -erfahrungen schulintern* und womöglich *auch in die Öffentlichkeit hinein zu vermitteln,* hilft den Außenstehenden nachzuvollziehen, was in fächerübergreifenden Unterrichtsformen erarbeitet und gelernt wird. Für die unmittelbar beteiligten Schüler/innen ist es wichtig, über geregelte Formen des sozialen Miteinander und der Meinungsbildung in der Klasse/im Kurs auf die Unterrichtsgestaltung einwirken zu können. Hiervon ist im folgenden Abschnitt die Rede.

3. Klassenrat – soziale Verträge aushandeln

Wir hatten eingangs dieses Kapitels dargestellt, welche Folgen ein überwiegend stark lehrerzentrierter Unterricht – oft auch Frontalunterricht genannt – für das soziale Klima und das Verhältnis zwischen Lehrenden und Lernenden haben kann. Disziplinprobleme und mangelndes Interesse sowie Neid und Konkurrenz haben wir auch als mögliche Folge geringer Beteiligungsmöglichkeiten skizziert. Die vorgestellten Beispiele erlauben dagegen nicht nur mehr und aktive Teilhabe der Schüler/innen am Unterrichtsgeschehen. Sie fördern und erfordern auch Fähigkeiten wie z.B. zuhören, vernünftig argumentieren, Gefühle wahrnehmen und ausdrücken, planen und entscheiden, Verantwortung tragen sowie flexibel sein und Konflikte austragen. Einander zu helfen, ist dabei nicht einfach eine unvermittelte moralische Forderung, sie erweist sich in vielfacher Hinsicht als unverzichtbarer Bestandteil eines guten Schulklimas. Wer sich Lerninhalte mit Interesse aneignen und neue Fähigkeiten erwerben will, braucht dazu auch Regeln und Gestaltungsmöglichkeiten, mit denen er/sie als Schüler/Schülerin umgehen kann.

Dazu haben sich Formen regelmäßiger Besprechungen und Meinungsbildung in der Praxis bewährt, in denen Schüler/innen und Lehrkräfte ihre Arbeit planen, organisieren und auswerten. Morgenkreis und Klassenrat bieten einen Rahmen, Kindern und Jugendlichen »das Wort zu erteilen«. Einmal wöchentlich – in Grundschulen findet der Morgenkreis z. T. täglich statt – können Wünsche, Pläne, Kritik sowie Gefühle, Spannungen und Konflikte gemeinsam beraten werden.

Haben solche Elemente einen festen Platz im Schulalltag, lernen die Schüler/innen, für das Klima in der Klasse gemeinsam verantwortlich zu sein. Sie erleben vielfältige Sichtweisen und Interessen, die auch konfliktträchtig sind. Konflikte zu bewältigen, wird auf diese Weise Teil des Schullebens.

Für den Klassenrat haben sich folgende Regeln bewährt:

a) *Themenvorschläge*, Meinungen, Kritik etc. können im Laufe der Woche z. B. auf einer Wandzeitung oder in der Klassenratsmappe gesammelt werden.

b) Die *Leitung der Sitzung* übernehmen Schüler/innen im Wechsel (wöchentlich oder monatlich), damit im Laufe der Zeit alle Klassenmitglieder sich dieser Aufgabe gewachsen fühlen.

c) Über die Grundstruktur und die Diskussion bestimmen *Regeln*, die mit der Klasse erarbeitet worden sind. Sie sollen übersichtlich und klar sein, müssen aber im konkreten Streitfall zu einer für alle Beteiligten fairen Lösung führen.

d) Die *Lehrkräfte* nehmen gleichberechtigt am Klassenrat teil und halten sich wie alle anderen an die »Spielregeln«. Natürlich haben sie das Recht, sich einzuschalten, wenn z. B. die Diskussion »aus dem Ruder läuft« bzw. Entscheidungen anstehen, die sie nicht verantworten können. Hier übernehmen sie jedoch nicht die Diskussionsleitung, sondern benennen entweder klar und deutlich Störungen, die sie wahrnehmen oder zeigen der Klasse Grenzen auf, die sich aus ihrer Sicht und Verantwortung ergeben.

148   Gegen Gewalt in der Schule

e) *Ergebnisse und Vereinbarungen* sollen schriftlich festgehalten
werden und für alle zugänglich sein, um Klarheit über Aufgaben
und Ziele der kommenden Arbeit in der Klasse zu erzeugen.
*Für die Arbeit und den gemeinsamen Umgang im Unterricht lohnt
es sich, gemeinsam einige Regeln im Sinne eines sozialen Vertrages zu
vereinbaren.* Natürlich taugen die besten Regeln nichts, wenn sich
niemand daran hält. Es empfiehlt sich daher, einige wenige Regeln
für das soziale Miteinander zu verabreden, sie sichtbar in der Klasse
auszuhängen und regelmäßig mit der Klasse zu besprechen, wie sie
sich bewährt haben. Gerade in offenen Unterrichtssituationen hilft
es, wenn die Schüler/innen

a) generell *leise reden oder flüstern* und nahe bei ihrem »Gesprächspartner« sind,

b) *Hilfe zunächst von ihrem unmittelbaren Nachbarn* oder einer
Mitschülerin/einem Mitschüler gezielt erfragen. Sie können aufgrund dieser Regel darauf vertrauen, daß die jeweils Angesprochenen versuchen zu helfen.

c) *Rücksicht auf die anderen Schüler/innen nehmen*, damit sie konzentriert ihren Aufgaben/Interessen nachgehen können. Leise zu
sein, erweist sich für alle als hilfreich, um konzentriert arbeiten
zu können. Dadurch, daß die Schüler/innen im Rahmen des Wo-
chenplans/Tagesplans entscheiden können, woran sie arbeiten,
können sie sich eher für die jeweilige Aufgabe interessieren. In
der Praxis zeigt sich stets, daß die Schüler/innen sich untereinander sehr aufmerksam kontrollieren, weil sie aus Erfahrung wissen, wie störend eine unruhige Arbeitsatmosphäre auf sie selbst
einwirkt.

d) Ihre eigenen und die gemeinsamen *Materialien sorgsam behandeln* und wissen, wo ihr Platz im Klassenraum oder auch im
Schulgebäude (Flur, Schulbücherei …) ist. Je vielfältiger der
Klassenraum und das Schulgebäude gestaltet wird, desto not-
wendiger werden transparente Ordnungskriterien, wo was hin-
gehört. Außerdem lernen die Schüler/innen, Arbeitsmaterialien
zu schätzen, wenn sie selbst auch gelegentlich an deren Herstel-

lung beteiligt sind und sie als anregend, hilfreich und spannend erleben.

e) Klassenämter benennen Verantwortliche für Pflege- und Ordnungsaufgaben. Sie helfen allen und zeigen, daß eine gute Atmosphäre in der Klasse auch mit Aufgaben verbunden sind, die von einzelnen für die Gesamtgruppe geleistet werden – als sozial wertvoller Dienst.

4. Patenschaften und altersübergreifende Arbeitsgemeinschaften

Besonders die Fünftklässler erleben in den weiterführenden Schulen, wie sie als die »Kleinen« zu Opfern werden, an denen ältere Schüler/innen ihre Macht demonstrieren können. Vor allem in den Pausen, auf den Fluren und in Warte-Situationen vor Unterrichtsbeginn, vor den Toiletten bzw. vor Fachräumen (Musik, Naturwissenschaften, Sport) werden jüngere von älteren mitunter getreten, weggeschubst, bedroht oder beleidigt – so das Ergebnis von Umfragen. Die Erklärung, daß es sich hierbei um Formen stellvertretender Aggressionen handelt, die auf Ohnmachtserfahrungen der »Täter« hinweisen, hilft den betroffenen Schüler/innen im konkreten Fall nicht weiter. Sie kann jedoch das Kollegium anregen, genauer darauf zu achten, in welchen Situationen solche Gewalthandlungen häufiger begangen werden. Schlecht einsehbare Bereiche und fehlende Aufsicht werden häufiger als ›Ursachen‹ benannt. Ein Mehr an Kontrolle verschiebt jedoch oft das Problem in andere Bereiche, wenn nicht auch geklärt wird, woher die (Ohn-)Machtserfahrungen der Schüler/innen rühren und wie sie vermindert werden können: z. B.

– was die Architektur des jeweiligen Schulgebäudes anbelangt, so haben wir in den Kapiteln »Schmiererei« und »Pausenhöfe beleben« einige Möglichkeiten der Verbesserung aufgezeigt. Ein zentrales Element sozialen Lernens besteht im Zusammenhang mit baulichen Gestaltungen darin, daß die Schüler/innen möglichst selbständig (oder angeleitet) neuralgische Orte im Schulgebäude erkennen, öffentlich benennen und in Gruppen nach Lösungen suchen.

– Was das soziale Klima betrifft, so haben sich in der Praxis sogenannte *Patenschaftsklassen* gebildet. Vor allem die Schüler/innen aus den neunten und zehnten Klassen können erfahrungsgemäß für solche Formen der Verantwortung, nämlich, sich schützend vor ihren Paten stellen, gewonnen werden. Patenschaften zwischen älteren und jüngeren Schüler/innen fördern ein Klima der Hilfsbereitschaft und des Vertrauens, im Konfliktfall sich an Mitschüler/innen wenden zu können. Oftmals fühlen sich die jüngsten bei fehlenden Patenschaften hilflos, insbesondere dann, wenn ihnen für den Fall, daß sie sich wehren, weitere Gewalt angedroht wird. Da viele Mitschüler/innen den diversen Umfragen zufolge eher zusehen, als Bedrohten zur Seite zu stehen, werden Chancen und Bereitschaften zur Hilfeleistung häufig nicht genutzt. Patenschaften beinhalten dagegen klare Aufgaben z. B. für Konfliktfälle, wobei die Paten üben, wie sie ihre »Patenkinder« schützen können.

Gelungene Beispiele für Patenschaften. Zu Beginn des Schuljahres lernen sich die neuen und die alten Schüler/innen gegenseitig kennen. In einem dreitägigen Seminar, das in der benachbarten Jugendeinrichtung stattfindet – vormittags während der Unterrichtszeit – lernen sich die Schüler/innen in kleinen Gruppen kennen, erkunden den Stadtteil, spielen gemeinsam und üben in Rollenspielen, wie sie sich in Konfliktsituationen helfen können.

In den Rollenspielen geht es jedoch nicht einfach darum, daß die älteren Schüler/innen ihre mögliche körperliche Stärke zur Machtdemonstration benützen. Vielmehr lernen sie, kritische Situationen sensibel einzuschätzen. So sollen sie allein durch ihre Anwesenheit oder indem sie das Verhalten des Angreifers für Umstehende deutlich beschreiben, ihre Bereitschaft zum Beistand unterstreichen. Ein weiterer Schritt beinhaltet, das »Opfer« frühzeitig aus der Situation herauszuholen, etwa indem der Pate den bedrohten Schüler/die bedrohte Schülerin beherzt zur Seite nimmt. Schon im Bereich der

Vorbeugung bewirken Patenschaften viel, weil gemeinsame Beschäftigungen und Spiele, z. B. während der Pausen, Außenstehende klar erkennen lassen, daß eine eventuelle Provokation mit dem Risiko verbunden ist, relativ schnell einer größeren Gruppe von älteren und jüngeren Schüler/innen gegenüber zu stehen, die sich gegenseitig beistehen und helfen.«»Vielleicht sollten wir dann doch die fünften und die neunten Klassen räumlich nebeneinander im gleichen Flur unterbringen«, lautete denn auch konsequent der Vorschlag in einer Lehrerkonferenz. »Auf diese Weise könnten die Paten ihre Schützlinge besser betreuen, vor allem auch in den Situationen, wo unsere neuen Fünftkläßler bisher vor ihrer Klasse und in den Fluren bedrängt wurden.«

Altersübergreifende Arbeitsgemeinschaften haben den Vorteil, fachliches und soziales Lernen in relativ offenen Unterrichtssituationen zu entfalten. Während viele Lehrkräfte ihren »normalen« Fachunterricht eher stofforientiert auf Wissensvermittlung ausrichten, nutzen sie die Gestaltungsmöglichkeiten in Arbeitsgemeinschaften, um außerschulische Lernorte aufzusuchen, die Interessen der teilnehmenden Schüler/innen stärker zu berücksichtigen und Spaß am Lernen zu vermitteln. Eine altersheterogene Zusammensetzung der Teilnehmenden hat darüber hinaus noch den Vorteil, daß z. B. die älteren Schüler/innen von der Spontaneität der jüngeren Schüler/innen angesteckt werden und die jüngeren viel von der stärker systematischen Vorgehensweise der älteren profitieren.

»Während die Schüler/innen aus der zwölften Klasse bei einer Exkursion in ein Feuchtgebiet erst einmal die Bestimmungsbücher wälzten und ihr Vorgehen berieten, erschien es mir so, als setzten sie den klassischen Schulunterricht auch noch in dieser Situation fort. Dagegen liefen die Schüler/innen der fünften bis siebten Klasse voller Entdeckungsfreude durch das Gelände und zeigten alle paar Augenblicke der restlichen Gruppe freudestrahlend ihre neuesten Fundstellen und Funde. Im Verlauf der nächsten Wochen waren die Großen immer wieder überrascht, wie schnell sich die Jüngsten z. B. in die Methoden der Gewässeranalyse ganz praktisch einarbeiteten.

152 Gegen Gewalt in der Schule

Natürlich konnten die Unterstufenschüler/innen die den Meßver-
fahren zugrundeliegenden chemischen und physikalischen Gesetze
noch nicht verstehen, jedoch verstanden sie es erstaunlich gut, die
Geräte im »learning by doing« fachgerecht zu gebrauchen und arbeiteten bald ebenso präzise wie die ›alten Hasen‹«, berichtet ein Biolo-
gielehrer von seiner jahrelangen Erfahrung mit einer Biologie-Ar-
beitsgemeinschaft, die ein lokales Umweltproblem bearbeitete –
letztlich bis hin zu kommunalpolitischen Entscheidungen. (vgl. Lernort Biotope 1992)
Ähnlich positive Erfahrungen zeigen *Arbeitsgemeinschaften bzw.*
Patenschaften, die zwischen Schüler/innen und z.B. Krankenhäu-
sern oder Altenheimen regelmäßige Kontakte herstellen. Nach ersten
vorsichtigen Schritten, die noch von Unsicherheiten – auch seitens
der Lehrkräfte – geprägt sind, sind Schüler/innen von ihren Besuchen im Altenheim oder im Krankenhaus besonders dann betroffen,
wenn sie mit den Kranken und Alten haben sprechen können. Mehrfach haben uns Lehrer/innen berichtet, wie aus ersten Kontakten, die
als freundliche Hilfe für die Kranken und Alten gedacht war, wichtige zwischenmenschliche Beziehungen zwischen den Generationen
entstanden. Sorgen, in Bezug auf Schüler/innen, die im Unterricht
durch ihr störendes Verhalten auffielen, lösten sich oft überraschend
auf, weil die Kinder und Jugendlichen auf jemanden trafen, der sie
mit seiner Situation betroffen machte. Außerdem zeigte sich recht
bald, daß die älteren Menschen z.B. spannende Geschichten aus ihrem Leben erzählen konnten oder einfach durch ihre authentische
Art und Bereitschaft, sich mit den Schüler/innen auseinanderzusetzen, überzeugten.
In Hamm und Dortmund hat sich inzwischen eine institutionalisier-
te Form entwickelt: Die Gruppe »ZWAR« (zwischen Alter und Ru-
hestand) organisiert und vermittelt vielfältige Kontakte sowie wechselseitigen Austausch und Hilfe zwischen älteren Menschen und
Schüler/innen. Das bedeutet, daß ältere Menschen z.B. nicht nur besucht werden, sondern auch in die Schule zu den Lernenden und in
den Unterricht kommen.

Was Eltern und Lehrkräfte tun können

Einander helfen zu lernen, will geübt sein – und dazu haben wir vier Bereiche vorgestellt, in denen die Hilfsbereitschaft und -fähigkeit gefördert werden:

1. Offener Unterricht und Freiarbeit
2. Lernen in Sinnzusammenhängen durch koordinierte Unterrichtsinhalte verschiedener Fächer
3. Klassenrat und soziale Verträge
4. Patenschaften und alters übergreifende Arbeitsgemeinschaften.

Diese Reihenfolge besagt natürlich nicht, daß diese vier Elemente zwangsläufig aufeinander aufbauen. Vielmehr handelt es sich um zwei bzw. drei stärker im unterrichtlichen Bereich verankerte Elemente, während Patenschaften und Klassenrat eher auf die Pflege und Qualität des Schullebens abzielen.

Gemeinsam ist dabei: Einander zu helfen, für andere Verantwortung zu übernehmen, in einer Lerngruppe gemeinsam Regeln des Miteinander zu erproben. Die Beispiele verweisen auf verschiedene Anknüpfungspunkte, diese Aspekte des Sozialen Lernens in Unterricht und Schulleben zu integrieren. In allen Fällen sollten Eltern wie Lehrkräfte viel Wert auf die echte Beteiligung der Schüler/innen legen. Darüber hinaus können Eltern unterstützen, offene Unterrichtsformen zu entwickeln, indem sie ihren Kindern und Jugendlichen z.B. helfen, verschiedene Materialien und Eindrücke zu Unterrichsthemen zu sammeln. Besonders in den Grundschulen helfen Eltern z. T. auch, Materialien herzustellen.

Viele Lehrkräfte trauen sich oft mit dem Verweis auf die Leistungserwartungen von Eltern nicht, Unterricht offener zu gestalten. Hier können erfahrene Lehrkräfte aus anderen Schulen helfen, Ängste abzubauen und Einstiegsmöglichkeiten vermitteln. In vielen Bundesländern gibt es z.B. Lernwerkstätten und Kollegien, die ihr Schulprofil an Ideen und Beispielen der Reformpädagogik u.a. Peter Petersens (Schulgemeinschaft) und des Paolo Freire orientieren und Interessierten Hinweise und Anregungen vermitteln können.

154   Gegen Gewalt in der Schule

Soziale Verträge auszuhandeln und Konflikte durch gegenseitige Hilfe zu bewältigen, kann in Rollenspielen für den Ernstfall geübt werden (vgl. auch »Konflikte gewaltfrei regeln«). Wer sich als Lehrkraft nicht an solche Übungsformen herantraut, findet Hilfe bei außerschulischen Partnern wie z. B. Erziehungsberatungsstellen, Jugend- und Sozialpädagog/innen in Jugendeinrichtungen, schulpsy- chologischen Diensten und bei Einrichtungen der Erwachsenenbildung im Bereich der Familienbildung. Eltern können ihre erzieherische Verantwortung sehr wohl nutzen, um z. b. auf Hinweise über Gewalt und mangelnde Hilfsbereitschaft unter den Schüler/innen einzugehen, indem sie solche Themen in den Klassenpflegschaften, in der Schulpflegschaft oder in der Schulkonferenz auf die Tagesordnung setzen. Aus Erfahrungsberichten geht immer wieder hervor, daß aus der Sicht der Schüler/innen die Lehrkräfte und die Eltern frühzeitiger als Gesprächspartner sich anbieten könnten. Kinder und Jugendliche brauchen das Vertrauen, sich auch an Erwachsene wenden zu können, wenn sie Sorgen und Nöte spüren. Es lohnt daher, das Lernklima in der Schule sorgfältig zu beobachten und gemeinsam zu pflegen. Das bedeutet, eben nicht zu warten, bis Gewalt unübersehbar geworden ist, sondern eine Atmosphäre zu entwickeln, in der Erziehungsberechtigte und Lehrkräfte gemeinsam mit den Schüler/innen wissen, ob und wie das »Helfer-System« an ihrer Schule ganz praktisch funktioniert.

Literatur

Agressivität und Gewalt. Herausforderung für die Grundschule, Arbeitskreis Grundschule Hrg.), Frankfurt/Main 1995 (Schloßstr. 29, 60486 Frankfurt)

Dobbelstein-Osthoff, Peter: Just Community – basisdemokratische Spielwiese oder Chance zur Demokratisierung. In: Werteerziehung – aber wie? Landesinstitut (Hrg.), Soest 1993, S. 97–113

Ernst, Karin; Wedekind, Hartmut (Hrg.): Lernwerkstätten in der Bundesrepublik Deutschland und Österreich. Eine Dokumentation, Frankfurt/Main: Arbeitskreis Grundschule e. V. 1993

Freiarbeit in der Sekundarstufe I. Landesinstitut für Schule und Weiterbildung (Hrg.), Soest 1993, 3. Auflage

Hielscher, Hans: Spielen mit Eltern. Eltern aktivieren – mit Eltern spielen. Heinsberg: Agentur Dieck 1984

Hurrelmann, K./Palentien Ch./Wilken, W. (Hrsg.): Anti-Gewalt-Report, Handeln gegen Aggressionen in Familie, Schule und Freizeit, Weinheim u. Basel: Beltz 1995

Huschke, Peter; Mangelsdorf, Marc: Wochenplanunterricht. Praktische Ansätze zu innerer Differenzierung, zum selbständigen Lernen und zur Mitgestaltung des Unterrichts durch die Schüler, Weinheim u. Basel: Beltz 1988, Reihe: Beltz Praxis

Jürgens, Eiko (Hrg.): Erprobte Wochenplan- und Freiarbeits-Ideen in der Sekundarstufe I. Praxisberichte über effektives Lernen im Offenen Unterricht, Heinsberg: Agentur Dieck 1994

Klaßen, Theodor F; Skiera, Ehrenhard; Wächter, Bernd (Hrg.): Handbuch der reformpädagogischen und alternativen Schulen in Europa. Baltmannsweiler: Päd. Verlag Burgbücherei Schneider 1990 – mit vielen Schulportraits

Komm, wir essen zusammen. Essen mit Kindern ganzheitlich erleben. Bausteine eines Unterrichtsprojekts in den Klassen der Fachschule für Sozialpädagogik, Gewerbliche Schulen V, Dortmund 1991

Lernort Biotope. Vom Schrottplatz zum Feuchtgebiet. Beiträge zur Gestaltung des Schullebens und Öffnung von Schule, Landesinstitut für Schule und Weiterbildung (Hrg.), Soest 1992

Loch, Waltraud: Kindern gewaltfrei begegnen. Beratung: Hilfe beim Abbau von Gewalt, in: Pädagogik 1993, Heft 3, S. 14–16. Beschreibt praktische Prinzipien, die sich wechselseitig ergänzen.

Scherhag, Willi: Wir bauen unsere Schule um. Eine Schule entwickelt Profil, in: Von Biotopen, Berufsbasaren, Begegnungen mit der Nachbarschaft u. a. Anregungen und Beiträge zur Gestaltung des Schullebens und Öffnung von Schule. Landesinstitut für Schule und Weiterbildung (Hrg.), Soest 1992, S. 27–44. Ein Praxisbeispiel einer Sonderschule für Lernbehinderte

Tiemann, H.-P.: Kindgemäß und sachangemessen. Ansätze ganzheitlichen Lernens im Fächerverbund, in: Von Biotopen, Berufsbasaren … Soest, 1992, S. 45–56. Ein Beispiel aus dem Gymnasium

Wallrabenstein, Wulf: Offene Schule – offener Unterricht. Ratgeber für Eltern und Lehrer, Reinbek: Rowohlt 1991, rororo-Sachbuch 8752 – mit vielen Materialnachweisen und Adressen

Zeitschrift Grundschule. Themenheft Umgang mit Aggressionen, 1994, Heft 10

Norbert Rixius

Mit rechten Sprüchen, Minderheitenfeindlichkeit und Provokationen umgehen

In einer Reihe von Praxisberichten und Umfragen heißt es durchgängig: Der Umgangston zwischen den Schüler/innen, aber auch gegenüber den Lehrkräften ist rauher geworden. Beleidigungen, Diskriminierungen, Beschimpfungen und Obszönitäten scheinen fast gang und gäbe zu sein. ›Starke‹ Sprüche und verbale Provokationen werden oft zum Anlaß für handfeste Schlägereien unter Kindern und Jugendlichen genommen. Lehrkräfte fühlten sich ausgetestet, so als wollten Schüler/innen mit ihren verbalen Attacken herausfinden, wo und wie Grenzen gesetzt würden. Demgegenüber äußern Schüler/innen in Befragungen und Diskussionen, daß auch Lehrkräfte zum Teil erniedrigende und diskriminierende Kommentare gebrauchten. Insbesondere würden Sympathie und Ablehnung über die Leistungsbewertung transportiert; diese erzeugen jedoch Gefühle von Machtlosigkeit, Minderwertigkeit und Verletztsein.
Es leuchtet ein, daß weder Schüler/innen noch Lehrkräfte sich wohlfühlen, wenn sie vor einer Gruppe bloßgestellt oder lächerlich gemacht werden. ›Coole‹ Sprüche erscheinen in diesen Situationen als ein Mittel, die eigene Verletzbarkeit nicht erkennen zu lassen und Anerkennung in der Gruppe zu finden oder zu zeigen, daß ›ich mir nichts gefallen lasse‹. Mehr und mehr wachsen Zweifel am Sinn und der Wirkungsweise schulischer Sanktionsmittel, besonders dann, wenn Schüler/innen beginnen, sich selbst als ›Störer‹ zu bezeichnen und daraus ihre ›Rolle‹ in der Klasse gewinnen. Im ungünstigen Fall entwickeln sich aus solcherlei Konfrontationen, die mit ständigen sprachlichen Provokationen und verschärften Schulordnungsmaßnahmen einhergehen, regelrechte Karrieren von Außenseitern. Am Ende solcher Machtkämpfe stehen jedoch Verluste, die eigentlich niemand wünschen kann: Schlechte Noten, gefährdete Abschlüsse

und soziale Ausgrenzung, behaftet womöglich mit dem Makel, als ›Störertyp‹ in einer anderen Schule wieder von vorn beginnen zu müssen. Den betroffenen Lehrkräften bleibt die Erfahrung, viel Zeit für einzelne Schüler/innen letztlich ohne pädagogischen Erfolg aufgewendet zu haben, auch menschlich und als Erziehende an Glaubwürdigkeit zu verlieren.

Im Vorfeld solcher Ergebnisse, die zwischen betroffenen Schüler/innen und Lehrkräften den Kontakt abbrechen, gibt es auch andere Formen von Sprachlosigkeit und mangelnder Verständigung.

Wie reagieren Lehrer/innen und Schüler/innen auf Beleidigungen und provokative Sprüche?

»Wenn jemand zu mir Schlampe sagt, würde ich mir das nicht gefallen lassen«, meinte Hülyn, Schülerin einer zehnten Hauptschulklasse. Bülent, neunte Klasse, hielt dagegen: »Das muß man nicht so eng sehen. ›Hurensohn‹ zu sagen, ist doch schon Gewohnheit hier.« Eine Umfrage in Nürnberg, an der sich 80 Schulen beteiligten, kam zu dem Ergebnis, daß darüber, was Gewalt für Kinder und Jugendliche bedeutet, keine Aussage gemacht werden könne. Offenbar liegt es in diesem Fall daran, daß in Nürnberg keine Schüler/innen befragt wurden. Was Lehrkräfte als Gewalt erleben, kann von Schüler/-innen sehr unterschiedlich wahrgenommen werden.

In der Hauptschule, aus der die beiden Zitate stammen, gaben viele Schüler/innen an, aggressiv geworden zu sein, »weil man schlimme Wörter (Hurensohn, Nutte) zu mir gesagt hat«. Bei einer Befragung an Recklinghausener Gymnasien antworteten 17 % der Kinder und Jugendlichen, sie hätten »sehr oft oder öfter gemeinsam mit mehreren anderen Mitschüler/innen verhöhnt oder geärgert.« Ein Drittel der Jungen und ein Fünftel der Mädchen nannten »Ärgern« als Grund, Mitschüler/innen zu schlagen. Während in Berlin die Hälfte der befragten Schüler/innen aus siebten und zehnten Klassen meinten, in den letzten zwei bis drei Jahren sei die Stimmung unter den

Schüler/innen feindseliger geworden, gaben in Hamburg zwei Drittel der 169 Schulen an, verbale Aggressionen hätten zugenommen. In der Berliner Schülerschaft gaben 43 % der Schüler/innen an, die Androhung von Gewalt habe zugenommen, die tätliche Gewalt stieg nach Ansicht von 32 %. Dagegen schätzen die Hälfte der Hamburger Schulen – d.h. der befragten Lehrkräfte, daß die Brutalität der Auseinandersetzungen zunehme.

Interessant sind in diesem Zusammenhang auch die Ergebnisse einer repräsentativen Studie aus Magdeburg, in der Jugendliche zwischen 12 und 18 Jahren an 60 Schulen im Herbst 1993 zur Gewalt befragt wurden. Auf die Frage: »Was verstehst Du persönlich unter Gewalt?« antworteten drei Viertel der Befragten, »jemanden mit Worten, Gesten oder Gebärden zu beschimpfen oder zu beleidigen«, erlebten sie persönlich *nicht* als Gewalt.

Tabelle 1: Was verstehst Du persönlich unter Gewalt? (Angaben in Prozent, nach Rangplätzen geordnet) (vgl. Claus/Herter 1994, S.11)

Rang	Gewaltformen	ist Gewalt	ist keine Gewalt
1	Jemanden mit einer Waffe oder einem waffenähnlichen Gegenstand zu töten oder zu verletzen	98,3	1,7
2	Jemandem mit körpereigenen Mitteln Schmerzen zuzufügen	97,9	2,1
3	Jemanden zu sexuellen Handlungen zu zwingen	97,4	2,6
4	Jemandem sein Eigentum wegzunehmen	54,7	45,3
5	Jemandem die Existenzgrundlagen zu entziehen, z.B. den Arbeitsplatz wegzunehmen	41,1	58,9

Rang	Gewaltformen	ist Gewalt	ist keine Gewalt
6	Gefühle anderer Menschen zu verletzen oder zu mißbrauchen	40,6	59,4
7	Jemanden mit Worten, Gesten oder Gebärden zu beschimpfen oder zu beleidigen	23,0	77,0
8	Jemanden durch Lärmen, Gestikulieren o.ä. zu belästigen oder zu behindern	22,1	77,9
9	Beziehungen zwischen Menschen, z.B. Freundschaften, Partnerschaften oder Gruppen, auseinanderzubringen	20,7	79,3

Im Strafgesetzbuch der Bundesrepublik wird der Gewaltbegriff zwar nicht expressis verbis definiert, steht aber sinngemäß in enger begrifflicher Nähe zum Tatbestand der »Nötigung« (§ 24). Davon ausgehend wird im Sachverzeichnis unter den Stichworten »Gewalt« und »Gewalttätigkeit« vor allem auf folgende Tatbestände verwiesen: Notstand (§§ 34 und 35), Hinderung in Ausübung staatsbürgerlicher Rechte (§ 107), Meuterei (§ 121), Nötigung zum Beischlaf (§ 177), Nötigung zu sexuellen Handlungen (§ 178), Zusammenrottung (§ 124, 125), Erpressung (§ 253) und Bedrohung von Menschen (§ 125).

Erste Schlußfolgerungen: Wie die beiden zitierten Schülermeinungen andeuteten, erlauben die verschiedenen Befragungsergebnisse keine eindeutige Aussage. Offenbar erlebt etwa ein Viertel der Jugendlichen Beleidigungen und provokative Sprüche als Gewalt. Erwachsene dagegen empfinden den Umgangston unter Kindern und Jugendlichen viel häufiger als gewaltbesetzt. Gerade diese unterschiedlichen Wertungen können jedoch Mißverständnisse einerseits zwischen Jugendlichen und andererseits zwischen Lehrkräften und Schüler/innen erzeugen. Äußerungen, die die einen als verletzende Anmache wahrnehmen, können andere als ›normal‹ empfinden. So wird nachvollziehbar, daß die beteiligten Jugendlichen und Erwachsenen unsicher auf Provokationen und Beleidigungen reagieren. Denn in der jeweiligen Situation müssen die Beteiligten herausfinden, was nun gerade gemeint ist. Nahezu gleichzeitig entstehen in der angesprochenen Person Gefühle, die die individuelle Reaktion direkt beeinflussen. Außerdem schätzen wir unsere eigenen Handlungsmöglichkeiten und die des Gegenübers ab, bevor wir mit Worten und Taten antworten – und dies geschieht zumeist in Sekunden-Bruchteilen. *Bevor wir für unser Gegenüber erkennbar reagieren, versuchen wir, die Provokation zu deuten, d. h., etwa folgende Fragen zu beantworten:*

1. *Welche Botschaft steckt in dem, was gerade gesagt wurde?*
2. *War das ernst gemeint, ein – wenn auch überzogener – Scherz, ein Test?*
3. *Kommt die Provokation aus »heiterem Himmel‹ oder spitzt sich gerade etwas zu?*
4. *Gilt der ›starke Spruch‹ mir als Mensch, meiner Rolle oder der Gruppe?*

Ärger, Wut und Suche nach Anerkennung nennen Jugendliche häufig als Motiv für verbale Gewalt. Sowohl in der Berliner als auch in der Magdeburger Befragung wurden Frustrationen in der Schule, zu Hause oder mit Gleichaltrigen am häufigsten als Auslöser genannt. Ähnlich häufig meinten die Schüler/innen, es ginge bei Provokationen darum, sich anderen beweisen zu wollen, anzugeben oder die Aufmerksamkeit auf sich zu lenken. Rechte Sprüche und sexistische Beleidigungen versprechen einen hohen provozierenden Effekt, sie schockieren insbesondere Erwachsene stark und fordern zu deutlichen Reaktionen heraus.

Ignorieren, Grenzen setzen, sich auf verbale Auseinandersetzungen einlassen, sind drei Reaktionsformen, die wir häufiger beobachten. Aber 80 % der Schüler/innen in der Recklinghausener Befragung an Gymnasien meinten, daß »Lehrer gar nicht wissen, was zwischen den Schülern wirklich geschieht«. Auch aus anderen Erfahrungsberichten wird immer wieder deutlich, daß Kinder und Jugendliche wissen wollen, ob die Erwachsenen als Menschen oder aus ihrer Rolle, z.B. als Lehrer, Grenzen setzen. Zielt die jeweilige Attacke auf anwesende Personen, geht es sicher darum, die Beziehung zwischen den Beteiligten zu bearbeiten. Werden generelle Behauptungen aufgestellt oder gesellschaftliche Gruppen angegriffen, geht es dem Provokateur um die Wirkung auf die gesamte Klasse oder seinen Anhang. Eltern und Lehrer/innen fühlen sich – zu Recht – individuell ganz unterschiedlich herausgefordert zu reagieren. Aus der Jugendarbeit mit rechten Szenen und den schulpraktischen Erfahrungen wissen wir, wie angebracht es häufig ist, möglichst gelassen auf Provokationen zu reagieren. Die erste Botschaft unserer Reaktion sollte deshalb lauten: »Ich will Dich erstnehmen und keinen bloßen Schlagabtausch auf dieser Ebene.« Dort, wo Sie sich persönlich getroffen oder verletzt fühlen, ist es wichtig und richtig, deutlich zu sagen: »Hier ist meine Grenze. Das kann ich für mich nicht akzeptieren und will ich mir nicht zumuten!«

Auch in (provozierenden) Behauptungen, die z.B. gängige Vorurteile über Asylsuchende, Minderheiten spiegeln oder Zweifel an den Greueltaten des Nationalsozialismus äußern, verpacken Jugendliche ihr Bedürfnis nach ernsthaften Auseinandersetzungen. Bevor eine argumentative Diskussion gelingt, brauchen Jugendliche das Vertrauen, daß ihr Gesprächspartner an ihnen wirklich interessiert ist. Welche »Gratwanderung«, aber auch, welches Engagement seitens der Erwachsenen gefordert werden, wollen wir anhand der folgenden Schilderung verdeutlichen:

»Heil Hitler« in der Rechtschreibstunde – Vom Umgang mit schwierigen Schülern

Auszug aus einem Beitrag von Thomas Jansen-Hochmuth in der Frankfurter Rundschau v. 06.01.1994:

»... Geplant war ein 6-Zeilen-Diktat. Heraus kam ein Lehrstück in Sachen Gewalt. Ich öffne die Tür – elf Gesichter in der hintersten

Ecke des Raumes, halb versteckt von tief hinuntergezogenen Base-
ballmützen der US-Marke signalisieren: Bleib draußen. Gewohntes
Bild? Nicht ganz. Zwei Schüler kommen nach vorn: »1,10 DM für
die Hefte.« Erstaunen bei mir, hatte ich das Geld nach wochenlan-
gem Anmahnen fast abgeschrieben. Ein Signal? Reue für die letzte
Stunde? Ein Angebot? Ich nehme an, der Magen entspannt sich,
gleichzeitig spüre ich die Wut der letzten Stunde in mir aufsteigen
und den Impuls: Mich kriegt ihr nicht, bis hier und nicht weiter!
Jetzt wird geklärt, dann gearbeitet!
Entschlossen, mit gespannter Aufmerksamkeit wende ich mich dem
Schüler zu, der in der vorigen Stunde die dickste Kugel geschoben
hat: »Was willst du noch in der Schule?« Dieser verdutzt, leicht auf-
geschreckt durch die ungewohnte Ansprache, schaut mich kurz an,
dann wandern seine Augen in die Gegend, so als gäbe es eine Ton-
störung zwischen Sender und Empfänger. »Guck mich an«, sage ich,
»was willst du in der Schule?« Der Kontakt wird deutlicher, die Augen treffen sich kurz, wenden sich ängstlich ab, so als hätte sie nie der
Spiegel eines vertrauten Blickes erreicht. Erst die dritte Aufforderung
sitzt. Seine Augen flackern unsicher – soviel Nähe ist schwer auszuhalten und dann noch der Lehrer.
»Von der Schule runter«, sagt Volker. »Dann steh auf und geh!« Volker bleibt sitzen. »Was ist?« »Den Abschluß«, sagt er, »brauche ich.«
Der Wortwechsel wird zu einem »Verhör«, bei dem es kein Entwei-
chen gibt. Flüchten oder standhalten, meine Augen beherrschen das
Feld. Nicht um Worte geht es, um Beziehung zwischen mir und den
Schülern. Die Spannung steigt, als ich den nächsten herausfordere:
»Was willst du noch hier? Willst du auch weg? Einen Abschluß? Was
willst du hier?« Auch dem letzten ist klargeworden, wie ernst es mir
ist. Ich kämpfe mit offenem Visier und fordere Offenheit jenseits der
Rollenmuster. Schließlich geht es um die Arbeit im Kurs, um ein
Stück Lebendigkeit in den eng gezogenen Grenzen eines dreistündi-
gen Faches.
Nun verschärfe ich: »Wieviel Lehrer habt ihr schon fertiggemacht?
Ihr verhaltet euch, als wäre alles völlig egal. Auf meinen Nerven

Mit rechten Sprüchen   163

trampelt ihr herum, als wären sie aus Gummi. Unausstehlich seid
ihr! Bis hier und nicht weiter!« Ich spüre, daß ich wütend geworden
bin, doch das betretene Schweigen ob meiner Wut währt nur kurz.
Dann kommt die Verteidigung: »Wir sind ja auch der letzte Dreck,
uns hört niemand zu.« Es folgt eine lange Litanei von Anklagen gegen Kollegen, mit denen sie Zoff hatten. Kernpunkt: »Keiner will
mit uns reden, wir sind abgeschrieben.« (…)
Meine Bemerkung »Ihr hört euch an wie die Opfer, stimmt das?«,
wird von einem einstimmigen Chor beantwortet: »Wir sind die Verlierer, die Opfer.« Natürlich wissen die Schüler um ihre eigene Tä-
terrolle, daß sie ständig Mist und Ärger produzieren, doch mit dem
Gefühl von Hoffnungslosigkeit im Rücken erliegen sie der für sie
schmerzlosen Variante: Schuld sind immer nur die anderen!
Das Diktat hat schon begonnen, doch nach dem zweiten Satz – der
Gedanke: Das kann so nicht stehenbleiben! Ich gebe mich nicht geschlagen! Ein Einfall kommt mir zu Hilfe, eine Geste, die Bundes-
präsident Heinemann Ostern 1968 als zentrales Redemittel einsetzte. Ich erläutere die angespannte Situation nach dem Attentat auf
Rudi Dutschke, wo Heinemann den folgenden Satz an die deutschen
Stammtische richtete: Wer mit dem Zeigefinger auf den oder die De-
monstranten zeigt, sollte nicht vergessen, daß drei Finger auf ihn selber gerichtet sind.
Verblüffend! Sofort setzt heftiges Experimentieren ein. Wir spielen
mit den Fingern. Elf Zeigefinger sind auf mich gerichtet, doch drei
Finger zeigen zurück, das paßt den Schülern nicht. Andreas verrenkt
seine Finger fast, verbiegt krampfhaft die drei Finger, um selber aus
der Schußlinie zu kommen. Wir lachen. Ich gehe mit und sage:
»Phantastisch, Andreas! Guck, daß dich nie ein Finger anschaut,
dein ganzes Leben lang. Guck nie auf dich selber.« Und dann Volker,
der stärkste Sparringspartner, dem die drei Finger am meisten stin-
ken, weil Selbstkritik nur Synonym für Schwäche ist: »Dann mache
ich die Finger lang!« Im selben Moment streckt er alle Finger nach
vorne, hebt die Hand und ruft – gefolgt von seinen Nachbarn – »Heil
Hitler!«

Atemlose Stille im Raum – zielsicher hat Volker wieder den Vogel abgeschossen und damit seine Stellung als besonders cool und einfallsreich unterstrichen. Ob »Heil Hitler« oder das gefüllte Kondom auf dem Pult der Lehrerin – beides die gleiche Masche, nichts falscher als das direkte »Einsteigen« auf derlei Provokation, würde sie erst dadurch das ihr ansonsten fehlende Gewicht erhalten und vielleicht erst dadurch einer Stigmatisierung von Jugendlichen zu Tätern Vorschub leisten.

Alle Finger nach vorn, keiner weist zurück. Volker hat das Heinemann-Konzept durchkreuzt, die coole Lösung mit gestreckten Fingern, notfalls mit Gewalt! Zufall? Nein, das beschädigte Selbst neigt zu »eindeutigen Lösungen«, die Sicherheit vermitteln. Angebote existieren bereits.

Nun bin ich dran. Um Volker mit seiner Erfindung nicht in die Ecke zu stellen und gleichzeitig nicht als Neutrum unkenntlich zu bleiben und dabei als Gegenüber zu verschwinden, flüchte ich mich in einen Sarkasmus: »Das ist es«, sage ich, »die Lösung, die blutige. Kein Blick zurück, keine Träne, immer drauf!« Meine Botschaft ist angekommen, nicht als Angriff, der neue Gräben zieht bzw. alte aufreißt, sondern als Signal, das einen Gegenpol zu Volkers Äußerung bildet. Die restlichen Sätze sind schnell diktiert, die Korrektur ohne Murren und die üblichen Faxen und – zur völligen Überraschung – die ungewohnt höfliche Frage: »Dürfen wir rausgehen?« Wer jemals mit schwierigen Schülern gearbeitet hat, weiß, wie diese Signale zu deuten sind. (…)«

Worauf Lehrer/innen und Eltern achten können – Erfahrungen und Anregungen aus der Praxis

Ähnlich wie Thomas Jansen-Hochmuth schildern auch andere ihre Erfahrungen, Kindern und Jugendlichen zu vermitteln, daß sie
– verstehen wollen, warum und wozu rechte Sprüche und sprachliche Provokationen gebraucht werden,

– aber nicht einverstanden sein können mit verbaler (und physischer) Gewalt, mit der Diskriminierung von Minderheiten, von Mädchen und Frauen.

Wenn Kinder und Jugendliche sich fremdenfeindlich äußern, nehmen sie für sich in Anspruch, eigene Gefühle der Benachteiligung in Konkurrenzsituationen damit zu beantworten, daß sie andere ebenfalls ausgrenzen. Menschen mit nichtdeutschem Paß wurden in den letzten Jahren vielfach als bedrohlich bezeichnet – vor allem in der politischen Diskussion. Indem immer wieder den in der Bundesrepublik lebenden Menschen mit ausländischer Nationalität Rechte abgesprochen oder verweigert wurden, stützten auch politisch agierende Prominente eine soziale Hackordnung, in der viele auf Kosten anderer ihr Selbstwertgefühl aufbessern konnten.

Bereits im Jahre 1980 belegte Klaus Sochatzki, daß 12–14jährige Jugendliche am anfälligsten für Parolen rechter Gruppen und Parteien waren. Besonders in der siebten bis neunten Jahrgangsstufe neigen Schüler/innen zu kritischer Distanz gegenüber den Lehrkräften und schulischen Leistungsforderungen. In dieser Phase der Pubertät wachsen einerseits die sozialen Orientierungsversuche der Jugendlichen, andererseits werden schulische Differenzierungsformen im Vergleich zur Unterstufe (5./6. Klasse) ausgeprägter. Wenn Schüler/innen etwa zwischen 12 und 15 Jahren bewußter erleben, daß ihr Ärger mit Eltern bzw. Gleichaltrigen im Fachunterricht keinen Platz findet, aber ihre Aufmerksamkeit im Unterricht beeinträchtigt, sind Konflikte mit Lehrkräften nahezu vorprogrammiert.

Der Versuch, den Unterricht auf das »rein Fachliche« zu beschränken, kann Jugendliche ungewollt dazu veranlassen, z.B. mit sprachlichen Mitteln die Aufmerksamkeit der Lehrkraft und der Mitschüler/innen auf sich zu lenken. Vor allem dann, wenn Schüler/innen (subjektiv) den Eindruck gewinnen, daß die unterrichtende Lehrkraft sich besonders den leistungsstarken Mitschüler/innen zuwendet, wächst die Gefahr, daß fachspezifisch schwächere sich zu wenig beachtet fühlen. Störendes und provozierendes Unterrichtsverhalten deutet daher auch auf Störungen in den Lehrer-Schüler-Beziehungen.

166 Gegen Gewalt in der Schule

Wenn – wie in dem Bericht von Thomas Jansen-Hochmuth – Lehrkräfte diese Botschaft nicht nur verstehen, sondern auch annehmen,
können sie offenbar eher die Störungen konstruktiv bearbeiten, als
wenn sie versuchen, mit Hilfe von Notengebung und Schulordnungsmaßnahmen Disziplin herzustellen. Solche Versuche beinhalten die Tendenz zu Machtkämpfen, wie wir sie eingangs des Kapitels
skizziert haben.
Die folgenden Beispiele zeigen, welche Möglichkeiten Lehrkräfte
entwickelt haben, um mit rechten Sprüchen, Minderheitenfeindlichkeit und sprachlichen Provokationen umzugehen.

Beispiel zu: Warum Begriffe wie »Hurensohn«/ »Nutte« beleidigend und nicht normal sind»

Eines Tages fiel es mir wie Schuppen von den Augen«, berichtet ein
Lehrer aus der Sekundarstufe, »daß ständig eine aufgeladene Stimmung in meiner Klasse herrschte. In den kurzen Pausen, wenn die
Fachlehrer/innen wechselten, flogen regelrecht die Fetzen. Die
Schüler/innen provozierten sich gegenseitig mit Schimpfwörtern
z. T. übelster Art und ließen weder minderheitenfeindliche noch sexistische Pöbeleien aus. Auch während des Unterrichts fielen schon
bei eher harmlosen kleinen Konflikten die drastischsten Kommentare, meistens mit der Folge, daß die Angegriffenen mit ähnlich harten
Sprüchen reagierten oder sich körperlich wehrten. Dieses Klima hat
sich in den letzten Jahren allmählich eingeschlichen, und ich habe
den Eindruck gewonnen, daß wir Lehrer/innen kaum oder gar nicht
darauf reagiert haben.
Ende letzten Jahres wurde mir dann schlagartig klar, wie aggressiv
die Stimmung in meiner achten Klasse inzwischen geworden war,
nachdem ich mir vor Augen führte, wie sich einzelne Schüler/innen
seit dem fünften Schuljahr bei uns entwicklt hatten. In einer solchen
Atmosphäre wollte ich nicht länger unterrichten, zumal ich mir ganz
sicher war, daß die oft von seiten der Schüler/innen gezeigte »cool-

ness« niemanden mehr überzeugen konnte. Um nicht als einzelner etwas daran zu ändern, versuchte ich, in der Lehrerkonferenz Bündnispartner zu gewinnen für den Vorschlag, ein Zeichen zu setzen. Da lediglich zwei Kolleginnen bereit waren »mitzuziehen«, riskierte ich es, als Klassenlehrer den Anfang zu machen.

In der nächsten Deutschstunde konfrontierte ich meine Schüler/innen mit meiner Wahrnehmung. Anhand verschiedener Beispiele verdeutlichte ich, warum ich das Klassenklima unverträglich fand. »Mit solchen Beleidigungen drückt ihr eine Mißachtung der anderen aus. So möchte ich auf keinen Fall behandelt werden und an Euren Reaktionen nehme ich war, wie sehr jede/r von Euch sich verletzt fühlt. Vielleicht haben wir Lehrer, mich eingeschlossen, viel zu lange weggesehen, aber was bliebe von unserer Selbstachtung, wenn wir weiter so miteinander umgehen? Ich will unbedingt einen Ausweg aus dieser Spirale der Gewalt mit Euch finden!«

Offenbar waren meine Schüler/innen überrascht, weil – wie sie später sagten – noch kein Lehrer so persönlich Stellung genommen hatte. Besonders betroffen reagierten einige Schüler/innen, die ich gezielt gefragt hatte: »Wie fühlst Du Dich denn, wenn Du mit den gleichen Begriffen ›angemacht‹ würdest, die Du letztens Deinen Nachbarn an den Kopf geworfen hast?« Eine der Antworten verdeutlichte denn auch die fatalen Folgen, nach dem Motto ›Auge um Auge, Zahn um Zahn‹ zu reagieren. »Wir können es nur gemeinsam schaffen, uns das abzugewöhnen, wenn wir eine Regel vereinbaren, was passiert bei Beleidigungen,« lautete das Fazit der Schüler/innen. Wir einigten uns schließlich auf eine schriftliche Entschuldigung, die nicht nur an den Beleidigten, sondern auch an die Eltern beider Konfliktpartner gehen sollte. Diese Entschuldigung akzeptierten die Eltern auf der anschließenden Klassenpflegschaftssitzung als Information ›im Falle eines Falles‹ und versprachen der Klasse, die schriftliche Entschuldigung als Wiedergutmachung zu akzeptieren. In den nächsten zwei Wochen entspannte sich das Klima von Tag zu Tag und dieser spürbare Effekt motivierte meine Schüler/innen, sich an die Regel zu halten.«

Den Wunsch der Schüler/innen, andere Formen zu finden und zu üben, um Wut und Ärger auszudrücken, griff der Deutschlehrer auf und ließ die Schüler/innen ihre Erfahrungen mit aggressiven Gefühlen exemplarisch aufschreiben. In Kleingrupen erarbeiteten sie gemeinsam Lösungswege für die beschriebenen Konflikte und testeten in Rollenspielen, ob sie die vorgeschlagenen Lösungen praktisch umsetzen können.

Beispiele zu: Was ist typisch deutsch? – Mit Vorurteilen umgehen lernen.

In einem Projekt »*Jugend informiert Jugend*«, das eine Gruppe Auszubildender aus dem drucktechnischen Gewerbe mit Unterstützung des Essener Jugendamtes durchführte, sammelten die Jugendlichen viele Begriffe aus unserem täglichen Leben. Von A wie Ananas bis Z wie Zwiebelsuppe fanden sie eine Fülle von Begriffen für Lebensmittel, Musiksparten, Rohstoffe, Sportarten und Medien. Besonders eindrucksvoll ist den Jugendlichen ein Plakat gelungen, das mit Hilfe von weit über hundert Begriffen veranschaulicht, wie reichhaltig unser Alltag durch Wörter aus vielen Kulturen geworden ist. (s. S. 170) Sie wollten ihre eigene Altersgruppe mit sachlichen Argumenten aufklären, befragten Ausländer und Deutsche und holten sich Rat bei Experten. So fanden sie heraus, daß viele Menschen Angst vor Benachteiligungen empfinden und Fremden gegenüber Vorurteile äußern. Ihre Erkenntnisse haben die Auszubildenden in Plakaten umgesetzt und beispielsweise veranschaulicht, daß in Europa weltweit die wenigsten Flüchtlinge registriert werden.
»*Asylsuchende in Dortmund*« lautet der Titel eines Projektes, das an einer Dortmunder Gesamtschule in einer sechsten Klasse durchgeführt wurde, nachdem im November 1991 die Pogrome in Hoyerswerda und in Hünxe Schlagzeilen in der Presse machten. Die Schüler/innen brachten Zeitungsausschnitte in den Unterricht, woran sich eine heftige Diskussion über »die Asylanten« entzündete. Dabei

stellten sie bald fest, daß sie ohne zusätzliche Informationen nicht entscheiden und beurteilen konnten, welche der Meinungen wirklich zutrafen und welche nicht. Einige Schüler/innen hatten schon einmal eine Sammelunterkunft für Flüchtlinge besucht und waren von den Wohnverhältnissen der dort lebenden Kinder so betroffen, daß sie spontan Spielzeug sammeln wollten. Im Laufe eines halben Jahres befragten sie mit Hilfe ihrer Lehrerin u. a. Mitarbeiter im Sozialamt, bei der Caritas, einen Rechtsanwalt und besuchten eine Sammelunterkunft für Flüchtlinge. Außerdem sammelten sie Informationen über die Lebensbedingungen von Asylsuchenden und setzten sich mit gängigen Vorurteilen wie z. B. über die Arbeitsplatzchancen und die Höhe der Sozialhilfe auseinander. Ihre Erkenntnisse und Erlebnisse dokumentierten sie in einer Ausstellung mit Plakaten, die sie in ihrer Schule aufhängten. (vgl. S. 171–174)

Ganz wichtige Medien stellten Cassetten- und Video-Recorder dar, weil die Schüler/innen nach den Besuchen vor Ort anhand der Aufzeichnungen viele Details wiederentdeckten, die ihnen nach den Interviews z. T. entfallen waren.

Fremdenfeindlichkeit in der Bundesrepublik nannten Lehrkräfte der Hubertus-Schwartz-Schule, einer kaufmännischen Schule im Kreis Soest, eine Veranstaltungsreihe mit Politikern und Bürgerrechtler/innen. Angeregt durch eine Anfrage eines CDU-Bundestagsabgeordneten, bereiteten sich bis zu 150 Schüler/innen verschiedener Klassen im Rahmen ihres Politik-Unterrichts auf mehrere Diskussionen vor, die zwischen Ende 1991 und Ende 1993 stattfanden. Anläßlich des Brandanschlags in Solingen befragte die Schüler-Vertretung mit Unterstützung der Verbindungslehrkräfte und der Schulleitung rund 1000 Schüler/innen zur Fremdenfeindlichkeit in der Bundesrepublik Deutschland. Bemerkenswert an diesen Aktivitäten ist sicher, daß sie diversen Klassen einer berufsbildenden Schule den »hautnahen« Kontakt und kritische Diskussionen mit Politikern und Bürgerrechtler/innen aus den USA, Südafrika und der Bundesrepublik ermöglichten. Zu diesem Zweck haben mehrere Lehrer/innen der berufsbildenden Schule ihren (Politik-)Unterricht

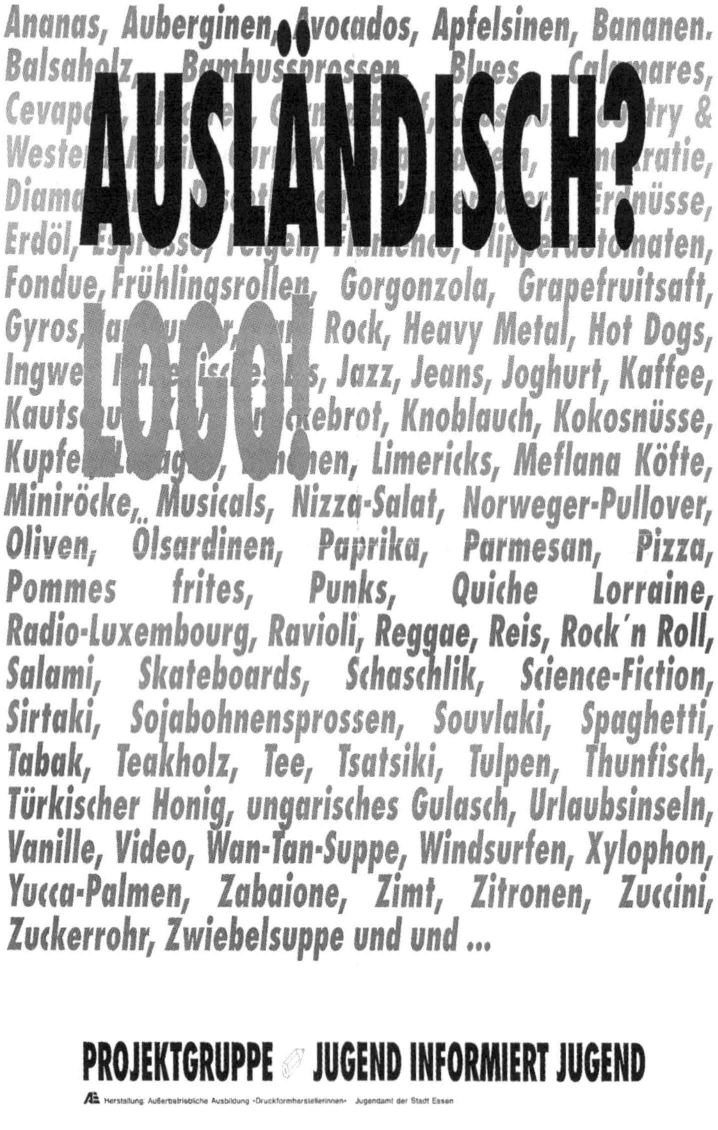

170 Gegen Gewalt in der Schule

Ananas, Auberginen, Avocados, Apfelsinen, Bananen.
Balsaholz, Bambussprossen, Blues, Calmares,
Cevap... ...try &
Weste... ...ratie,
Diama... ...rdnüsse,
Erdöl, ...tomaten,
Fondue, Frühlingsrollen, Gorgonzola, Grapefruitsaft,
Gyros, ... Rock, Heavy Metal, Hot Dogs,
Ingwe... ...s, Jazz, Jeans, Joghurt, Kaffee,
Kauts... ...ckebrot, Knoblauch, Kokosnüsse,
Kupfe... ...en, Limericks, Meflana Köfte,
Miniröcke, Musicals, Nizza-Salat, Norweger-Pullover,
Oliven, Ölsardinen, Paprika, Parmesan, Pizza,
Pommes   frites,   Punks,   Quiche   Lorraine,
Radio-Luxembourg, Ravioli, Reggae, Reis, Rock´n Roll,
Salami, Skateboards, Schaschlik, Science-Fiction,
Sirtaki, Sojabohnensprossen, Souvlaki, Spaghetti,
Tabak, Teakholz, Tee, Tsatsiki, Tulpen, Thunfisch,
Türkischer Honig, ungarisches Gulasch, Urlaubsinseln,
Vanille, Video, Wan-Tan-Suppe, Windsurfen, Xylophon,
Yucca-Palmen, Zabaione, Zimt, Zitronen, Zuccini,
Zuckerrohr, Zwiebelsuppe und und ...

AUSLÄNDISCH?

LOGO!

PROJEKTGRUPPE ✎ **JUGEND INFORMIERT JUGEND**

AE Herstellung: Außerbetriebliche Ausbildung «Druckformherstellerinnen» Jugendamt der Stadt Essen

Abb. 13 Plakat

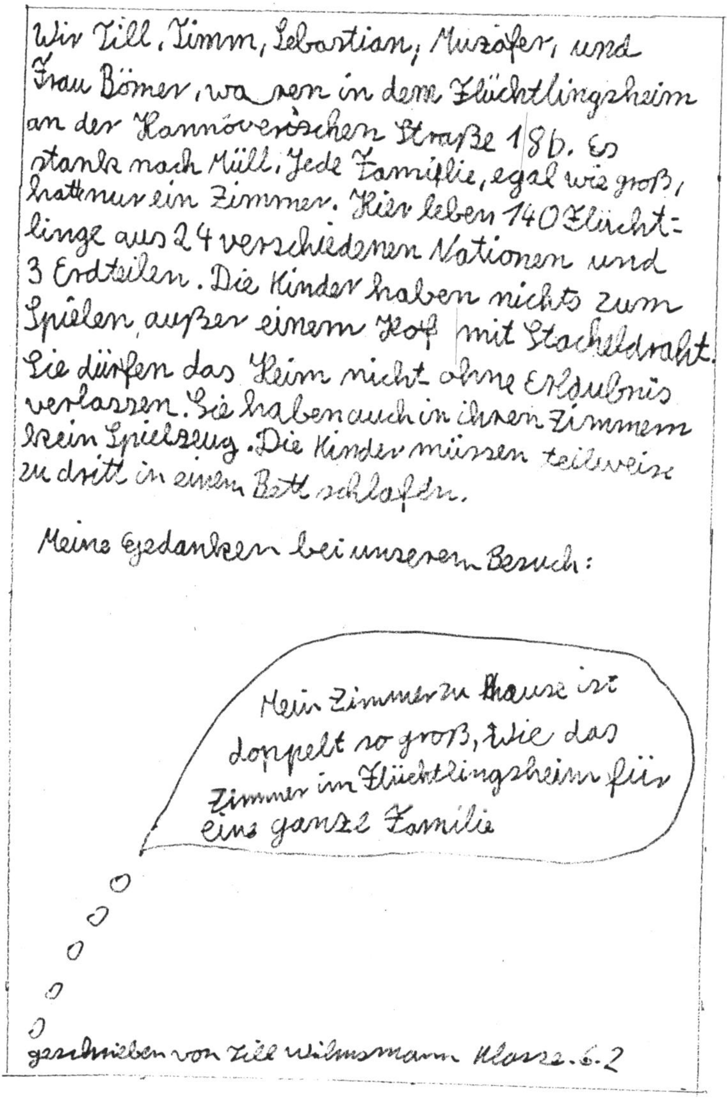

Wir Till, Timm, Sebastian, Muzafer, und Frau Römer, waren in dem Flüchtlingsheim an der Hannöverischen Straße 18b. Es stank nach Müll. Jede Familie, egal wie groß, hatte nur ein Zimmer. Hier leben 140 Flüchtlinge aus 24 verschiedenen Nationen und 3 Erdteilen. Die Kinder haben nichts zum Spielen, außer einem Hof mit Stacheldraht. Sie dürfen das Heim nicht ohne Erlaubnis verlassen. Sie haben auch in ihren Zimmern kein Spielzeug. Die Kinder müssen teilweise zu dritt in einem Bett schlafen.

Meine Gedanken bei unserem Besuch:

Mein Zimmer zu Hause ist doppelt so groß, wie das Zimmer im Flüchtlingsheim für eine ganze Familie

geschrieben von Till Wilmsmann Klasse 6.2

Abb. 14 Schülerbericht

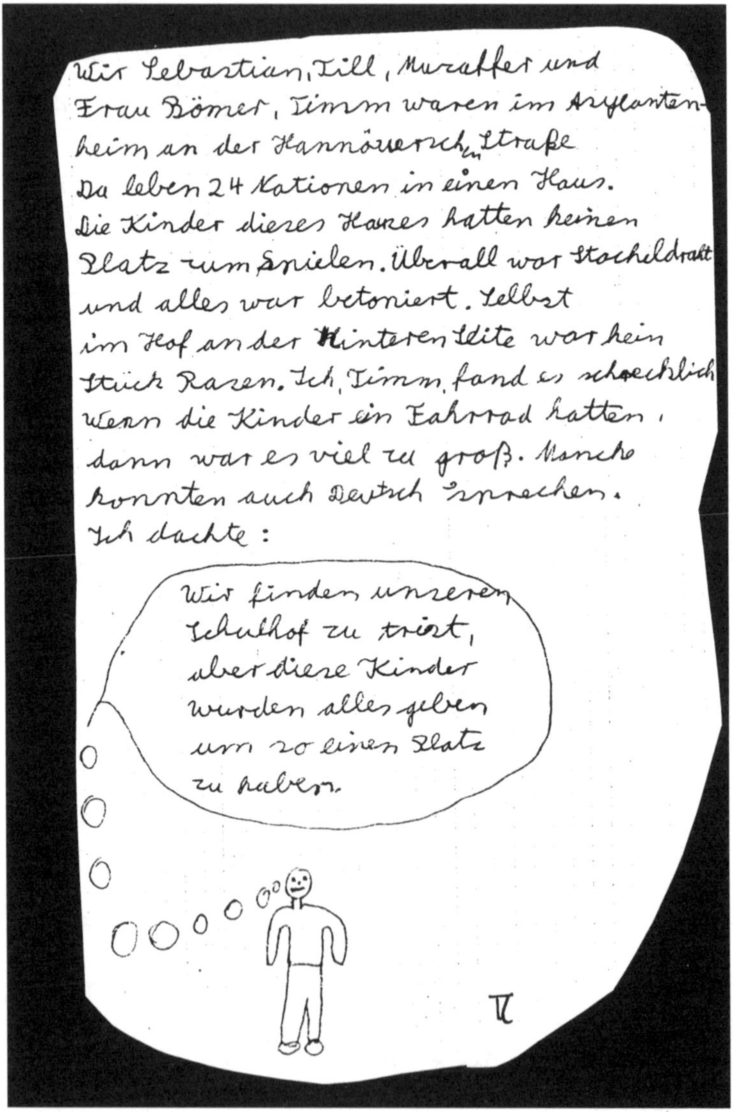
Wir Sebastian, Till, Muzaffer und
Frau Bömer, Timm waren im Asylanten-
heim an der Hannöverschen Straße
Da leben 24 Nationen in einen Haus.
Die Kinder dieses Hauses hatten keinen
Platz zum Spielen. Überall war Stacheldraht
und alles war betoniert. Selbst
im Hof an der Hinteren Seite war kein
Stück Rasen. Ich, Timm, fand es schrecklich
wenn die Kinder ein Fahrrad hatten,
dann war es viel zu groß. Manche
konnten auch Deutsch sprechen.
Ich dachte:

Wir finden unseren
Schulhof zu trist,
aber diese Kinder
wurden alles geben
um so einen Platz
zu haben.

T

Abb. 15 Schülerbericht

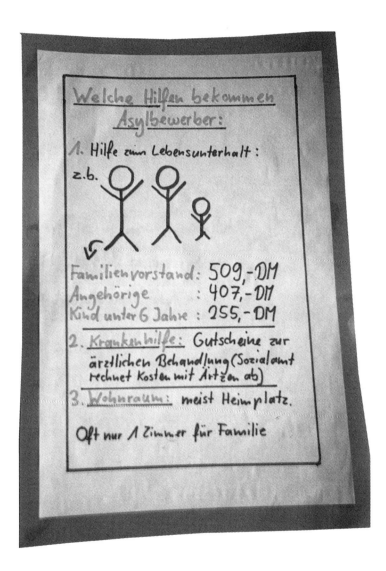

Abb. 16

174 Gegen Gewalt in der Schule

Abb. 17

koordiniert und die Schüler/innen unterstützt, ihre Meinungen zu artikulieren.

»*Unlearning stereotypes*«, zu deutsch: Vorurteile verlernen, heißt der Titel eines Konzepts in den USA, das von der »New York Civil Rights Coalition« entwickelt wurde, um in New Yorker Schulen mit Jugendlichen über ihre Abneigung – bisweilen auch ihren Haß – gegen Fremde zu verhandeln. Ziel des Programms, an dem auch diskriminierte Betroffene mitarbeiten, ist es nicht festzulegen, was man sagen darf und was nicht. Vielmehr sollen die Jugendlichen aussprechen können, was die denken. Der Widerspruch der Mitschüler/innen, Nachfragen der Lehrkräfte und die manchmal mutige, kreative und engagierte Konfrontation mit anderen Ansichten entscheiden, ob Vorurteile ins Wanken geraten. So behauptete etwa ein Schüler in einer Stunde zum Antisemitismus, Juden würden zu große Autos fahren. Die Frage des Lehrers, ob denn alle großen Autos von Juden gefahren würden, konterte ein Schüler mit der Gegenfrage, ob der Lehrer wohl auch Jude sei. Dieser reagierte schlagfertig: »Da müßte ich glatt mein Auto mal nachmessen ...« Nach einem Bericht der Wochenzeitung »Die Zeit« vom 04.03.1994 beteiligen sich über dreißig öffentliche Schulen in New York an diesem Experiment, das den Namen »The Civil Rights und Race Relations Project« trägt. Auch in der Bundesrepublik gibt es inzwischen diverse Projekte von engagierten Menschen in und außerhalb der Schulen. So erhielt die AG SOS-Rassismus kürzlich eine Auszcichnung für ihr Projekthandbuch »Gewalt und Rassismus«, in dem u.a. eine Reihe praktischer Aktionen beschrieben werden, wie Erwachsene und Jugendliche sich einmischen können.

Beispiele zu: Die Lebenswelt von Kindern und Jugendlichen im Unterricht behandeln

Stadterkundungen/Stadtspiele bieten vielfältige Möglichkeiten, z. B. in den Fächern Deutsch, Geschichte, Gesellschaftslehre, Religion und Fremdsprachen, die Lebenswelt von Schülerinnen und Schülern im Unterricht zu behandeln. Aus einer Reihe von Praxisbeispielen wird deutlich, daß die Themenbereiche Wohnen, Verkehr, Freizeit, Menschen und Arbeitswelt zwischen Fachunterricht und realer Lebenswelt viele Anknüpfungspunkte bieten zur Aufarbeitung sozialer Erfahrungen von Kindern und Jugendlichen.

So können Eltern, ältere Menschen und das Stadtarchiv in Interviews und mit Hilfe von Fotos, Zeitungsberichten etc. verdeutlichen, wie sich die Lebensbedingungen von Kindern und Jugendlichen vor Ort im Laufe der letzten Generationen verändert haben. Solche Erkundungen vermitteln nicht nur neue soziale Erfahrungen und Kontakte, sondern auch Einsichten in geschichtliche Entwicklungsprozesse. Authentische Erfahrungen und einzelne Episoden, Ereignisse werden in den Schülergruppen ausgewertet und mit eigenen Erfahrungen und Meinungen verglichen. Kontroverse Standpunkte und Wertungen fordern Schülerinnen und Schüler heraus, wenn die Ergebnisse schulintern oder öffentlich zur Diskussion gestellt werden. Ein Stadtführer für Kinder oder Jugendliche ist ein Beispiel für Produkte, von denen viele – auch Eltern und Lehrer/innen – profitieren können. Auch Stadtteilzeitungen schaffen ein Forum, eine Plattform, über die Kinder und Jugendliche ihre Situation im Stadtbezirk anderen gegenüber verdeutlichen.

Konflikte thematisieren – sei es, daß Schülerinnen und Schüler sich aussprechen über das Verhalten von Jungen und Mädchen untereinander oder daß »Heiße Eisen« angefaßt werden wie z. B. der Umgang mit AIDS-Kranken, mit Schwächeren. Mit Hilfe von Passanten-/Schüler-Interviews und Recherchen bei Betroffenen, Selbsthilfeeinrichtungen oder Beratungsdiensten werden unterschiedliche Meinungen deutlich. »Was würden Sie tun, wenn Ihre

Tochter/Ihr Sohn Ihnen sagen würde, daß sie/er sich mit dem AIDS-Virus infiziert hat«, befragten Schüler/innen einer 9. Klasse Passanten im Rahmen eines Video-Projektes. Außerdem suchten sie eine Beratungsstelle von pro familia auf und machten sich bei Betroffenen kundig, wie diese mit ihrer Erkrankung umgehen.

Zwei andere Beispiele zeigen, wie Lehrkräfte *Erpressungsversuche im Umfeld der Schule bearbeiten*: Einer Grundschullehrerin hatten sich nacheinander mehrere Kinder anvertraut, daß sie von einem älteren Mitschüler auf dem Schulweg unter Druck gesetzt wurden, Süßigkeiten und Geld herauszugeben. In Absprache mit der Klassenlehrerin des betroffenen Schülers lud sie ihn in ihre Klasse ein und bat die betroffenen Kinder, ihre Ängste aber auch ihre Wut, ihr Verletztsein zu schildern. Überraschenderweise fing der Beschuldigte an zu weinen und gestand, daß auch er erpreßt würde, von Kindern, die nicht in diese Schule gingen. Mit den betroffenen Eltern, die von der ganzen Sache nichts wußten, wurden dann weitere Schritte verabredet, um die Kinder vor möglichen Drangsalierungen zu schützen. Einen ähnlichen Verlauf skizzieren Klaus Farin und Eberhard Seidel-Pielen: In einer weiterführenden Schule machte ein Geschichtslehrer die Jugendgangs, Aggressivität und Angst im Stadtteil zum Unterrichtsthema. Mit den Schüler/innen diskutierten u. a. Vertreter der Kriminalpolizei Verhaltensregeln im Bedrohungsfall. Mitarbeiter der Jugendgerichtshilfe informierten über die (juristischen) Folgen der Bandenkriminalität. Die Schüler/innen behandelten die Berichte der Betroffenen und die Täterbeschreibungen und setzten sich mit dem Problem auseinander, daß die Gangs einerseits Schüler/innen bedrohten, andererseits aber – wie sie sagten – gegen Skinheads und Neonazis vorgingen. Aus der unterrichtlichen Arbeit entstand eine kleine Broschüre, die nicht nur das Innenleben der Gangs beschrieb, sondern auch Empfehlungen für Bedrohungssituationen aus der Sicht der Schüler gab. »Nach wenigen Monaten entspannte sich nicht nur die Situation in der Klasse, sondern die Diskussion pflanzte sich auch in anderen Klassen fort.« (Farin/Seidel-Pielen 1993, S. 230).

Szenische Darstellungen sind eine Methode, mit der verschiedene (Lern-)Effekte erzielt werden können: Zum einen können Schüler/innen im Rollentausch bzw. durch die Übernahme bestimmter Rollen Konfliktsituationen durchspielen und Lösungsmöglichkeiten »ausprobieren«. Des weiteren können fiktionale Elemente wie die Verlagerung des realen Handlungsortes, z. B. in ein anderes Land, die Offenheit fördern, erlebte Konflikte zu behandeln. Es kann sich dabei um kleine Sketche oder Rollenspiel-Szenen handeln, die alltägliche Diskriminierungen oder Benachteiligungen spiegeln oder um ein komplettes Theaterstück wie z. B. »Kids, Drugs und Rock'n Roll«, in dem Schüler/innen einer Solinger Gesamtschule Konflikte zwischen Schülergruppen in eine erdachte Schule in der New Yorker Bronx verlegten. In diesem Spektrum von Beispielen können die Beteiligten Erfahrungen aus ihrer Lebenswelt bearbeiten – aber in einer experimentellen Form die Zuspitzungen, Ironisierungen, Karikaturen etc. ermöglicht und hinsichtlich der Folgen kalkulierbarer im Vergleich zu realen Konflikten bleibt.

Wesentliche Prinzipien und Effekte der skizzierten Beispiele

- Sprachliche Gewalt hat unterschiedliche soziale und psychische Ursachen. Ärger, Wut und die Suche nach Anerkennung spielen eine wichtige Rolle als Motive, die es zu verstehen gilt. Das heißt, sich auf die Lebenswelt und Sichtweisen von Kindern und Jugendlichen einzulassen.
- Verstehen, aber nicht einverstanden zu sein mit sprachlicher Gewalt bedeutet, den Umgangston und die Beziehungen zwischen den Schüler/innen sowie zwischen Lehrkräften und Schüler/innen zum Unterrichts- und Schulthema zu machen. Schüler/innen honorieren es, wenn Lehrkräfte auch als Mensch Stellung nehmen.
- Konflikte, die sich über sprachliche Gewalt ausdrücken, anzu-

nehmen und sich ernsthaft um konstruktive und möglichst gewaltfreie Lösungsmöglichkeiten zu bemühen, erfordert es, Schüler/innen an der Gestaltung von Unterricht stärker zu beteiligen, ihre Lebenswelt in den Unterricht einzubeziehen, neue soziale Erfahrungen zu ermöglichen und eine Streitkultur zu entwickeln. Als Folge solcher Bemühungen entspannt sich das Schul- und Lernklima.

- Außerschulische Personen und Institutionen können von sprachlicher Gewalt betroffen sein, aber auch ursächlich dazu beitragen. Sie einzubeziehen in die schulische Auseinandersetzung mit sprachlicher Gewalt, entspricht dem vorgenannten Leitgedanken und erweitert die Chance, über den Raum von Schule hinaus Effekte im Stadtteil, im schulischen Umfeld zu erzielen. Es entstehen (kleinere oder größere) Netzwerke mit vielfältigen zwischenmenschlichen Kontakten, die meistens im Verlauf mehrerer Monate dazu führen, daß Konfliktpotentiale im Gemeinwesen entschärft werden.

- Eine sinnvolle Methode, Einfühlungsvermögen und die Bereitschaft, sich auf andere Meinungen einzulassen, zu entwickeln, sind Rollenspiele, szenische Darstellungen sowie Befragungen und Interviews im Lebensumfeld der Schüler/-innen. Solche Formen bieten die Möglichkeit, realitätsnah sich mit Konflikten auseinanderzusetzen und Handlungsalternativen zu erproben. (vgl. S. 122–127)

Literatur

Akzeptierende Jugendarbeit mit rechten Jugendcliquen, Heim, Gwenda; Krafeld, Franz Josef (Hrg.); Landeszentrale für politische Bildung, Bremen: Steintor 1992

Böhm, Andrea: Du Tunte! Du Nigger! Du Jude! An den Schulen von New York gibt es ein neues Unterrichtsfach: Rassismus verlernen. In: Die Zeit vom 04.03.1994

Böhmer, Brigitte: Asylsuchende in Dortmund. In: Von Biotopen, Berufsbasaren, Begegnungen mit der Nachbarschaft u. a., Landesinstitut für Schule und Weiterbildung (Hrg.), Soest 1992, S. 95–102

Claus, Thomas; Herter, Detlev: Jugend und Gewalt. Ergebnisse einer empirischen Untersuchung an Magdeburger Schulen. In: Aus Politik und Zeitgeschichte. Beilage zur Wochenzeitung Das Parlament 23.09.1994, S. 10–20

Dettenborn, Harry: Gewalt aus Sicht der Schüler. Ergebnisse einer Untersuchung in Berlin. In: Pädagogik 1993, Heft 3, S. 31–33

Deutscher Städtetag (Hrg.): Schule und Gewalt. Hinweise des Deutschen Städtetages vom 09.11.1993, Köln

Dijk van, Lutz: Als Nazi geboren wird keiner. Gegen Fremdenhaß und Gewalt in Schule und Elternhaus. Düsseldorf: Patmos 1993

Gewalt an Schulen? Fragen, Reaktionen, Konsequenzen. BL-Info 2/92, Informationen für Beratungslehrer in Hamburg, April 1992. Dienststelle Schülerhilfe, Poppenhusenstr. 12, 22305 Hamburg

Eckervogt, Jürgen: Das Mittwoch-Nachmittags-Projekt. Eine Möglichkeit, regelmäßig projektorientiertes Lernen zu realisieren. In: Praxis Schule 5–10, 1994, Heft 4, S. 28–35 (darin das Beispiel: Asyl und Femdenfeindlichkeit)

Essener Infokoffer Neonazismus und rechtsextreme Orientierungen bei Jugendlichen. Arbeitskreis Jugend Essen, Jugendamt der Stadt Essen (Hrg.), Essen: Klartext 1993, 4. Auflage – umfangreiche Materialsammlung, umfaßt mehrere Pakete

Farin, Klaus; Seidel-Pielen, Eberhard: »Ohne Gewalt läuft nichts!« Jugend und Gewalt in Deutschland. Köln: Bund-Verlag 1993

Fornero, Gaby: Eine Schule macht sich auf den Weg. Praxisbericht zum Thema »Gewalt und Aggressionen in der Schule«. Erfahrungen zur Gestaltung des Schullebens und Öffnung von Schule, Heft 2, Landesinstitut für Schule und Weiterbildung (Hrg.), Soest 1994

Hubertus-Schwartz-Schule: Ich faßte mir ein Herz und fragte: Vom Mut, fragen zu lernen. Ein Projekt zur Erziehung zu demokratischer Urteilsfähigkeit. Erfahrungen zur Gestaltung des Schullebens und Öffnung von Schule, Heft 3, Landesinstitut für Schule und Weiterbildung (Hrg.), Soest 1995 (in Vorbereitung)

Jensen-Hochmuth, Thomas: Das mulmige Gefühl an der Schwelle zum Klassenraum. »Heil Hitler« in der Rechtschreibstunde. In: Frankfurter Rundschau v. 06.01.1994 – unter »Heil Hitler« … In: Pädagogik, 1994, Heft 3, S. 9–10

Krafeld, Franz-Josef; Möller, Kurt; Müller, Andrea: Provokative Sprüche,

Minderheitenfeindlichkeit und Sexismus im Alltag von Jugendarbeit mit
rechten Szenen. In: Deutsche Jugend, 1993, Heft 5, S. 205–212
Kreter, Gabi: Wen juckt das, ej. In: gemeinsam, Heft 24, Weinheim: Beltz
1992
Laging, Ralf; Matthey, Ingrid; Skischus, Gabriele: Beziehungslernen in
Konfliktsituationen. Eine Schule reagiert gemeinsam. In: Pädagogik,
1993, Heft 3. S. 10–13
Posselt, Ralf-Eric; Schumacher, Klaus: Projekthandbuch Gewalt und Ras-
sismus, Mülheim: Verlag an der Ruhr 1993
Schumann, Karl F.: Nur jeder zehnte rechte Gewalttäter ist arbeitslos. Viele
Jugendliche suchen den Konflikt mit einer liberalen Elterngeneration. In:
Frankfurter Rundschau v. 01.07.1993
Sochatzky, Klaus; u.a.: Parole rechts! Jugend wohin? Neofaschismus im
Schülerurteil. Eine empirische Studie. Frankfurt 1981
Staatliches Schulamt Frankfurt (Hrsg.): Die Gewaltdiskussion in der Öf-
fentlichkeit und die Situation an Frankfurter Schulen. Bestandsaufnahme
und Handlungsperspektiven. Frankfurt/Main, Dezember 1991
Staudt, Corinna: Lehrer/innen – nur Opfer oder auch Täter? Ein Bericht aus
Schülerperspektiven. In: Pädagogik, 1994, Heft 3, S. 17–20
Vieluf, Ulrich: Gewalt an Schulen? Ergebnisse einer Schulbefragung in
Hamburg. In: Pädagogik, 1993, Heft 3, S. 28–30

Gunhild Böth

Fremde Religionen und Kulturen und wie tolerant wir handeln

»Erklär doch ›mal, wie Ihr das in Griechenland feiert!« Die Lehrerin sieht aufmunternd zu Christoph, der nicht antworten will, trotzig schaut und nicht bereit ist, auch nur einen einzigen konstruktiven Beitrag zum Unterricht zu leisten.

Die Lehrerin ist enttäuscht, denn sie hatte sich so viel von ihrer Unterrichtsreihe »Feste, Bräuche, Traditionen« versprochen. Hier könnten die ausländischen Kinder doch nun endlich einmal im Mittelpunkt stehen, und die deutschen sollten sehen, wie schön man woanders feiert.

Christoph, der laut Geburtsurkunde Christophoros heißt, griechischer Staatsbürger ist, aber im Rheinland geboren, ist böse auf die Lehrerin. Warum führt sie ihn so vor? Er weiß wenig über religiöse Feste in Griechenland. Hier in Deutschland besuchen seine Eltern nie die weitabgelegene griechisch-orthodoxe Kirche. Und wenn er in den Sommerferien die Verwandten in Griechenland trifft, ist Religion kein Gesprächsgegenstand. Seine ganze Familie ist stark politisch interessiert; sein Großvater und sein Vater leisteten Widerstand gegen die Junta. Deshalb ist sein Vater auch nach Deutschland gegangen. Darüber könnte er berichten, aber danach fragt ihn ja niemand. »Warum müssen die Deutschen nie berichten?« Das fällt Christoph nun nach einigen Jahren auf. Er wird immer vorgeführt, er will das nicht, er ist schüchtern, und er ist sehr stolz darauf, daß ihn kaum jemand als Griechen erkennt; schließlich ist seine Ausdrucksweise genauso gut oder schlecht wie die seiner deutsch-muttersprachlichen Mitschüler; auch sein Name ist in der Kurzform »richtig deutsch«.

Viele Jugendliche in unseren Schulen haben genug von der multikulturellen Begegnungssituation – und sie wehren sich dagegen mit Ablehnung, Trotz oder offener Aggression. Warum werden sie immer

Fremde Religionen und Kulturen und wie tolerant wir handeln 183

zurückverwiesen auf ein Land, das sie meistens nur aus dem Urlaub kennen? Die Eltern oder Großeltern sind schließlich aus diesem Land weggegangen, das hatte Gründe. Und jetzt kommen diese Lehrerinnen und Lehrer und erzählen romantische Geschichten, wie schön es doch dort ist. Das erzählen die Eltern auch – aber warum sind sie nicht dageblieben? ...
Sie haben genug von der positiven Diskriminierung im Unterricht – sie sollen von »ihrem« Land berichten, aber »ihr« Land heißt Deutschland, »ihre« Stadt heißt z.B. Gelsenkirchen, Köln, Duisburg, Bielefeld oder Remscheid, Frankfurt, Stuttgart, Berlin ... Darüber könnten sie berichten – und ihre Berichte wären zweifellos interessant.
Wer weiß denn schon etwas über die Migrantengruppen, ihre Vereine, ihre Vorlieben und ihre Wahrnehmungen in der Stadt?
Was ist passiert?
Der gutgemeinte Ansatz der Lehrerin, die unterschiedlichen Wurzeln der Kinder in der multikulturellen Lerngruppe allen bekanntzumachen, indem sie alle ausländischen Schülerinnen und Schüler von ihren religiösen oder Brauchtumsfesten berichten läßt, ist scheinbar danebengegangen.
Dabei hätte es nur einer kleinen Veränderung in der Vorbereitung bedurft, nämlich die Kinder zu fragen, welches »ihre« Feste sind, das heißt, welche sie kennen und von welchen Festen sie berichten wollen. Dann hätte Christophoros liebend gern von den Geburtstagsfesten in Griechenland berichtet, an denen er teilgenommen hat, aber auch von den Festen, die er mit seinen Eltern und deren griechischen Freunden in Deutschland feiert. Denn da geht es schon anders zu als bei den Deutschen.

Schülerinnen und Schüler sind keine Kulturbotschafter!

Eine der Fallen in dem Bemühen, Kinder nicht-deutscher Herkunft mit ihren kulturellen Traditionen in den Unterricht einzubeziehen, besteht immer wieder darin, daß wir re-ethnisieren. Das heißt: Wir verweisen die Kinder auf eine ihnen zugeschriebene und oftmals fremde »Herkunftskultur«.

Was bedeutet »Herkunftskultur« für einen Jungen, der im Rheinland geboren wurde? Er kennt aus den Sommerferien das Dorf der Großeltern in Kalabrien. Er hat immer Mühe, die Großeltern zu verstehen, weil sie Dialekt reden. Zu Hause im Rheinland sprechen die Eltern Italienisch mit ihm, damit er es in der Schule im Muttersprachlichen Unterricht nicht noch schwerer hat; außerdem hat er bereits viel durch die Fußballspiele gelernt, die er mit seinem Vater im italienischen Fernsehprogramm anschaut, seit sie eine Satellitenschüssel haben.

Drehen wir die Perspektive einmal um!

Stellen Sie sich vor, sie befinden sich mit ihrem Sohn oder ihrer Tochter im Ausland. Wie, glauben Sie, würde Ihr Kind auf die Aufforderung in der Schule reagieren, typische deutsche Weihnachts- oder Osterbräuche zu beschreiben?

Meine 13jährige Tochter jedenfalls wäre denkbar ungeeignet als Auskunftei im Sinne eines klassischen »Kulturführers«, wie Bildungsreisende ihn gern bei sich tragen. Meine Tochter könnte nur darstellen, welche Bräuche wir in unserer Familie pflegen:

Zumeist bekommen wir von einer Oma in der Vorweihnachtszeit selbstgebackene Plätzchen, meine Tochter spielt gerne Weihnachtslieder auf dem Klavier. (Sie hat allerdings nie verstanden, warum unsere katholischen Nachbarn sich die Weihnachtslieder im Januar verbitten, wo die doch so schön sind und so gut zur dunklen Winterzeit passen.)

Zu Weihnachten gehen wir skifahren, das heißt, wir verbringen die Festtage im Hotel. Bei uns gibt es immer Geschenke, auch im Hotel, aber niemand erzählt die Weihnachtsgeschichte, niemand sagt ein Gedicht auf, wie es zu meiner Kinderzeit üblich war. Wir gehen nicht in die Kirche und feiern auch nicht nur »im Kreis der Familie«. Vor Ostern werden bei uns Eier gefärbt und an Zweige gehängt. (Auf welcher heidnischen Tradition dieser Brauch beruht, weiß meine Tochter nicht.) Seit einigen Jahren haben die Großmütter eine Neuerung eingeführt: kleine Ostergeschenke für die Kinder. Ist das »typisch deutsch«? Würde meine Tochter im Ausland »typische« Auskünfte geben können, die dem Klischeebild der fragenden Lehrperson entsprächen?

Welche Bilder haben wir von der Herkunft unserer Schülerinnen und Schüler im Kopf?

Woher kommen unsere Bilder als Lehrerin und Lehrer über die »Herkunftskulturen«? Ich jedenfalls habe touristische Erfahrungen als Bildungsreisende, Sie sicher auch. Und Bücher lesen wir doch alle.

Aber was haben die Kinder und Jugendlichen in unseren Schulen mit den Bildern über ihre Herkunft zu tun, die wir im Kopf haben? Wir denken oft in der Kategorie »Herkunftskultur«, ohne konkret die Migrationssituation der Schülerinnen und Schüler zu analysieren. Die »ausländischen« Kinder an unseren Schulen gehören zur sogenannten zweiten oder dritten Einwanderungsgeneration, sie sind in Deutschland geboren, und viele haben auch in ihrem Wohnbezirk den Kindergarten besucht. Das bedeutet, »deutsche« Bräuche wie das Martinssingen gehören genauso zu ihrer Kindheit wie Adventskerzen oder gefärbte Ostereier. Daneben transportieren ihre Familien bestimmte »ausländische« Bräuche und Gewohnheiten, die – wie wir aus der Migrationsforschung wissen – traditioneller sind als im Herkunftsland, da sie in der Migrationssituation weniger dem gesellschaftlichen Wandel unterliegen.

Insofern helfen unsere touristischen Erfahrungen nur bedingt, wenn es uns darum geht, in Schule und Unterricht an die kulturellen Wurzeln der Kinder anzuknüpfen.

»Ich kenne keine Parteien mehr, ich kenne nur noch...!«

Erinnern Sie sich? Kaiser Wilhelm II soll innerhalb »seines« Staatsvolks nicht mehr differenziert haben. Kann es sein, daß es uns manchmal auch so geht?

Wir sagen schnell »Italiener« oder »Türke« und verbinden damit zugleich: soziale Unterschicht, Deutsch als Fremdsprache, katholischen bzw. islamischen Glauben. So sind wir schnell bei Einteilungen: Kinder mit nicht-deutscher Familiensprache sind »ausländische«, unabhängig von ihrem Paß. Wir unterstellen, daß sie einen defizitären deutschen Sprachstand haben – oder es fällt uns besonders auf, wenn das Deutsch so gut ist, wie bei den »deutschen« (»Hat er wohl eine deutsche Mutter?«).

Wir haben es heutzutage zumeist mit Kindern der sogenannten zweiten oder dritten Generation zu tun. Das bedeutet, unter ihnen gibt es größere soziale Differenzierungen als wir wahrnehmen: Die Kinder stammen nur zum Teil aus Familien mit geringem Einkommen und niedrigem Bildungsniveau. Sie kommen oft aus Familien mit ausgeprägten Zukunftsperspektiven in Deutschland, insbesondere wirtschaftlichen; die Eltern dieser Kinder verfügen zum Teil über hohes Einkommen, zum Teil haben sie als erfolgreiche Unternehmer bereits hohes Sozialprestige und gesellschaftliches Ansehen. Bei monokulturellen Klassen versuchen wir, die Schülerinnen und Schüler genau nach diesen Kriterien der elterlichen Schichtzugehörigkeit (Beruf, Bildung, Einkommen) zu betrachten, weil wir viel darüber wissen, wie sich die Sozialmerkmale in den Bildungsvoraussetzungen der Kinder niederschlagen. Aber in multiethnischen Klassen haben wir oft als Unterscheidung nur die Kategorien »ausländische« und »deutsche Schülerin/Schüler« im Kopf.

Rücksichtnahme und Schonung verschärft die Diskriminierung – Fördern heißt auch fordern

Eine Lehrerin empört sich über ihre Kolleginnen und Kollegen: »Diese Sch...-Rücksichtnahme macht alles nur noch schlimmer. Sie sehen, daß die türkischen Kinder in der 5. Klasse unseres Gymnasiums viele Fehler machen. Aber anstatt mit den Kindern die Fehler zu üben, sie in den Förderunterricht zu schicken und den Kindern zusätzliche Hausaufgaben zur Korrektur ihrer Fehler zu geben, nehmen sie angeblich Rücksicht: Die Kinder sind eben ausländische, haben es ohnehin schwerer – sie bekommen weniger angestrichen oder werden weniger streng bewertet.

Spätestens in der 8. Klasse brechen dann viele mit ihren Leistungen völlig ein, erst recht in der Oberstufe, wenn sie viele von solchen ›rücksichtsvollen‹ Lehrkräften hatten. Und die Schülerinnen und Schüler kommen aus ihrer verfahrenen Situation nicht heraus. Alleingelassen, geschont, gepäppelt werden sie zunehmend aggressiver. Klar, mit zusätzlichen Aufgaben macht man sich als Lehrerin bei Kindern nicht immer beliebt, aber Zweisprachigkeit hat eben ihren Preis! Und so helfen die Kolleginnen und Kollegen ihnen doch gar nicht! Man kann doch nicht lebenslänglich ›rumlaufen mit dem Schild: Schon‹ mich, ich bin Türke!«

Die Empörung der Lehrerin ist verständlich – und es geht ihr auch nicht um ihren Ruf als Lehrerin. Was sie ärgert, ist mit einem provokativen Satz zu beschreiben: Schonung fördert nicht, sondern verschärft die Diskriminierung! Zweisprachig aufwachsende Kinder müssen in beiden Sprachen lernen und gefördert werden, und es macht in bestimmten Zeiten den Kindern mehr Arbeit. Aber sie nehmen diese Mehrarbeit inkauf, wenn man sie ihnen erklärt – und sie arbeiten dann bereitwillig mehr, wenn sie die Fortschritte erfahren können – und zwar in beiden Sprachen.

Ansonsten entsteht ein Teufelskreis: Schülerinnen und Schüler werden geschont; sie lernen, daß sie sich mit dem Hinweis auf ihre Zweisprachigkeit entschuldigen können; sie transportieren jahre-

188   Gegen Gewalt in der Schule

lang die nicht bearbeiteten Fehler – bis zu dem Punkt, an dem die
Entschuldigung nicht mehr gilt: bei der Auswahl um die qualifizier-
teren Ausbildungsplätze, beim beruflichen Aufstieg, in der gymnasialen Oberstufe, im Studium ...
Drehen wir die Perspektive noch einmal um: Wie wird in der Bundesrepublik mit einem Kind verfahren, das zu Hause gewöhnlicher-
weise Dialekt spricht, zum Beispiel Schwäbisch?
Die erste Aufgabe der Grundschulen in Baden-Württemberg besteht
darin, die Kinder an das Hochdeutsche »heranzuführen«. Und die
Interferenzen zwischen Dialekt und Fehlern in den Fremdsprachen
werden selbstverständlich bearbeitet. Niemand käme auf die Idee,
die Schülerinnen und Schüler auf ihrem dialektalen Sprachstand zu
belassen, sondern sie werden ständig korrigiert, eben weil man um
die Diskriminierungen gegenüber Dialektsprechenden weiß. (Übrigens darf man selbstverständlich wieder Dialekt sprechen, wenn
man in hochdeutsch-notwendigen Situationen das Code-Switching,
den Wechsel zwischen den Sprachformen, beherrscht.)

Wir trauen Schülerinnen und Schülern mit nicht-deutscher Familiensprache zu wenig zu!

Oft werden sie in der beschriebenen Art geschont, aber gleichzeitig
unterfordert. Nehmen wir eine beliebige Hauptschulklasse im
Ruhrgebiet: Dort sitzen Jungendliche, die mehrheitlich nicht-deut-
sche Familiensprachen sprechen. Ihre gemeinschaftliche »lingua
franca« ist Deutsch, daneben lernen sie Englisch; die meisten haben
am Muttersprachlichen Unterricht teilgenommen, dessen Lehrspra-
che nicht unbedingt identisch ist mit dem zu Hause gesprochenen
Dialekt oder der zu Hause gesprochenen Sprache. Zählen wir zusammen: Die allermeisten sprechen also drei, manche auch vier(!)
Sprachen.
Nun wird erörtert, ob die Schulform Hauptschule ihrer Klientel eine
zweite Fremdsprache zumuten könnte. Die Diskussion wird so ge-

führt, als verfügten die Jugendlichen – neben der Muttersprache Deutsch – bisher nur über Erfahrungen mit einer einzigen Fremdsprache: Englisch! Und genau darin besteht das Mißverständnis: Wenn wir genau hinschauen, werden wir sehen, was die Schülerinnen und Schüler zu bieten haben: welche Sprachen, welche familiären Traditionen, welche kulturellen Hintergründe. Ist es in solchen Situationen nicht verständlich, daß sich Jugendliche nicht ernst genommen fühlen und unter Wert beurteilt?

Warum gibt es für den beschriebenen Fall (Zweite Fremdsprache Hauptschule) keine weitverbreitete Methode, an die bereits bestehenden Erfahrungen mit Sprachen anzuknüpfen und bei multisprachigen Schülerinnen und Schülern Kompetenzen zu erweitern?

»Deutsche« Jugendliche wehren sich: »Wer tut noch ›was für uns Deutsche?!‹«

»Schon wieder ›was für die Kanaken! Wer kümmert sich um uns?!« Lehrkräfte, die sich um ein freundliches oder mindestens tolerantes Miteinander zwischen in- und ausländischen Jugendlichen bemühen, reagieren verzweifelt auf solche Anwürfe. Die nicht hervorgehobenen Jugendlichen fühlen sich – zu Recht – vernachlässigt. Wer fragt sie nach *ihren* Besonderheiten, nach *ihren* Geschichten?! Sie haben recht mit ihrem Anspruch!

Diese Jugendlichen beobachten, wie gutmeinende Lehrkräfte sich verstärkt den Schülerinnen und Schülern nicht-deutscher Herkunft zuwenden. Die geringere Beachtung, die sie in Schule und Unterricht erhalten, sowie die scheinbar höheren Leistungen, die sie für die gleichen Noten erbringen müssen, erscheinen ihnen als Kristallisationspunkte ihrer Diskriminierung. Die Hintergründe dieser Situation durchschauen sie nicht – und sie können sie auch nicht durchschauen. Aber sie nehmen eine Ungleichbehandlung aufgrund ethnischer Merkmale wahr.

Und so projizieren sie ihre Wut über ihre scheinbare oder offensichtliche Benachteiligung auf »die Ausländer«. Diese Wut, die Ausdruck von Benachteiligung ist, wird nun wiederum von Lehrerinnen und Lehrern in Verkennung der Hintergründe als Rassismus interpretiert. Das Mißverständnis ist programmiert, und pädagogische Maßnahmen wie »Begegnung mit Ausländern« und moralische Toleranzappelle verschärfen den Konflikt nur weiter.

Was bedeutet Integration?

In dem Bemühen um Integration vergessen wir manchmal, wer in was integriert werden soll: Integration bedeutet nicht Anpassung der Minderheit an die Mehrheitsgesellschaft. Aber es bedeutet auch nicht, daß die Minderheiten in die Rolle des Vorbildes rücken sollen, nur deshalb, weil sie anders sind. Das aber setzt voraus, daß alle beteiligt werden, auch die »deutschen« Jugendlichen, gemeint sind hier die monolingualen, d.h. die einsprachig aufwachsenden.

Wir Lehrerinnen und Lehrer meinen es gut: Wir arrangieren multikulturelle Feste, Tage des ausländischen Kindes, viele Begegnungssituationen. Wir wollen Verständnis erzeugen, das zu Toleranz, gegenseitiger Akzeptanz und einem friedlichen Umgang in unserer Gesellschaft führt. Doch mit unserer guten Absicht unterliegen wir auch der Gefahr, teilweise die Aggressionen zu schüren, die wir dann wieder abbauen müssen – bei »deutschen« wie bei »ausländischen« Jugendlichen. Und wir gutmeinende Lehrkräfte verstehen die Jugendlichen dann auch nicht mehr; wir laufen Gefahr, ihre Aggressionen und die dahinterstehenden Anliegen zu mißdeuten.

Interkulturelles Lernen als Prävention

Anders als die »Ausländerpädagogik« zielt Interkulturelles Lernen auf das gleichberechtigte Miteinander-und-Voneinander-Lernen aller Schülerinnen und Schüler, unabhängig von ihrer ethnischen oder

Fremde Religionen und Kulturen und wie tolerant wir handeln 191

kulturellen Herkunft. Interkulturelles Lernen ist aber keine Interventionspädagogik zur Bearbeitung akuter Gewalt oder Aggression, sondern versteht sich als präventives Konzept, bestimmte Ursachen von Aggressionen gar nicht erst entstehen zu lassen. Die Prinzipien, die dahinterstehen, heißen *Biographisches Lernen* und *Perspektivwechsel.*

Biographisches Lernen meint, alle in der Lerngruppe mit ihren Erfahrungen, Ansichten, Werten und Normen zuwortkommen zu lassen – unabhängig von ihrer Herkunft, also auch nicht eingeteilt nach Ethnien. Das gilt eigentlich schon seit der Reformpädagogik immer für »gute Schule«, für monokulturelle wie für multikulturelle Klassen. Aber in multikulturellen Lerngruppen kann auf die Einbeziehung der Biographie der Lernenden noch weniger verzichtet werden, weil die biographisch bedingten Lernvoraussetzungen hier besonders heterogen sind.

Perspektivwechsel meint, daß ich in der Begegnung mit anderen, (nicht unbedingt ethnisch anderen) nicht nur die Gemeinsamkeiten sondern vor allem die Differenzen zwischen verschiedenen Auffassungen, Lebensweisen, Werten und Normen, Einstellungen, Verhaltensweisen usw. aufsuche. Diese Unterschiede müssen in der Begegnung erkannt und vor allem benannt werden, um sie bearbeiten zu können – und bearbeiten heißt im Interkulturellen Lernen: Ich muß lernen, mit diesen Differenzen umzugehen, damit sie mir nicht als Bedrohung erscheinen. Umgekehrt bedeutet dies aber nicht, daß ich alle von meiner Position abweichenden Einstellungen, Werte usw. akzeptieren muß, aber wir müssen lernen, Wege zu vereinbaren, mit diesen Differenzen im alltäglichen Leben umzugehen.

Eine geeignete Methode, diesen Perspektivwechsel zu vollziehen, besteht darin, sich mit dem Eigen- und dem Fremdbild auseinanderzusetzen. Gemeint ist damit, die Vorstellung, die ich selbst von mir habe, und die Vorstellung, die sich der jeweils andere von mir macht, miteinander zu vergleichen, nach den Ursprüngen dieser Selbst- und Fremdwahrnehmung zu fragen, sie aber vor allem als Information und Hilfe für gegenseitiges Verstehen zu begreifen.

192 Gegen Gewalt in der Schule

Was Eltern und Lehrkräfte tun können

Beispiel: Feste feiern – auch in der Schule
Die Feste, die für Schülerinnen und Schüler bedeutend sind oder Feste, die Eltern und Kinder gemeinsam organisieren, gehören für viele Schulen zum festen Bestandteil ihrer Tätigkeit. Beteiligen Sie alle an diesen Festen – nicht nur die ausländischen Mütter mit ihren Kochkünsten! Konfrontieren Sie die deutschen Familien mit der Frage nach dem »typisch deutschen« Gericht, das sie beitragen wollen. Oder lassen sie sich von den ausländischen Eltern vorschlagen, was die deutschen kochen sollen, denn wir verpflichten die griechischen Eltern doch auch immer auf das uns aus dem Urlaub Bekannte (Moussaka, Souvlaki) oder nicht? Mit dieser Provokation werden Sie jedenfalls den schönsten Einstieg in eine lebhafte Diskussion über Traditionen, Vorurteile, Stereotypen, Landeskunde usw. liefern.
Feste müssen einen Anknüpfungspunkt bei den Schülerinnen und Schülern haben: Legen Sie einen Kalender an über die Feste, Feiern und Bräuche, die einzelnen oder Gruppen in ihrer Klasse wichtig sind. Dann sollten alle zusammen überlegen, was gefeiert werden soll und wie. Eltern und Großeltern sind hierbei wichtige Partner, weil sie als Experten über eigene Kindheitserfahrungen erzählen und Feste praktisch mitgestalten können.
So können zum Beispiel die Kinder zur Vorbereitung des islamischen Zuckerfestes die Bedeutung und die dazugehörigen Bräuche erkunden, und alle besprechen, ob das allein von den islamisch-gläubigen Kindern gefeiert werden sollte oder ob man dieses Fest in die Klassentraditionen aufnimmt wie das Martinssingen, die Advents- oder Osterbräuche, die auch von allen getragen werden, da sich diese Traditionen in unserer Gesellschaft längst von den engeren religiösen Hintergründen gelöst haben und in Volkstum übergegangen sind.
Beispiel: Wir tauschen uns über die verschiedenen in der Klasse vorhandenen Religionen aus.
Viele Lerngruppen, in denen auch Schülerinnen und Schüler islamischen Glaubens anwesend sind, haben bereits Moscheen besucht.

Fremde Religionen und Kulturen und wie tolerant wir handeln 193

Diese Besuche führen nach unseren Erfahrungen zum Abbau von Vorurteilen, die sich zumeist aufgrund der Medienberichterstattung über islamische Fundamentalisten in den Köpfen gebildet haben. Aber belassen Sie es nicht dabei, sonst entsteht wiederum die Situation der positiven Diskriminierung. Besuchen Sie genauso die übrigen Kultstätten; lassen Sie die katholischen und evangelischen Kinder und Eltern den Besuch organisieren, Informationen sammeln usw. Es ist für die muslimischen und atheistischen ebenfalls von Interesse.

Beispiel: Märchen vieler Völker im Unterricht der Klasse 5
Kinder bringen gern Märchen mit in den Unterricht, solche, die sie bereits kennen, solche, die sie bei ihren Eltern oder Großeltern erfragt haben. Die Lehrkräfte des Muttersprachlichen Unterrichts beteiligen sich an dieser Unterrichtsreihe, indem sie im Sinne fächerübergreifenden Lernens ebenfalls Märchen behandeln, die Märchen der Vorfahren, aber in der »anderen« Sprache.

Aufgrund des vielfältigen Materials kann nun genau das beginnen, was die Lehrpläne »Reflexion über Sprache« nennen: Die Kinder vergleichen die unterschiedlichen Erzählweisen, Symbole, die ermutigenden bzw. angsterzeugenden Orte oder Figuren usw. Sie können »deutsche« Märchen mit Hilfe ihrer Kenntnisse über andere Erzählweisen in »türkische«, »indische« usw. Formen bringen, schließlich schreiben sie selbständig »ihre Märchen«, die oftmals die verschiedenen Formen mischen.

Die zweisprachigen Kinder lernen nicht nur das Erzählen und Schreiben von Märchen in beiden Sprachen, sondern üben sich ebenso in der Unterscheidung von Übersetzung und Übertragung, wenn sie mit den anderssprachigen Kindern in der Klasse darüber beraten, ob »ihre« Erzählweisen für andere Zuhörerinnen und Zuhörer verstehbar sind und wie sie ggf. zum besseren Verständnis verändert werden müssen.

Der scheinbare Nachteil besteht darin, daß die unterrichtende Lehrperson nicht alle Märchen kennt und auch nicht immer eine Muttersprachliche Lehrkraft kennt, die bewerten kann, ob es sich bei den mitgebrachten Märchen wirklich um typische Formen dieser Gattung in diesem Kulturkreis handelt. Aber die bereits gemachten Erfahrungen mit dieser Unterrichtsreihe bestätigen, daß die Vorteile bei weitem überwiegen: In diesem Unterricht wird auch fachlich intensiv gearbeitet, indem über Figuren, Symbole, Erzählweisen gesprochen wird. Die Auswahl des Unterrichtsmaterials stellt zudem individuelle Bezüge zu den Kindern in der Klasse her, wodurch die Vielfalt des Materials und die Methoden des Vergleichens und Ausprobierens für alle Kinder akzeptabel werden. Lehrkräfte, die die Reihe durchgeführt haben, berichten, daß die Schülerinnen und Schüler in ihren Beratungen über die Verständlichkeit von Inhalt und Handlungssträngen der Märchen ein weitaus höheres Maß an »Reflexion über Sprache« zeigen als im gängigen Unterricht, der ebenfalls Märchen aus verschiedenen Kulturen zum Gegenstand hatte. Insbesondere der Lernzuwachs der leistungsschwächeren Kinder ist unerwartet hoch, und es bereitet allen Beteiligten viel Spaß beim Ausprobieren.

Literatur

Die Einsichten, die in diesem Beitrag formuliert wurden, stammen größtenteils aus den Arbeiten im Modellversuch »Lernen für Europa – Interkulturelles Lernen«, der im Landesinstitut für Schule und Weiterbildung, Referat I/6, durchgeführt wird. Dort können Sie auch Unterrichtsbausteine sowie diaktisch-methodische Materialien zum Interkulturellen Lernen bestellen.

Becker, Antoinette: Meine Religion – Deine Religion. Große Religionen der Welt, München: DTV 1987 – reich bebilderte Einführung in religiöse Feste, Traditionen und Verhaltensweisen
Holzbrecher, Alfred; Krüger-Knoblauch, Uli: Weltbilder. Lese- und Arbeitsbuch, Landesinstitut für Schule und Weiterbildung/Gesellschaft für interkulturelle Kommunikation und Kultur e.V. (Hrg.), Soest 1993
Riepe, Regina und Gerd: Du schwarz – ich weiß. Bilder und Texte gegen den alltäglichen Rassismus, Wuppertal: Peter Hammer Verl., 1992

Norbert Rixius

Freizeit sinnvoller gestalten

Schon kurz nach Schulschluß stehen Kinder wieder auf der Straße. Besonders in den Ballungsgebieten beobachten Lehrkräfte und Sozialarbeiter eine zunehmende Zahl von Kindern und jüngeren Jugendlichen, die zu Hause niemanden antreffen, wenn sie aus der Schule kommen. Allein auf sich gestellt, müssen sie sich z. T. selbst verpflegen und ihre Hausaufgaben ohne Begleitung oder Beratung eines Elternteils bewältigen. Auf dem Schulgelände fallen diese Kinder auf, indem sie nach Schulschluß dort umherstreunen, mitunter Kraft- und Mutproben veranstalten – zum Ärger von Hausmeistern und auch Nachbarn werden, wenn wieder einmal etwas zu Bruch gegangen ist. Andere Klagen lauten, solche Schüler/innen würden häufiger Fahrräder von Mitschüler/innen beschädigen bzw. andere Kinder und Jugendliche bedrängen, belästigen oder gar angreifen.

Verschwindende Freiräume und verändertes Freizeitverhalten

Daß es sich bei den geschilderten Beobachtungen nicht um Einzelfälle handelt, belegte die Freiburger Befragung der Eltern von 4.000 Kindern. Baldo Blinkert bestätigt aufgrund dieser Untersuchung das Resümee, daß in den Großstädten Räume, in denen Kinder und Jugendliche umherstreifen, etwas ausprobieren und auf Entdeckungsreise gehen könnten, systematisch von Stadtplanung und Immobilienbesitzern in den letzten zwei bis drei Jahrzehnten beseitigt wurden. Solche Streifräume ermöglichten Gestaltung und Veränderung der Umwelt.
Neben diesem Kriterium hat die Freiburger Kinderstudie weitere

herausgearbeitet, die für Aktionsräume von Kindern bedeutsam sind:
- Freiflächen, Spielplätze, Schulhöfe werden um so eher genutzt, wenn sie gefahrlos zugänglich sind,
- diese Räume sollen Chancen bieten, mit anderen Kindern zusammenzukommen.

Die Ergebnisse dieser Studie sind deshalb besonders bemerkenswert, weil sie eine Reihe (un)günstiger Faktoren für die Freizeitgestaltung von Schüler/innen beschreiben, die vor allem im unmittelbaren Umfeld der Wohnungen liegen, d.h. sich am ehesten auch kommunal-politisch beeinflussen lassen:

1. Gefahren im Straßenverkehr:
Mehr als ein Drittel der Kinder zwischen 5 und 9 Jahren können außerhalb der Wohnung wegen des Straßenverkehrs nicht ohne Gefahren spielen. Während Mitte der fünfziger Jahre noch rechnerisch gesehen 2 Kinder auf ein Auto kamen, kehrte sich dieses Verhältnis erst 20 Jahre später um, jedoch Ende der 80er Jahre kamen bereits vier Autos auf ein Kind. Daraus folgte vor allem auch, daß viele Freiflächen in Wohngebieten als Spielflächen weggefallen sind, weil sie durch Autos zugestellt werden.

2. »Kinderdichte« im Wohngebiet
Zwar können 70 % der Kinder ihre Spielgefährten in der Nähe erreichen, doch heißt dies für 3 von 10 Kindern, daß sie auf ihre Eltern angewiesen sind, um Freunde zu treffen. Wegen der geringeren »Kinderdichte« in den Wohngebieten müssen sich viele Kinder heute verabreden, häufig mit einzelnen, d.h. Kinder verbringen ihre Freizeit »in einem Geflecht von »Paarverabredungen« (Zeiher 1990, S. 24, DJI 1992, S. 120).

3. Streifräume im Wohnumfeld:
Mit zunehmendem Alter nutzen Kinder zwar auch Spielplätze und Schulhöfe sowie Wiesen, Wald und Parks nahe der Wohnung, ebenso Sportplatz und Schwimmbad. Ein Viertel der Kinder wächst jedoch in Wohngebieten auf, die in mehrfacher Hinsicht benachteiligt sind. Nicht nur öffentliche und private Freiflächen, sondern auch die ge-

nannten speziellen Räume stehen deutlich seltener zur Verfügung. Mehr Kinder müssen sich auf weiter entfernte und kleinere Spielflächen verteilen als in gut versorgten Gebieten. Die Flächen für Kinder differieren im Extremfall um den Faktor zehn, d.h. in sehr gut versorgten Wohngebieten wurde etwa zehnmal mehr Fläche für Kinderspielplätze reserviert als in schlecht versorgten Gebieten (Blinkert 1993, S. 91).

4. *Spielanregungen und Gestaltungsmöglichkeiten:*
Die eben skizzierte Benachteiligung bezieht sich auch auf die Möglichkeiten der Gestaltung; herkömmliche Bewegungsgeräte (Schaukeln, Wippen, Rutschen, Kletter-, Balancier- oder Kriechgeräte, Wackeltiere etc.) finden sich häufiger in »ungünstigen« Gebieten. In »gut versorgten« Gegenden werden eher auch Bereiche für freie Gestaltung, zum Fahren, Rollen und Skateboardfahren geschaffen (S. 94).

5. *Tempolimit und Spielzeit:*
Entscheidend für die tatsächlichen Spielmöglichkeiten ist das Ausmaß der Verkehrsbelastung. Ganz eindeutig steigt die Zeit, die selbst 9–10jährige Kinder draußen ohne Aufsicht verbringen können, von täglich durchschnittlich 40 Minuten bei Tempo 50 auf fast eineinhalb Stunden in »Spielstraßen«. Die Verkehrsbedingungen im Nahraum der Wohnung (und deren Geschoßzahl) beeinflussen in ähnlicher Weise auch das Spiel im sogenannten Streifraum, d.h. in einer Zone von etwa 100–150 m Entfernung zur Haustür (S. 138).

6. *Einzelkinder* in schlechten »Aktionsraumbedingungen« oder Kinder mit sehr viel jüngeren oder älteren Geschwistern – das sind etwa 10% der Kinder von 5–9 Jahren – haben die vergleichsweise schlechtesten Möglichkeiten, mit anderen Kindern zusammen ihre Freizeit zu verbringen. Organisierte Veranstaltungen (Sportvereine, Musikschule etc.) können Kinder in diesen Gegenden in der Regel nicht ohne ihre Eltern erreichen, wobei Kinder aus unteren Bildungsmilieus stärker betroffen sind als solche aus mittleren oder höheren Bildungsschichten. (S. 141)

198 Gegen Gewalt in der Schule

7. Tagesabläufe und Zeitbudget:
Anhand von Tagebuchprotokollen ermittelten die Freiburger Forscher/innen, daß die sechs- bis zehnjährigen Kinder durchschnittlich etwas länger in der Wohnung spielen (55 Minuten) als draußen ohne direkte Aufsicht der Eltern (51 Minuten). Mit 45 Minuten liegt »Lernen« an fünfter Stelle im Zeitbudget durchschnittlicher Tagesabläufe, gefolgt von 33 Minuten organisierter Angebote. Andere Kinder zu besuchen, liegt mit etwa 29 Minuten noch vor der Nutzung von Fernsehen, Computerspielen und Gameboy mit durchschnittlich 28 Minuten. Faßt man die frei disponierbare Zeit von Grundschulkindern zusammen, so addiert sie sich der Freiburger Kinderstudie zufolge auf rund drei Stunden täglich. Dabei spielen elektronische Medien, allen voran das Fernsehen, entgegen den Ergebnissen anderer Studien nur eine untergeordnete Rolle. So zeigte sich, daß besonders in belasteten Wohngebieten Kinder mehr zu Hause in der Wohnung spielten. Den deutlichsten Zusammenhang mit dem Medienkonsum zeigt jedoch das Bildungsmilieu der Eltern und das Alter der Kinder: Während die älteren Kinder (9–10 Jahre) insgesamt länger fernsehen, verbringen Kinder aus unterem Bildungsmilieu etwa doppelt so viel Zeit vor dem Fernseher. Durchgängig ermittelten die befragten Eltern mit Hilfe der Tagebuchaufzeichnungen, daß ihre Kinder praktisch in den besten Spielzeiten (am frühen und späten Nachmittag, bei den 9–10jährigen am frühen Abend) vor dem Fernseher sitzen. Blinkert folgert daraus, daß der damit verbundene Entzug unmittelbarer Erfahrungen möglicherweise problematischer im Hinblick auf Gewaltbereitschaft sei, als die Inhalte, die von den Kindern via TV konsumiert würden (S. 147).

8. Spielmaterial:
Die Ausstattung der Kinderzimmer mit Spielzeug ergab deutliche Unterschiede: Wieviel Spielzeug für draußen angeschafft wird, hängt von der Attraktivität des Wohnumfeldes und dessen Spielreizen ab. Die Menge und Mischung von Rollenspielzeug, technischem und kreativem Spielzeug sowie von Medienspielzeug wird von elterlichen Präferenzen bestimmt, wobei überraschenderweise Medien-

nannten speziellen Räume stehen deutlich seltener zur Verfügung. Mehr Kinder müssen sich auf weiter entfernte und kleinere Spielflächen verteilen als in gut versorgten Gebieten. Die Flächen für Kinder differieren im Extremfall um den Faktor zehn, d. h. in sehr gut versorgten Wohngebieten wurde etwa zehnmal mehr Fläche für Kinderspielplätze reserviert als in schlecht versorgten Gebieten (Blinkert 1993, S. 91).

4. Spielanregungen und Gestaltungsmöglichkeiten:
Die eben skizzierte Benachteiligung bezieht sich auch auf die Möglichkeiten der Gestaltung; herkömmliche Bewegungsgeräte (Schaukeln, Wippen, Rutschen, Kletter-, Balancier- oder Kriechgeräte, Wackeltiere etc.) finden sich häufiger in »ungünstigen« Gebieten. In »gut versorgten« Gegenden werden eher auch Bereiche für freie Gestaltung, zum Fahren, Rollen und Skateboardfahren geschaffen (S. 94).

5. Tempolimit und Spielzeit:
Entscheidend für die tatsächlichen Spielmöglichkeiten ist das Ausmaß der Verkehrsbelastung. Ganz eindeutig steigt die Zeit, die selbst 9–10jährige Kinder draußen ohne Aufsicht verbringen können, von täglich durchschnittlich 40 Minuten bei Tempo 50 auf fast eineinhalb Stunden in »Spielstraßen«. Die Verkehrsbedingungen im Nahraum der Wohnung (und deren Geschoßzahl) beeinflussen in ähnlicher Weise auch das Spiel im sogenannten Streifraum, d. h. in einer Zone von etwa 100–150 m Entfernung zur Haustür (S. 138).

6. Einzelkinder in schlechten »Aktionsraumbedingungen« oder Kinder mit sehr viel jüngeren oder älteren Geschwistern – das sind etwa 10 % der Kinder von 5–9 Jahren – haben die vergleichsweise schlechtesten Möglichkeiten, mit anderen Kindern zusammen ihre Freizeit zu verbringen. Organisierte Veranstaltungen (Sportvereine, Musikschule etc.) können Kinder in diesen Gegenden in der Regel nicht ohne ihre Eltern erreichen, wobei Kinder aus unteren Bildungsmilieus stärker betroffen sind als solche aus mittleren oder höheren Bildungsschichten. (S. 141)

7. Tagesabläufe und Zeitbudget:
Anhand von Tagebuchprotokollen ermittelten die Freiburger For-
scher/innen, daß die sechs- bis zehnjährigen Kinder durchschnittlich
etwas länger in der Wohnung spielen (55 Minuten) als draußen ohne
direkte Aufsicht der Eltern (51 Minuten). Mit 45 Minuten liegt »Lernen« an fünfter Stelle im Zeitbudget durchschnittlicher Tagesabläufe, gefolgt von 33 Minuten organisierter Angebote. Andere Kinder
zu besuchen, liegt mit etwa 29 Minuten noch vor der Nutzung von
Fernsehen, Computerspielen und Gameboy mit durchschnittlich 28
Minuten. Faßt man die frei disponierbare Zeit von Grundschulkindern zusammen, so addiert sie sich der Freiburger Kinderstudie zufolge auf rund drei Stunden täglich. Dabei spielen elektronische Medien, allen voran das Fernsehen, entgegen den Ergebnissen anderer
Studien nur eine untergeordnete Rolle. So zeigte sich, daß besonders
in belasteten Wohngebieten Kinder mehr zu Hause in der Wohnung
spielten. Den deutlichsten Zusammenhang mit dem Medienkonsum
zeigt jedoch das Bildungsmilieu der Eltern und das Alter der Kinder:
Während die älteren Kinder (9–10 Jahre) insgesamt länger fernsehen, verbringen Kinder aus unterem Bildungsmilieu etwa doppelt so
viel Zeit vor dem Fernseher. Durchgängig ermittelten die befragten
Eltern mit Hilfe der Tagebuchaufzeichnungen, daß ihre Kinder
praktisch in den besten Spielzeiten (am frühen und späten Nachmittag, bei den 9–10jährigen am frühen Abend) vor dem Fernseher sitzen. Blinkert folgert daraus, daß der damit verbundene Entzug unmittelbarer Erfahrungen möglicherweise problematischer im
Hinblick auf Gewaltbereitschaft sei, als die Inhalte, die von den Kindern via TV konsumiert würden (S. 147).

8. Spielmaterial:
Die Ausstattung der Kinderzimmer mit Spielzeug ergab deutliche
Unterschiede: Wieviel Spielzeug für draußen angeschafft wird, hängt
von der Attraktivität des Wohnumfeldes und dessen Spielanreizen
ab. Die Menge und Mischung von Rollenspielzeug, technischem und
kreativem Spielzeug sowie von Medienspielzeug wird von elterlichen Präferenzen bestimmt, wobei überraschenderweise Medien-

spielzeug vor allem von unteren Bildungsschichten besonders intensiv angeschafft wird.

9. Betreuung und freizeitpädagogische Angebote:
Zwei Faktoren verstärken den Bedarf nach Betreuung ganz erheblich. Rund die Hälfte der Alleinerziehenden und ein Viertel der Familien mit zwei Elternteilen melden durchschnittlich in der Freiburger Kinderstudie Betreuungsbedarf für ihre Grundschulkinder an. Unter günstigen Bedingungen liegt die Nachfrage bei etwa 10 %, unter schlechten Freizeitbedingungen bei 50 %. Treten beide Faktoren gemeinsam auf, erhöht sich der Bedarf auf über 70 % der Grundschulkinder von Alleinerziehenden in ungünstigen Wohngebieten.

Rund drei Viertel aller Grundschulkinder nehmen an organisierten Freizeitangeboten wie z.B. in Sportvereinen, Kinder- und Jugendgruppen, Musik- oder Ballettschulen etc. teil. Mädchen nehmen überwiegend musisch-kreative Angebote wahr, Jungen vor allem Sportangebote. Mädchen halten sich, so eine Freizeitstudie des Deutschen Jugendinstituts, häufiger an verschiedenen Freizeitorten auf als das andere Geschlecht. Insgesamt werden 12 % der Kinder bis zu 12 Jahren, in der Überzahl Jungen, nicht betreut, etwa gleich viele (13 %) werden institutionell betreut. Weniger als ein Fünftel der Jugendlichen kennt und nutzt die vorhandenen Jugendeinrichtungen und deren Angebote (DJI 1992, S. 192).

Welche Schlußfolgerungen sind für die Freizeitgestaltung von Kindern und Jugendlichen aufgrund dieser Daten zu ziehen und welche Rolle wächst dabei der Institution Schule zu?

Kindergarten und Schule sind wichtige Orte des Kennenlernens

Aus den Befragungen in Bayern, Hessen und Nordrhein-Westfalen ergibt sich übereinstimmend, daß drei Viertel aller Kinder ihre Freunde im Kindergarten oder Grundschule kennengelernt haben.

Um diese Freundschaften und Kontakte pflegen zu können, müssen sich Kinder und Jugendliche verabreden, wobei vor allem für Kinder nachbarschaftliche Nähe ganz wichtig ist. Ein Fünftel der Kinder bis etwa 12 Jahre nutzen Schulhöfe als öffentliche Spielorte; die Qualität des Umfeldes, in dem sich diese Altersgruppe bewegt, hat einen entscheidenden Einfluß darauf, welche Orte zum Spielen tatsächlich genutzt werden (können). Stadtkinder zählen im Durchschnitt ebenso viele Spielgefährten wie die Landkinder; etwas kleiner fällt der aktive Freundeskreis im Wohndorf aus. Mehr als die Hälfte der Zehn- bis Zwölfjährigen nennen vier bis fünf Freunde.

In Freundschaften können Kinder wechselseitig Vertrauen, Intimität und Zusammengehörigkeitsgefühl entwickeln, aber auch Macht, Konkurrenz und Konflikte bearbeiten. Stadtkinder treffen sich im Vergleich zu ländlichen Regionen häufiger mit anderen Kindern, weil sie besonders auf Spielplätze und öffentliche Freiflächen angewiesen sind, wo sie mit mehreren Kindern zusammentreffen. Andererseits finden wir den Befragungen zufolge in städtischen Regionen etwa 30 % der Kinder, die meistens ihre Freizeit allein verbringen. Große Gruppen kommen heute weniger im Nahbereich der Wohnungen, sondern vor allem in Freizeiteinrichtungen und besonders in den Schulen zusammen.

Selbständigkeit und Gruppenfähigkeit in Schule und Freizeit lernen

Der Schule und der Jugendarbeit stellt sich zunehmend die Aufgabe, Möglichkeiten für selbstgestaltete Aktivitäten zu eröffnen, in denen Kinder und Jugendliche untereinander ihre Interessen und Probleme aushandeln können. Im Unterricht, Schulleben und in der Freizeit bieten sich eine Reihe von Gelegenheiten, Kompromißfähigkeit und Selbstbehauptung zu üben, Vertrauen und Zugehörigkeit zu fördern. Da Schule der einzige Ort ist, an dem alle Kinder und Jugendliche zusammenkommen, Jugendeinrichtungen dagegen von freiwilligem Zuspruch ihrer Adressaten leben, macht es doppelt Sinn, wenn beide Institutionen gemeinsam versuchen, sinnvolle Freizeitangebote für ihre Altersgruppen zu gestalten. Denn in beiden Einrichtungen halten sich Kinder und Jugendliche auf; der Vorteil der Schule besteht dabei darin, daß sie ein breiteres und zahlenmäßig größeres Spektrum erreicht. Jugendarbeit verfügt über vielfältige spiel- und erlebnispädagogische Erfahrungen und Angebote.

Was Lehrkräfte, Jugendmitarbeiter/innen und Eltern tun können

Mit Hilfe der nun folgenden Beispiele wollen wir verdeutlichen, wie Schule und Jugendhilfe gezielt die Freizeitgestaltung von Kindern und Jugendlichen verbessern können. Da die Freiburger Kinderstudie sehr deutlich herausgearbeitet hat, wie sehr die Qualität des Wohnumfeldes auf das Freizeitverhalten einwirkt, die Rahmenbedingungen jedoch kommunalpolitisch gestaltbar sind, erweist sich eine fundierte Bestandsaufnahme vor Ort als dringend notwendig, um bedarfsgerechte Angebote auch pädagogisch und sozialpsychologisch begründet in der kommunalen Diskussion einfordern zu können.

Beispiel: Schülercafé

In verschiedenen Städten haben weiterführende Schulen oder Jugendeinrichtungen sogenannte Schülercafes eingerichtet, in denen sich vor allem Schüler/innen der oberen Jahrgänge während der Pausen bzw. in Freistunden treffen und beschäftigen können. In schulischen Räumlichkeiten konnten die Jugendlichen das jeweilige Café selbst gestalten und sind für den Betrieb in der Regel weitgehend verantwortlich. Häufig entstehen Initiativen mit Unterstützung von Beratungslehrer/innen oder den Vertrauenslehrkräften und werden über die Schüler/innenvertretung legitimiert bzw. auch kontrolliert. Besonders dort, wo Jugendeinrichtungen in der Nähe von weiterführenden Schulen liegen, haben vor allem kirchliche und staatliche

Jugendmitarbeiter solche schulbezogenen Angebote geschaffen, wenn sie davon auch eine bessere Nutzung ihrer »Offenen Tür« erwarten konnten. Sie erschlossen sich auf diese Weise den Kontakt zu Zielgruppen, die sonst nicht in ihre Einrichtung gegangen wären und eröffneten Schüler/innen gestaltbare Räume, deren Rahmen und inhaltliches Angebot primär von der Jugendarbeit geprägt werden.

Beispiel: Familienergänzende Angebote über Mittag
Die eingangs dieses Kapitels geschilderte Situation hat vielerorts eine Reihe von familienergänzenden Angeboten ausgelöst, die in der Zeit zwischen Unterrichtsende und den frühen Nachmittagsstunden stattfinden. Sie fangen vor allem Kinder vom Grundschulalter bis etwa zur achten Klasse auf, deren Eltern berufstätig sind. Die Schüler/innen können in überschaubaren Gruppen essen, spielen, sich entspannen und Hilfe bei den Schulaufgaben in Anspruch nehmen. Es gibt verschiedene institutionelle Formen: So betreuen Lehrkräfte der Hauptschule am Eppmannsweg in Gelsenkirchen zwischen 30 und 70 Schüler/innen in der benachbarten Jugendeinrichtung eines evangelischen Gemeindezentrums. In anderen Städten haben Jugendeinrichtungen nicht selten nach jahrelanger Schulaufgabenhilfe ihre Arbeit umstrukturiert, um für unversorgte Kinder und jüngere Jugendliche zwischen 12.30 Uhr und 15.00 Uhr ein pädagogisch qualifiziertes Angebot zu machen. Beide Partner (aus Schule und Jugendarbeit) betonen, daß feste Bezugspersonen und Gruppenangebote unverzichtbar sind, um Kinder dieser Altersgruppe sozial stabilisieren und fördern zu können. Während im Grundschulbereich in den letzten Jahren neben dem klassischen Hort weitere Formen wie Schulkinderhaus, Grundschule von acht bis eins (NRW), betreuter Mittagstisch (Hamburg) erprobt wurden, handelt es sich bei den skizzierten Beispielen um lokal begrenzte und aus den jeweiligen Bedingungen vor Ort entwickelte Angebote, mit denen Schulen und Jugendeinrichtungen fehlende familiäre Betreuung ausgleichen und sinnvolle Freizeitangebote am frühen Nachmittag schaffen.

Beispiel: Gruppenorientierte und offene Freizeitangebote
Auch in diesem Bereich der Nachmittagsgestaltung beobachten wir

Initiativen, die sowohl von schulischer Seite als auch von seiten der Jugendarbeit gestartet wurden. So lud eine Wuppertaler Gesamtschule vor einigen Jahren insbesondere Vertreter/innen der Jugendeinrichtungen/-verbände zu einem »Runden Tisch« im Stadtteil ein, weil das Kollegium Wert darauf legte, daß die Schüler/innen die vorhandenen Freizeitangebote im Wohnumfeld kennenlernen und für sich sinnvoll nutzen. Seit mehreren Jahren arbeitet das Bielefelder Jugendzentrum Kamp mit der benachbarten Hauptschule intensiv zusammen. Projekte und Kurse erstrecken sich über den Jugendsport, Spiele, Tanz, Musik, Jonglage, Theater, Medienarbeit, Computer, soziale Dienste und Umweltschutz. Mädchengruppen und Selbstverteidigungskurse fördern das Selbstvertrauen von weiblichen Jugendlichen, die – vor allem, wenn sie aus Familien nicht-deutscher Herkunft stammen – über diese Formen der Kooperation von Schule und Jugendarbeit überhaupt erst die Möglichkeiten erhalten, die eigene Rollenfindung und Freizeitgestaltung selbstbewußt zu entwickeln. Spezielle Jungengruppen gibt es gegenwärtig nur vereinzelt.

Die Erfahrungen mit solchen Formen der schulisch unterstützenden Freizeitgestaltung lauten häufig: Eltern akzeptieren diese Angebote eher, wenn sie von seiten der Schule als schulische Veranstaltung bezeichnet werden. Im Rahmen gemeinsam vereinbarter pädagogischer Konzepte liegt die eigentliche Gestaltung in der Verantwortung sozial-pädagogischer Fachkräfte. Viele Lehrkräfte bestätigen, daß diese Zusammenarbeit nicht nur den Jugendlichen zugute kommt, sondern auch ihre eigene pädagogische Arbeit in der Schule bereichert.

Zu Beginn solcher Kooperationen äußern sich Befürchtungen und Ängste, zum Beispiel vor einer Instrumentalisierung der Jugendarbeit durch Interessen der Schule. Im Verlauf der praktischen Gestaltung sinnvoller Freizeitangebote wächst jedoch die wechselseitige Anerkennung, zumal die gemeinsamen Angebote nicht selten mehr Jugendliche erreichen. Bewährt haben sich Kombinationen aus Wahlpflicht-Angeboten und freiwilligen Arbeitsgemeinschaften, weil Gruppen, die für ein halbes Schuljahr stabil bleiben, soziales Lernen, das Aushandeln von Interessen, gemeinsame Konfliktbearbeitung und Vertrauen viel stärker ermöglichen als Kurse, in denen die Teilnehmer/innen ständig wechseln. Für die Jugendarbeit erschließt die Kooperation mit Schule die Chance, ihre Angebote einem breiten Spektrum von Kindern und Jugendlichen besser zugänglich zu machen und auch auf das Schulklima einzuwirken. Die beiden genannten Beispiele stehen hier stellvertretend für viele andere.

Beispiel: Soziale und pädagogische Qualifizierung von Jugendlichen
Hier handelt es sich um zwei verschiedene Ansätze, in denen Oberstufen-Schüler/innen durch Fachkräfte der Jugendarbeit dafür qualifiziert werden, freizeitpädagogische Angebote für die unteren Jahrgänge in ihrer jeweiligen Schule durchzuführen. In dem einen Beispiel entwickelte das evangelische Jugendreferat im Kirchenkreis Hattingen-Witten eine Mitarbeiterschulung für Schüler/innen aus drei Gesamtschulen, die sich an zehnjährigen Erfahrungen der »Schülerkontaktarbeit« in Tübingen orientierte. Unter sozialpädagogischer Anleitung lernten die Schüler/innen, selbständig zu zweit Arbeitsgemeinschaften im Ganztagsbetrieb der jeweiligen Gesamtschule zu gestalten.

Das andere Beispiel entstand in der Kooperation zwischen dem Jugendamt Bielefeld und einem (Ganztags-)Gymnasium. Während ihrer Ausbildung lernen die Schüler/innen eines Leistungskurses »Pädagogik« sich in gruppenpädagogischen Übungen besser kennen. Sie üben, in Rollenspielen und Gruppenarbeit ihren Alltag (in der Schule) zu beobachten und zu reflektieren. Nach einer weiteren Phase, in der die Schüler/innen verschiedene kulturelle Angebote (Theater, Sinneserfahrung, Fotografie, ...) kennenlernen, beginnen sie mit eigenen freizeitpädagogischen Angeboten für jüngere Mitschüler/innen im Freizeitbereich des Gymnasiums. Das Ausbildungsprogramm enthält schließlich auch einen Abschnitt, der rechtliche Fragen der Verantwortung und Aufsichtspflicht der ehrenamtlichen Freizeithelfer/innen beinhaltet. Ein monatlicher Stammtisch, an dem auch die Fachlehrer/innen teilnehmen, dient als Forum für eine fachliche Begleitung durch das Jugendamt.

Beide Modelle fördern mit Hilfe der Erfahrungen aus der Qualifizierung ehrenamtlicher Jugendgruppenleiter in der Jugendarbeit Oberstufen-Schüler/innen, weitgehend selbständig und verantwortlich sinnvolle Freizeitangebote innerhalb von Schulen für jüngere Mitschüler/innen zu entwickeln. Die »Mitnahme-Effekte« auf die Persönlichkeitsentwicklung der Freizeithelfer/innen, das Klima zwischen älteren und jüngeren Schüler/innen und die pädagogische Diskussion in den betroffenen Lehrerkollegien sind ganz sicher bemerkenswert.

Einige Bemerkungen zur Funktion von Stadtteilkonferenzen

Anhand der vorgestellten Daten aus verschiedenen sozialwissenschaftlichen Studien haben wir verdeutlicht, wie sehr die lokalen städtebaulichen Strukturen auf das Freizeitverhalten von Kindern und Jugendlichen einwirken. Ein attraktives Freizeitangebot für diese Altersgruppen hängt daher nicht nur von einzelnen Einrichtungen ab, sondern im wesentlichen auch von einer konstruktiven Kooperation zwischen den pädagogischen Fachkräften in Schule und Jugendarbeit. Bewährt haben sich in diesem Zusammenhang Stadtteilkonferenzen bzw. »Runde Tische«, die ein Forum für gemeinsame Beratungen, Konfliktlösungen und auch kommunalpolitisch wirksame Initiativen darstellen. Sie erleichtern allen Beteiligten den Überblick über vorhandene Strukturen und Freizeitangebote und tragen dazu bei, die vorhandenen Ressourcen für bedarfsgerechte Maßnahmen vor Ort zu nutzen.

Angesichts knapper kommunaler Kassen aber drängender sozialer Probleme wächst den Stadtteilkonferenzen vor allem in den Ballungsräumen die Funktion zu, ein wichtiges demokratisches Bindeglied zwischen pädagogischer Praxis, kommunaler Verwaltung und Politik und den Betroffenen vor Ort zu sein. Eltern, Lehrkräfte und Sozialpädagogen haben inzwischen vielfach erkannt, daß es im Interesse der Kinder und Jugendlichen sinnvoll ist, über solche Gremien zusammenzuarbeiten.

Literatur

Blinkert, Baldo: Aktionsräume von Kindern in der Stadt. Eine Untersuchung im Auftrag der Stadt Freiburg, Pfaffenweiler: Centaurus 1993

Bremer, Gerd; Nörber, Martin (Hrg.): Jugendarbeit und Schule. Kooperation statt Rivalität um die Freizeit, Weinheim/München: Juventa 1992

Deutsches Jugendinstitut (Hrg.): Was tun Kinder am Nachmittag? Ergebnisse einer empirischen Studie zur mittleren Kindheit, München: Verlag DJI 1992

Jugendarbeit und Schule. Beiträge zur Gestaltung des Schullebens und Öffnung von Schule, Landesinstitut für Schule und Weiterbildung (Hrg.), Soest 1991 – mit verschiedenen Praxisbeispielen

Jugendhaus über Mittag. Ganztagsangebote in der Offenen Kinder- und Jugendarbeit, Landesjugendamt Westfalen-Lippe (Hrg.), Münster 1994. Bezug: Landesjugendamt, 48133 Münster

Weingardt, Martin: Lebensräume öffnen. Neue Schritte zum kreativen Miteinander von Jugendarbeit – Schule – Gemeinde, Evang. Jugendwerk in Württemberg (Hrg.), Stuttgart 1993. Bezug: Danneckerstr. 19 a, 70182 Stuttgart

Heinz Schirp/Norbert Rixius

»… und wenn die Eltern (nicht) mitziehen?«

Über Schwierigkeiten und Möglichkeiten der Kooperation zwischen Schule und Elternhaus

Nach einer recht ausgelassenen Oberstufenfete drangen -einige offensichtlich angetrunkene – Schüler nachts in ihre Schule ein und demolierten einen ganzen Schulflur. Besprühte Wände, abgerissene Garderobenhaken, umgeworfene Blumenkübel und Ausstellungsvitrinen – das war das Bild, das sich am nächsten Morgen präsentierte. Die Täter waren schnell identifiziert.

Nach einer ersten Woge der Entrüstung, verbunden mit dem Ruf nach Einschaltung von Polizei und Staatsanwaltschaft und der Forderung nach drakonischer Bestrafung der Übeltäter, setzten sich in der umgehend einberufenen Schulkonferenz die eher gemäßigten und besonnenen Stimmen durch. Der Vorschlag dieser Gruppe, den Schülern erst einmal selbst die Möglichkeit zu geben, die entstandenen Schäden so weit wie möglich zu beseitigen, wurde nach langer und kontrovers geführter Diskussion mit knapper Mehrheit angenommen. Die pädagogische Argumentation, die viele offensichtlich überzeugt hatte, war: »Die Schüler sollen durch ihre eigenen Aufräum- und Reparaturarbeiten zum einen bewußt erfahren, welche Schäden sie angerichtet haben; sie können durch ihren eigenen Arbeitseinsatz auch zeigen, daß sie sich für die Schäden und deren Beseitigung auch selbst verantwortlich fühlen und – so weit dies möglich ist – praktische »Wiedergutmachung« leisten wollen.«

Dieser Beschluß und seine pädagogische Begründung wurde den Eltern der betroffenen Schüler mitgeteilt. Zwei Eltern akzeptierten sofort und waren sichtlich erleichtert, einigermaßen glimpflich davongekommen zu sein. Die Eltern der übrigen Jugendlichen lehnten gemeinsam den Vorschlag ab. Sie verwiesen darauf, daß eine solche

»Strafaktion durch Arbeit« für ihre Kinder schlicht unzumutbar sei und argumentierten, es gäbe schließlich Versicherungen, die den Schaden schon übernehmen würden. Sie erklärten sich bereit, eher für die Schäden selbst finanziell aufkommen zu wollen, als ihren Söhnen die vorgesehenen Aufräumungsarbeiten zuzumuten.

Nach dieser eindeutigen Ablehnung erklärten die beiden ersten Schüler, sie seien nun auch nicht mehr bereit, zu zweit die Schäden zu beseitigen, die ja schließlich von allen angerichtet worden seien. Daraufhin trat die Lehrerkonferenz erneut zusammen.

Ein Fall zum Nachdenken mit einer Fülle von interessanten Aspekten, die von strafrechtlichen und schulorganisatorischen bis hin zu Fragen des Versicherungsrechts und der Elternhaftung reichen.

Vor allem wollen wir den skizzierten Schule-Eltern-Konflikt zum Anlaß nehmen, auf die Beziehungen einzugehen, die zwischen Schule und Elternhaus bestehen und die ja gerade dann besonders wichtig sind, wenn es um Gewalt und um Möglichkeiten ihrer erzieherischen Bearbeitung geht. Von allen Seiten wird gefordert, daß Schule und Elternhaus zusammenarbeiten, »an einem Strang ziehen« müssen – aber einfach ist das in der Praxis wohl doch nicht immer.

Von beiden Seiten werden eine Fülle von unterschiedlichen Erwartungen, Problemwahrnehmungen, Interessen und Bedingungen ins Feld geführt, die deutlich machen, warum Kooperationsformen zwischen Schule und Eltern gar nicht so einfach zu realisieren sind.

»Die meisten Eltern interessieren sich nur für ihr Kind«

Lehrer/innen beklagen häufig das fehlende Interesse der Eltern, wenn es um allgemeine Fragen von Erziehung und um pädagogische Programme der Schule geht. »Die Eltern kommen meistens erst, wenn es Probleme mit ihren eigenen Kindern gibt! Und die Eltern, mit denen man wirklich ›mal intensiv reden müßte, kommen mei-

stens überhaupt nicht!«, ist ein nur allzu häufig zu hörender Stoß-
seufzer.

Eine weitere kritische Wahrnehmung von Lehrer/innen bezieht sich
auf die Haltung vieler Eltern ihren eigenen Sprößlingen gegenüber.
Selbst dann, wenn es bereits gemeinsam begründete und verabredete
Vereinbarungen und pädagogische Konzepte gibt, verlassen bisweilen Eltern diesen gemeinsam entwickelten Konsens, wenn es um ihre
eigenen Kinder geht.

»Die Lehrer sitzen ja doch am längeren Hebel«

Eltern dagegen beklagen sich häufig darüber, daß man mit Lehrerinnen und Lehrern gar nicht »richtig reden« kann, daß man sich ihnen
in pädagogischen Fragen »unterlegen« vorkommt und immer das
Gefühl hat, sich verteidigen zu müssen. Auch das Argument, daß
Lehrer/innen »doch letztlich am längeren Hebel sitzen« und daß
man damit rechnen muß, daß die eigenen Kinder eventuell darunter
zu leiden haben könnten, wenn man Lehrer/innen ›mal kritisiert,
wird häufig von Eltern vorgebracht.

Schließlich formulieren viele Eltern auch ihre Enttäuschung darüber,
daß die Unterrichtenden gerade ihrem Kind nicht die notwendige
Aufmerksamkeit schenken und sich nicht die Zeit nehmen, auf seine
spezifischen Stärken und Schwächen einzugehen. »Die Lehrer kümmern sich gar nicht richtig um unser Kind«, ist eine häufig zu hören-
de Aussage von Eltern.

»Wir verstehen uns nicht«

Solche wechselseitig feststellbaren Einschätzungen und Wahrnehmungen stören die notwendige Kommunikation zwischen Eltern
und Schule – unabhängig davon, ob sie objektiv zutreffend sind oder
nicht. Denn sie weisen die Schuld für die jeweilige Situation jeweils

der anderen Seite zu, ohne daß Eltern und Lehrkräfte direkt und miteinander den Konflikt austragen. Kommt es doch zum gemeinsamen Gespräch, prallen zunächst beide Sichtweisen aufeinander. Wir wissen aus vielen Erfahrungen, daß es nahezu unvermeidlich erst einmal dazu kommt: Jede Seite sieht die Verantwortung für Fehler eher bei anderen. »Soll die Schule sich darum kümmern«, formulieren einige Eltern. »Das sind Probleme, die von außen in die Schule hineingetragen werden. Deshalb muß das Elternhaus daran etwas ändern«, fordern in der Regel einige Lehrkräfte. In beiden Forderungen steckt aber auch die Bitte um Mithilfe, etwa: »Wir fühlen uns nicht in der Lage, allein diese Situation zu verändern.« Diese Phase wechselseitiger Vorhaltungen sollten wir als notwendigen Schritt auf dem Weg zu einer Verständigung zulassen und nicht versuchen, sie wegzureden. Das Gefühl, etwas offen aussprechen zu können, ist hier unverzichtbar. Gerade dann, wenn es um Konflikte geht, die keine eindeutigen Ursachen aufweisen, hilft es, in einem weiteren Schritt zu klären, wie Eltern und Lehrkräfte sich in ihrer erzieherischen Praxis wechselseitig unterstützen können. Warum dies so ist, wollen wir verdeutlichen.

Der zu Beginn skizzierte Fall stellt insbesondere die Eltern und die Lehrkräfte vor die Frage ihrer erzieherischen Verantwortung. Mit dem unausgesprochenen Verweis auf die eigenen »Jugendstreiche« spekulieren einige Väter und Mütter auf die unausgesprochene Fortsetzung dieses Bildes: »… und sehen Sie, aus uns ist doch ›was Anständiges geworden.«

Ein Beispiel für mangelndes Unrechtsbewußtsein oder nur ein »Ausrutscher«?

War das Ganze also nur ein – wenn auch recht kostspieliger – Ausrutscher? Immerhin geht es um einen Gesamtschaden von rund 20.000 DM! Zugespitzt wird die Diskussion jedoch durch die provokative Frage: »Wofür bezahlen wir denn Steuern«? – verbunden mit: »ob der Schaden wirklich so hoch war, müßte sich gegebenenfalls noch erst erweisen ...«

Wie kann nun der verantwortliche Schulleiter reagieren? Obwohl er die Wortführer gut kennt und nicht bloßstellen will, kann er daraufhin nicht schweigen. Denn er sieht in diesen Äußerungen die gleiche Haltung, wie er sie immer häufiger in den letzten Jahren erlebte: »Was mir nicht unmittelbar gehört, geht mich nichts an, aber meinen Besitz verteidige ich mit allen Mitteln«. So beobachten er und die Lehrkräfte immer wieder in der Schule, daß z.B. auf die Bitte, den eben hingeworfenen Abfall in den Mülleimer zu befördern, geantwortet wird: »Dafür bin ich doch nicht zuständig oder wollen Sie, daß die Putzfrauen arbeitslos werden?« Deshalb sagt er: »Bei allem Verständnis für Ihre Sichtweise, das alles sei nur ein Ausrutscher, kann ich es auch als Schulleiter nicht zulassen, daß in öffentlichen Einrichtungen, die von unser aller Steuern finanziert sind, mutwillig oder leichtfertig immer mehr Schäden angerichtet werden.«

Nach einer kurzen Pause meldet sich eine Mutter und meint: »Auch wenn der materielle Schaden durch die Haftpflicht behoben wäre, wo bleibt denn da die Verantwortung derjenigen, die dies alles angerichtet haben? Unsere Kinder werden bald volljährig. Ich bezweifle, daß der Scheck der Versicherung das Problem lösen würde. Da steckt doch mehr dahinter!«

Einige Hinweise können hier weiterhelfen:

1. Die Haftpflicht regelt?

Wenn der Schaden überhaupt durch die Haftpflichtversicherung zu regeln wäre, liefe es darauf hinaus, die Versicherung zu betrügen oder die Fähigkeit zur Verantwortung der Beteiligung während der Tatzeit abzustreiten. Ein Argumentationsmuster, das in vielen Prozessen gegen rechtsorientierte Gewalttäter übrigens häufiger zur Verharmlosung von Straftaten benutzt wurde. Wie paßt dieses Bild zu Jugendlichen, die mit 16 gern wie Erwachsene ›für voll (verantwortlich) genommen werden‹ wollen? Welche Lehren zögen wohl andere aus einer solchen Lösung? Etwa diese: »Hauptsache ... versichert!?«

2. Exemplarisch bestrafen?

Wenn einzelne stellvertretend für die ganze Gruppe – bestraft werden sollen, sozusagen als »Rädelsführer«, so gilt etwa vor dem Jugendgericht im wesentlichen das *Täterprinzip*. Das heißt: Es muß jedem einzelnen seine individuelle Tatbeteiligung zweifelsfrei nachgewiesen werden. Mildernde Umstände wären zu berücksichtigen. Entwicklungen, in deren Verlauf einzelne sich zwar hervorgetan, letzlich aber auf den Beifall der Mitlaufenden – ›ihres Publikums‹ – angewiesen waren, sind juristisch sehr schwer faßbar. Es gilt oft – nicht nur unter Jugendlichen – der Grundsatz, einander nicht zu verpfeifen. Jeder kann sich – vor Gericht – auf mangelnde Zurechnungsfähigkeit herausreden. »Gedächtnislücken« unterschiedliche, einander widersprechende Aussagen von Tatbeteiligten sprechen aus juristischer Sicht eher für den Grundsatz, »im Zweifel für den Angeklagten« zu entscheiden.

Die Gesamtverantwortung der Gruppe, wer wen ermutigt oder auch gebremst hat und die Möglichkeit, gemeinsam mit allen Beteiligten eine Form der Wiedergutmachung zu beraten, sind dem Grundverständnis der bundesdeutschen Rechtssprechung fremde Aspekte. Es hebt vielmehr auf den Gedanken einer individuellen Täterschaft ab. Deshalb tun sich bundesdeutsche Gerichte auch sehr schwer mit »Gruppentaten«. Es erscheint somit zweifelhaft, ob hier eine Bestrafung eines Einzelnen pädagogisch sinnvoll wäre. Was bleibt zu tun?

Wirksame Lösungen erfordern gemeinsames Handeln

Wir haben verdeutlicht, warum gegenseitige Schuldzuweisungen in solchen Konflikten nicht weiterhelfen. Ebenso wenig wird es dem Problem gerecht, den geschilderten Fall über die Haftpflicht oder durch Strafen für einzelne regeln zu wollen. Dann wächst die Tendenz zu rigiden, formalen Lösungen; Positionen drohen, sich zu verhärten; jede Seite fürchtet, das Gesicht zu verlieren, wenn sie nachgibt. Gerade in dem Bereich der Gewalt ist aber eine Zusammenarbeit zwischen Schule und Elternhaus eine geradezu unverzichtbare Grundvoraussetzung dafür, daß gewaltpräventive Maßnahmen zu langfristigen, tragfähigen und damit wirkungsvollen Norm- und Wertorientierungen führen.

Aus Studien und Schulforschung wird zwar deutlich, daß Schule in der Tat »kompensatorisch« und durch eigene Programme und Anstrengungen norm- und wertstabilisierend wirken kann. Aber die generelle Einschätzung bleibt: Ohne die Unterstützung durch die Eltern ist Schule weitgehend auf einige wenige sinnvolle Möglichkeiten reduziert.

Unser Vorschlag für ein besseres Miteinander in den Schulen: Die verschiedenen Gruppen Jugendliche, Eltern, Lehrkräfte beraten gemeinsam, welche Lösung weiterhelfen kann. Es kann durchaus sinnvoll sein, externe Experten (z. B. Jugendgerichtshelfer, Rechtsanwalt oder Polizist) um eine Stellungnahme zu bitten. Auch das Jugendstrafrecht bietet mit dem Prinzip der ›erzieherischen Wirkung‹ von möglichen Strafen einen Handlungsspielraum. Wichtiger als eine exemplarische Bestrafung scheint uns, die Verantwortung der Gruppe zu betonen. Eine zentrale Leitidee von Eltern und Lehrkräften sollte sein, daß alle ihre Mitverantwortung erkennen und übernehmen. Folgende Gesichtspunkte sind hier wichtig, um möglichst tragfähige Lösungen zu finden:

a) Wenn die *Jugendlichen* das Gefühl haben, mit dieser Schule haben sie nichts ›am Hut‹, dann spiegelt dies ein *Schulklima*, das ganz bestimmt besser werden könnte: Lehrkräfte, Eltern und Jugendliche sollten gemeinsam beraten, was aus ihrer Sicht an der Schule gut läuft, was verbessert werden könnte und wo, wer zuerst und möglichst kurzfristig etwas ändern kann. Die Schulkonferenz sollte dafür sorgen, daß es eine für alle Beteiligten durchschaubare und klare Entscheidung gibt, mit

– Sofortmaßnahmen, z. B. wie sie zu Beginn vorgeschlagen wurden,

– mittelfristigen Aktivitäten/Planungen – auch hier ist weniger mehr, z. B. die Gestaltung der Klassenräume verändern –

b) Wenn die *Eltern* das Gefühl haben, daß sie bisher keine gemeinsame Meinung über zwei bis drei zentrale Grundregeln formuliert haben, mit denen sie auf solche Ereignisse reagieren, dann wäre es Zeit, diese Regeln gemeinsam zu finden und für alle verbindlich zu machen. Dafür reicht kein ›formell sauberer‹ Beschluß; Einsicht und echte Zustimmung zu solchen Regeln sind ganz wichtig. Sonst kann bei jeder Gelegenheit jemand sagen: »Von dieser Regel wußte ich nichts«, oder: »Damit habe ich nichts zu tun.«

Ganz gleich, ob Sie Elternteil oder Lehrkraft in einer Schule sind. Sie kennen sicher ähnliche Konflikte, an denen sich die Geister scheiden. Meinungsunterschiede, die dabei zutage treten, können zwar beängstigend wirken. Jedoch vermeiden viele noch zu oft aus falscher Rücksicht, und weil sie Konflikten gerne aus dem Weg gehen, Diskussionen, die eigentlich geführt werden müssen – vorbeugend und zur klärenden Orientierung für alle Beteiligten.

c) An vielen Schulen haben *Lehrende* das Gefühl, daß ›jeder für sich allein den Schulalltag schaffen muß‹. Es gibt zwar diverse Cliquen, Freundschaften im Kollegium, ansonsten ist jede(r) froh, wenn Schulschluß ist. Konferenzen sind oft nicht der Ort, wo wirklich miteinander gesprochen wird, vielmehr hofft man darauf, die Tagesordnung möglichst bald abhaken zu können. Einige wenige jedoch finden sich in jedem Kollegium, die bei Problemen häufiger von Schüler/innen und Kolleg/innen ins Vertrauen gezogen werden. Sie bieten sich auch für Eltern und ihre gewählten Vertreter an, das Schulklima zur Sprache zu bringen. Dazu bedarf es nicht unbedingt eines so offenkundigen Anlasses wie in unserem Beispiel hier. Auf jeden Fall empfiehlt es sich, als Gruppe von mehreren Lehrkräften eine Initiative für eine Lehrerkonferenz zu starten. Auch einzelne Klassenlehrer/innen, die mit der Klassenpflegschaft und ihrer Klasse bereits gesprochen bzw. eine Aktion zu einem passenden Thema durchgeführt haben, können den Vorschlag unterstützen, etwa das Thema »Wo sollen wir denn Grenzen setzen?« in ihrer Schule neu zu behandeln.

Kurz und bündig – vier Empfehlungen:

Regeln für den Umgang mit Sachen, die mir/uns nicht unmittelbar gehören, kann jeder besser beherzigen, wenn ich/wir daran beteiligt war(en), diese Regeln gemeinsam zu vereinbaren. Es kommt also darauf an, daß die beteiligten Menschen die getroffenen Regeln als fair und gerecht empfinden können.

Das Schulklima hängt nicht nur vom Wetter ab, sondern von den Menschen, die es prägen. Wir alle haben eine Vorstellung, ein Gefühl für Umgebungen, in denen wir uns wohlfühlen. Jedes Schulgebäude und sein Schulgelände spiegelt das dort herrschende Schulklima wider. Erste Schritte, kleine und überschaubare, lassen viele schon spüren, wie sich etwas positiv verändern läßt. Gute Beispiele gemeinsamer Arbeit wirken ansteckend!

Suchen Sie sich Bündnispartner! Zwei oder drei können sich besser ermutigen, mögliche Mißerfolge besser auffangen als ein(e) Einzelkämpfer(in). Trauen Sie sich, mit wenigen Aktionen zu beginnen. Versuchen Sie, ihre Aufgabe klar und überschaubar zu beschreiben. Das erleichtert es anderen, Freiräume zu gewähren und abzuwarten, welche Ergebnisse Ihre Initiative ergibt. Externe Berater/innen können allen Beteiligten helfen, konstruktiv zusammenzuarbeiten.

Mit den Augen anderer sehen und wahrnehmen hilft zu verstehen, warum Vereinbarungen oft nicht halten, was von ihnen erwartet wird. Versichern Sie sich, daß möglichst alle Beteiligten ihre Sichtweise und ihren Lösungsansatz einbringen. Versuchen Sie, gemeinsame Schwerpunkte zu vereinbaren. Dies ist zwar keine Garantie, aber eine wichtige Voraussetzung für tragfähige Lösungen.

Nun helfen Beschwörungsformeln nicht weiter. Wir wollen daher an kleinen Beispielen aufzeigen, wo Möglichkeiten und Ansätze sich als erfolgversprechende Anregung für eine Zusammenarbeit von Eltern und Lehrkräften anbieten.

Beispiele:

1. An der Grundschule Marschallstraße in Gelsenkirchen entstand im Laufe mehrerer Jahre eine Elternarbeit, die in vielfältiger Weise in das Schulprogramm eingebettet ist. Besonders augenfällig: das Elternbesprechungszimmer in unmittelbarer Nachbarschaft zum Lehrer/innenzimmer. Regelmäßige Angebote wie Elterngesprächskreise, Bastel- oder Strickgruppen, Arbeitsgemeinschaften für die Schüler/innen unter Mitarbeit von Eltern, eine Mutter-Kind-Gruppe sowie Hausaufgabenbetreuung und Gesundheitsberatung sind wichtige Bestandteile der Zusammenarbeit von Schule und Elternschaft. Ohne ehrenamtliches Engagement und die wiederholte Suche nach Sponsoren gelingt es kaum, ein derartiges Angebotsspektrum über Jahre hinweg aufrecht zu erhalten. Denn alle vier Jahre wechselt die Generation der Schüler/innen, jedes Jahr kommt ein neuer Jahrgang hinzu. Inzwischen hat sich eine Basis gebildet, auf der die »Neuen« in der Schule sich eingeladen fühlen, in der Schule mit anzufassen. Anzeichen von Schulunlust und Angst unter den Schüler/innen haben abgenommen, und die Lehrkräfte fühlen sich durch die positiven Reaktionen bestätigt, so daß sie trotz viel zusätzlichen Engagement sagen können: »Es lohnt sich.«

   An vielen Grundschulen finden regelmäßig Elternstammtische, Familienwochenenden oder Tagesausflüge statt. Hier haben Eltern, Kinder und Lehrkräfte Zeit und finden vielfältige Möglichkeiten, gemeinsame Regeln für das soziale Miteinander zu vereinbaren. Schulfeste und Projekte zur Gestaltung des Schulgeländes erweitern die Chancen der Eltern, das Schulleben ganz praktisch mitzugestalten.

2. Zahlreiche Schulen der Sekundarstufe (Haupt- und Realschulen, Gymnasien und Gesamtschulen) haben das Thema »Gewalt« gemeinsam in Schulpflegschaftssitzungen oder zusätzlichen Veranstaltungen behandelt. Vielfach haben sie dazu externe Berater/innen wie etwa Schulpsycholog/innen, sozialpädagogische Fachkräfte oder Erziehungsberater/innen aus der Jugendhilfe zu

Rate gezogen. Solche »Externen« haben den Vorteil, daß sie nicht einer Seite (Eltern oder Lehrkräften) zugeordnet werden und als Außenstehende besser als die Beteiligten erkennen können, wo und auf welche Weise das Verständnis für einander blockiert wird.

Ein erster Schritt besteht z. B. darin, daß die Elternvertretung in den einzelnen Klassen oder in der Schulpflegschaft die Initiative ergreift und das Thema »Gewalt in der Schule« auf die Tagesordnung einer nächsten Elternversammlung setzt. Viele Eltern, aber auch Lehrer/innen scheuen sich, in einer größeren Runde vor vielen zu sprechen, geschweige denn, ihre persönliche Meinung zu sagen. Es gibt jedoch viele Möglichkeiten, eine aufgelockerte Situation zu schaffen und eine große Versammlung in kleinere Gruppen aufzuteilen. Auf diese Weise können und trauen sich mehr Menschen, an Diskussionen zu beteiligen. Ähnlich wie in den Grundschulen veranstalten auch Sekundarschulen Ausflüge, Feste, Seminare etc., um Eltern stärker am Schulleben zu beteiligen. Diese Beteiligung geht dann weit über den Rahmen (d. h. Mindeststandard) der formalen Elternmitwirkung gemäß dem jeweils landesweit gültigen Schulmitwirkungsgesetz hinaus. Denn, wollen Eltern und Lehrerkollegien gemeinsam »an einem Strang« ziehen, brauchen sie wechselseitiges Vertrauen. Erfahrungsgemäß wächst dies eher dann, wenn »man sich kennt.«

Vorschläge:
Fragen Sie die nächste Erziehungsberatungsstelle, das Jugendamt, eine Familienbildungsstelle oder die Volkshochschule, um von dort eine externe Beratung zu erhalten. Versuchen Sie, sich mit anderen Eltern auf die inhaltlichen Schwerpunkte zu einigen, die Sie behandeln wollen. Zu einer Abendveranstaltung kommen wahrscheinlich mehr Eltern als zu einer ganztägigen. Es entlastet die Lehrkräfte sehr, wenn sie wie die Erziehungsberechtigten teilnehmen können. Ein reiner Gesprächsabend eignet sich nicht immer, um möglichst viele anzulocken bzw. zu interessieren. Zur Zusammenarbeit zwischen Elternhaus und Schule bieten z. B. das »Westfälische Kooperations-

modell« in Vlotho oder andere Familienbildungsstätten regelmäßig
Seminare für Eltern, Lehrkräfte und Kinder/Jugendliche an. In Solingen besteht seit einigen Jahren ein Arbeitskreis »Arbeit mit und
von Eltern«, in dem Erfahrungen und Wünsche von Erziehungsberechtigten, Fachleuten aus Beratungsstellen und von Lehrkräften
zur Sprache kommen, und zwar schulübergreifend. In Herne haben
sich Lehrkräfte verschiedener Schulformen mit Unterstützung des
Jugendamtes gemeinsam um praktische Ansätze gekümmert. Solche
Initiativen für lokale Netzwerke sind besonders wichtig und sind
inzwischen an vielen Orten entstanden. So können individuelle
Eindrücke verglichen werden, etwa mit Meinungen aus anderen
Klassenstufen bzw. Schulen. So läßt sich die Situation in den einzelnen Schulen bzw. auf Stadtebene besser einschätzen. Sofern diese
Arbeitskreise offen angelegt sind, können Eltern wie Schulvertre-
ter/innen praktisch jederzeit hinzukommen und entweder einfach
zuhören oder sich darin engagieren.

Auch wenn es in der Regel im Vergleich zur gesamten Elternschaft
wenige sind, können Sie trotzdem auch mit wenigen schon relativ
viel erreichen und: langfristig andere mit Ihrem guten Beispiel ermutigen, selbst etwas zu tun.

Literatur

Aurin, Kurt: Gemeinsam Schule machen. Schüler, Lehrer, Eltern – ist Kon-
    sens möglich? Stuttgart: Klett-Cotta 1994
Schulprobleme lösen: Ein Ratgeber für Eltern von 6–14jährigen. Hrg. von
    Dietrich Albrecht u. a., Königstein: Athenäum 1985
Hielscher, Hans: Spielen mit Eltern. Eltern aktivieren – mit Eltern spielen.
    Heinsberg: Agentur Dieck 1984 – erprobte Anregungen für Eltern mit
    Kindern in der Primarstufe
Nissen, Peter; Iden, Uwe: KursKorrektur Schule: KurzKorrektur Schule.
    Ein Handbuch zur Einführung der Moderationsmethode im System
    Schule für die Verbesserung der Kommunikation und des miteinander
    Lernens; mit 15 Fallbeispielen zur aktiven Gestaltung von Unterricht,
    Konferenzen und Elternabend, Hamburg: Windmühle 1995

Schmälzle, Udo: Schüler, Lehrer, Eltern: Wie wirksam ist die Kooperation?
Opladen: Leske + Budrich 1985 – Dokumentation und Auswertung von
Erfahrungen aus Konflikten und verschiedenen Ansätzen zur besseren
Zusammenarbeit

Schultze, Annedore: Anfänge als Anregung zu Anfängen. Westfälisches Kooperationsmodell (Vlotho) (Hrg.), Vlotho: WKM 1982 – Beispiele und
praktische Hilfen für die Zusammenarbeit zwischen Eltern, Lehrkräften
und Schüler/inne/n – Bezug: Westfälisches Kooperationsmodell, Oeyn-
hauser Str. 5b, 32602 Vlotho, Tel.: 05733/5033
(bietet auch Seminare für Eltern und Schule an)

Was ist denn schon dabei? Schüler schreiben eine Geschichte über die ganz
alltägliche Gewalt. Weinheim/Basel: Beltz 1994 – Jugendliche einer 10.
Klasse haben ihre Eindrücke mit Gleichaltrigen, Eltern und Lehrkräften
in einer eindringlichen Geschichte verarbeitet ...

Ingrid Engert/Norbert Rixius

Konflikte gewaltfrei regeln

In manchen Berichten über Gewalt in der Schule wurde in letzter
Zeit vor »amerikanischen Verhältnissen« gewarnt, die auch an bundesdeutschen Schulen einzuziehen drohen. Illustriert wurden solche
Darstellungen u. a. mit Beispielen von Waffenkontrollen und Sicher-
heitsdiensten, die einem weiteren Anwachsen von Gewalt entgegenwirken sollen. In dem folgenden Beitrag schildert Ingrid Engert anhand von Erfahrungen aus US-amerikanischen Schulen, wie
Mediation (zu deutsch: Vermittlung) von Schüler/innen gelernt und
eingesetzt wird, um Konflikte zwischen Jugendlichen gewaltfrei
auszutragen.
Anschließend an diesen Beitrag skizzieren wir vergleichbare Beispiele aus bundesdeutschen Schulen.

Mediation in der Schule als Möglichkeit
der Gewaltprävention

Es ist Donnerstag nachmittag. An der Städtischen Martin Luther
King Schule findet heute eine pädagogische Konferenz statt. Auf der
Tagesordnung steht nur ein Thema:»Gewalt an unserer Schule –
Vorstellung des Konzepts Schüler-Mediation«. Eingeladen sind El-
ternvertreter, Schüler und Mediatoren der benachbarten Myrdal
Schule, wo vor sechs Monaten mit einem Konfliktvermittlungspro-
gramm begonnen wurde. Die Gäste werden gebeten, über ihre
Eindrücke und Erfahrungen zu berichten.
Die vierzehnjährige Sandra stellt sich als Mediatorin vor und berich-
tet:»Wenn an unserer Schule Schülerinnen und Schüler miteinander
Konflikte haben, wenden sie sich nur noch selten an Erwachsene.
Statt dessen kommen sie immer häufiger zu uns. Sie wissen, daß alles,

was sie mit uns besprechen, vertraulich behandelt wird und daß wir wirklich alles tun, um beide Seiten zu verstehen. Entscheidend ist, daß wir unseren Mitschüler/innen keine guten Ratschläge geben. Wir versuchen ihnen lediglich dabei zu helfen, ihre Problemsituation zu erkennen und selber nach Lösungsmöglichkeiten zu suchen.« »Ich glaube,« ergänzt der ebenfalls vierzehnjährige Martin, »daß unsere Konfliktvermittlung sehr viel mehr bewirkt als das übliche Nachsitzen oder der Eintrag in das Klassenbuch. Mediation ist auf alle Fälle besser als ein Verweis oder eine Klassenkonferenz, die die meisten Schüler/innen nur noch wütender und aggressiver machen. Durch unsere Vermittlung kommen die Beteiligten wenigstens ins Gespräch. Die Wahrscheinlichkeit, daß die Konfliktpartner im Verlauf der Mediation ihre Probleme lösen, ist ziemlich groß. Ich glaube, das Ganze funktioniert auch deshalb, weil sich die Erwachsenen kaum einmischen. Wir sind alle ungefähr gleich alt und verstehen, was der andere meint ...«

Diese Aussagen erinnern mich an viele Interviews mit Schüler/innen der Myrdal Schule. Dennis (13) steht stellvertretend für viele andere und bringt es meiner Meinung nach auf den Punkt, wenn er aus seiner Sicht sagt: »Erwachsene sind schon OK, nur ... wenn ich mich mit einem Erwachsenen unterhalte, bin ich manchmal richtig verlegen. Meine Freunde aber verstehen mich. Sie sind gleichaltrig. Meine Eltern sind aber Erwachsene. Ich rede zwar mit ihnen, aber es ist nicht immer leicht, ihnen das zu erklären oder zu erzählen, was mir richtig Sorgen macht.«

Während der gesamten Konferenz an der Martin Luther King Schule wird die Frage nach der Begriffsklärung von Mediation nicht gestellt. Das Konzept der Vermittlung in Konfliktfällen durch einen neutralen Dritten (Mediator) ist bekannt, denn es wird an über 5000 nordamerikanischen Schulen erfolgreich praktiziert. Mit dem Klettern der Gewaltstatistiken ist auch die Nachfrage nach pädagogischer Prävention und Intervention gewachsen.

Während einige Erwachsene das Gespräch auf den Ursprung der Krise lenken und je nach Richtung die Trieb- und Instinkttheorie,

Psychoanalyse, Frustration-Aggressions-, Lern- oder Etikettierungstheorie oder die Theorie der sozialen Kontrolle anführen, meldet sich wieder Sandra zu Wort. Nach langem geduldigem Warten gibt sie schließlich zu bedenken: »Ich glaube, unsere Arbeit funktioniert deshalb, weil wir den beiden Konfliktpartnern helfen, miteinander ins Gespräch zu kommen. Wir helfen ihnen, sich selbst und den anderen besser zu verstehen. Nachdem der eine dem anderen zugehört hat, wird beiden meist auch das Problem klarer, und sie können dann versuchen, Lösungsmöglichkeiten zu finden.« Nach einer kurzen Denkpause fügt sie leise und nicht für alle wahrnehmbar hinzu: »Ja, ich glaube, das ist es. Die Konfliktpartner merken, daß wir ihnen zuhören und daß wir sie verstehen.«

Als stille Zuhörerin fühle ich mich an zahlreiche Zeichnungen erinnert, auf denen Schüler/innen Mediatoren mit übergroßen Ohren dargestellt haben.

Die Konferenz geht weiter. Was sich an der Schule seit Einführung der Schülerkonflikthilfe verändert habe, möchte ein Vater wissen. James (13) erinnert sich: »Früher war es so, daß wir bestraft worden sind, aber das hat die Situation eigentlich nicht gelöst. Unsere Wut war immer noch da. Wir waren wütend auf den anderen und auf den Lehrer, dem wir die Strafe zu verdanken hatten. Seit Einführung der Mediation weiß ich, daß die Auseinandersetzung erst wirklich dann beendet ist, wenn die Beteiligten miteinander gesprochen haben.«

Im Laufe der Konferenz treten auch skeptische Fragen auf. Ob es denn bei den Mediationen überhaupt keine Probleme gebe, möchte ein Lehrer wissen. »Na klar, gibt es die«, bemerkt Martin, »besonders am Anfang gab es viele. Wir wußten zum Beispiel nicht, wie wichtig es ist, daß man weiß, ob Jungen oder Mädchen zur Mediation kommen. Bei Jungen läuft das nämlich ganz anders als bei Mädchen. Wenn Mädchen zu uns kommen, finde ich, muß auch ein Mädchen vermitteln oder zumindest mitvermitteln. Ein Mädchen versteht im allgemeinen ein Mädchen besser. Bei den Mädchen geht es meistens um Gerüchte, Geheimnisse, Freunde, Kleidung, sich gegenseitig weh tun, Beleidigungen usw. Bei uns Jungen ist das ganz anders.«

Sandra kann das bestätigen. Da ihr die Konflikte der Jungen ziemlich fremd sind, zieht sie die Arbeit in einem gemischten Team vor. »Am besten ist es, wenn ein Junge und ein Mädchen zusammen vermitteln, dann lernen wir alle etwas.«

Wann die Vermittlungsgespräche denn stattfinden und wie lange sie im allgemeinen dauern, möchte eine Lehrerin wissen. Mrs. Crawford ist Beratungslehrerin und koordiniert die Schülermediation der Nachbarschule. Sie berichtet: »Im allgemeinen benutzen wir den Mediationsraum, aber es kommt schon einmal vor, daß wir in den Beratungsraum oder in das Büro der Elternvertretung gehen. Auch Schülervertretung und Schulleitung haben schon einmal ausgeholfen. Was die Dauer der Mediation betrifft, so ist diese sehr unterschiedlich. Manche sind kurz, etwa 30 Minuten, andere dauern länger als eine Stunde. Es hängt eben von der Situation und dem jeweiligen Problem ab.«

Ob denn die Noten der Mediatoren nicht unter der zusätzlichen Belastung litten, erkundigt sich ein Elternvertreter. »Eigentlich nicht«, weiß die Mediatorin Jane (14) zu berichten.« Die Befreiung vom Unterricht ist im allgemeinen kein Problem, denn die Lehrer/innen haben darüber in einer Konferenz abgestimmt. Voraussetzung ist allerdings, daß wir den versäumten Stoff nacharbeiten. Wenn wir das Gefühl haben, daß wir es nicht packen, sagen wir dem jeweiligen Koordinator Bescheid. Dann wird ein anderer Mediator gefunden, bei dem es besser paßt. Das gute ist, daß wir nicht tätig zu werden brauchen, wenn wir es nicht wollen. Das ist wirklich gut.« Robert (15) ergänzt: »Ich finde es gut, daß wir im Team arbeiten. Wenn ich Mist baue, weiß ich, daß mein Partner mir hilft.«

Anfangserfahrungen

Nach einer langen Phase des Schweigens meldet sich Brian (14) zu Wort und bekennt: »Meine erste Konfliktvermittlung ging ziemlich in die Hose, aber dann haben wir in der Gruppe darüber gesprochen, dann war es OK. Nun empfinde ich es als ziemlich leicht. Ich kenne die einzelnen Schritte auswendig. Jetzt weiß ich, was ich machen muß.« »Am Anfang war es ganz schön komisch«, ergänzt Michael. »Die Konfliktpartner dachten, daß wir die Probleme für sie lösen müßten. Aber nun wissen bei uns ziemlich alle Schüler/innen, daß wir ihnen nur dabei helfen, ihre Probleme selbst zu lösen. Wir können sie nicht für sie lösen.«

Sarah erinnert sich: »Am Anfang haben wir es uns selber immer ziemlich schwer gemacht. Wir haben zum Beispiel versucht, zwischen größeren Gruppen zu vermitteln. Es kamen immer mehr Beteiligte dazu, auch Zeugen, und plötzlich wurde die Gruppe größer und größer. Es dauerte Stunden ... Es war gut, daß wir zu zweit waren. In der Zwischenzeit haben wir viel dazugelernt.«

Monica denkt an ihre erste Mediation zurück: »Ich hatte Angst, daß mich die Konfliktpartner überrennen, daß die Streitereien einfach weitergehen würden, aber das traf Gott sei Dank nicht zu. Die Beteiligten waren froh, daß sie sich den Ärger von der Seele reden konnten, dann ging alles wie von selbst.«

»Auch ich fand es anfangs nicht einfach«, ergänzt Bill (15). Ich war zwar froh, daß ich ein Mediator war, aber meine Noten verschlechterten sich. Nun habe ich die Kurve gekratzt, meine Noten haben sich wieder verbessert.«

Zu guter Letzt berichtet Jill (14) von den Problemen mit der Freiwilligkeit. »Anfangs kamen Konfliktpartner, die von Lehrern geschickt worden waren. Ich mußte ihnen immer erklären, daß Mediation freiwillig sei und wollte sie wieder wegschicken. Aber meist sind sie schließlich doch geblieben und haben ihr Problem gelöst.«

David (13) entsinnt sich deutlich an eine Mediation, die besonders schwierig war. »Der Betroffene wollte einfach nicht reden. Das einzige, was er tat, war, daß er entweder nickte oder den Kopf schüttelte. Wir haben versucht, ihn zum Sprechen zu ermuntern, aber das half lange Zeit auch nicht. Ich bin froh, daß wir nicht aufgegeben haben, denn die Beteiligten haben das Problem schließlich doch noch gelöst.«

Eine Lehrerin meldet sich zu Wort. Das Gehörte fasziniere sie zwar, aber sie müsse gestehen, daß sie keine rechte Vorstellung davon habe, was während der Mediation eigentlich geschehe. Die Blicke von Ben, Sarah, Michael und Joyce kreuzen sich, es folgt ein kurzes einvernehmliches Nicken und dann schlägt Michael vor: »Als wir das Programm an unserer Schule einführten, haben wir Mediation als Form der friedlichen Konfliktlösung im Rahmen unserer Schulfeier vorgestellt. Es war eine Art Rollenspiel … sollen wir es eben zeigen?«

Das Nicken des Kollegiums verdeutlicht das Interesse der Anwesenden. Die folgende Präsentation wirkt weder gekünstelt noch auswendig gelernt.

Beispiel: Wie verläuft eine Mediation?

Die Mediatoren begrüßen die Konfliktpartner und danken ihnen für ihre Bereitschaft zur Mediation. Gemeinsam werden Regeln aufgestellt, die während des Gesprächs von allen Beachtung finden sollen und an die sich jeder gebunden fühlt. Der scheinbar schwächer wirkende Konfliktpartner wird ermuntert, das Problem aus seiner Sicht zu erzählen und bringt das, was ihn belastet, auf den Tisch. Durch aufmerksames, akzeptierendes Zuhören und offene Fragen fühlt er sich angenommen und verstanden.

Dann ist der andere an der Reihe mit dem Erzählen. Auch er bekommt die ungeteilte Aufmerksamkeit des Mediators. Keiner der Konfliktpartner fühlt sich bevor- oder benachteiligt. Das nötige Gleichgewicht ist nicht ins Wanken gekommen.

Schritt für Schritt entfalten sich die Hintergründe des Konflikts. Nachdem jeder Konfliktpartner die Sichtweise des anderen kennengelernt und dessen Verletztheit hautnah erfahren hat, scheint sich die Situation entscheidend zu verändern. Von beiden Seiten werden Fehler eingestanden. Die Suche nach Lösungen beginnt, wird jedoch von den Mediatoren unterbrochen, die vor allzu großer Eile warnen. Statt dessen bitten sie die Konfliktpartner, zunächst einfach einmal kreative Ideen zu sammeln, unabhängig davon, ob sie realisierbar sind oder nicht. Um die Überprüfung der Umsetzbarkeit gehe es erst später.

Das Gespräch trägt den Charakter von großer Ernsthaftigkeit und intensiver Arbeit. Nach langem Ringen wird schließlich ein Vertrag unterzeichnet, in dem die Konfliktpartner darlegen, was jeder von ihnen tun wird, um das Problem zu lösen.

Die Mediatoren beglückwünschen die Konfliktpartner zu dem gefundenen Übereinkommen, bedanken sich für die Kooperation und versichern, daß der Inhalt des Gesprächs vertraulich bleiben wird.

Fragen zur Mediation

Mein Blick schweift in die Runde: In den Gesichtern der Erwachsenen sind Betroffenheit, Sprachlosigkeit und spontane Begeisterung zu lesen. Ich entsinne mich: Als ich vor 18 Monaten im Rahmen meiner Mediationsausbildung das Konzept der Schülerkonfliktvermttlung kennenlernte, war ich sehr gespalten. Einerseits war da die pädagogische Begeisterung – Schülerselbstverantwortung endlich einmal ernst gemeint – andererseits war ich aber auch sehr skeptisch: Sind die Jugendlichen damit nicht überfordert? Wie reagieren die Lehrerinnen und Lehrer auf die Abwesenheit der Mediatoren aus dem Unterricht? Was bedeutet es, wenn traditionelle Disziplinarmaßnahmen hinterfragt werden? Nehmen die Mitschüler das Programm an? Wie sieht es mit der Schweigepflicht aus? Welche Art von Konflikten können Schüler/innen vermitteln? Wie hat sich das Training bewährt?

Nachdem ich das Schülermediationsprogramm der Myrdal Schule

sechs Monate wissenschaftlich begleitet und soeben einen Zwischenbericht erstellt habe, sind meine Zweifel gewichen. Es sind keine Pseudotherapeuten ausgebildet worden, sondern kompetente Vermittler, die ihre Grenzen kennen und ihre Basisqualifikationen Schritt um Schritt erweitern. Im einzelnen lassen sich die Ergebnisse wie folgt skizzieren:

Ergebnisse der Mediation in Schule

1. Die Anzahl der Mediationen nimmt kontinuierlich zu.
2. Die Anzahl der disziplinarischen Verstöße nimmt kontinuierlich ab.
3. Eltern möchten am Mediationstraining ihrer Kinder teilnehmen.
4. Eltern bitten die Schulleitung, auch ihr Kind in die Ausbildung zum Mediator einzubeziehen.
5. 98 % aller Mediationen führten zu einem Übereinkommen zwischen den Konfliktpartnern.
6. 96 % der befragten Konfliktpartner empfanden die Mediation als fair.
7. 89 % der befragten Konfliktpartner waren mit den Mediatoren absolut zufrieden, 10 % waren ziemlich zufrieden.
8. 98 % der befragten Konfliktpartner empfanden die gefundene Lösung als fair.
9. 66 % aller durchgeführten Mediationen resultierten aus Schülerinitiative, 33 % aus Erwachseneninitiative.
10. Lehrer/innen und Eltern berichten von einem gestiegenen Selbstwertgefühl, verbesserter Kommunikationsfähigkeit und mehr Selbstverantwortlichkeit der Moderatoren.
11. Die Analyse des Schulklimas kommt u. a. zu dem Ergebnis, daß die Schüler/innen seit Einführung des Programms verstärkt Anteil nehmen an der Lösung schulischer Konflikte (bei der Kontrollschule ist während des gleichen Zeitraumes eine entgegengesetzte Entwicklung erkennbar).

12. Aufgrund ihrer gemachten Erfahrungen sehen 94% der Lehrerinnen und Lehrer die Beurlaubung der Schüler/innen aus dem Unterricht als unproblematisch an.

13. Nur 16% der Lehrer/innen vertreten die Auffassung, daß das Programm von einer Minderheit der Schülerinnen ausgenutzt werden.

Zusammenfassend läßt sich schlußfolgern, daß sich an der Myrdal Schule Mediation zu einem akzeptierten Vermittlungsgremium von Schüler/innen für Schüler/innen entwickelt hat. Aufgrund seiner Erfolge im Bereich der Gewaltprävention und -intervention erfährt es ein hohes Maß an Unterstützung durch die Lehrer- und Elternschaft.

Auswirkungen:

Obwohl das Programm erst vor sechs Monaten begonnen wurde, sind die Auswirkungen bereits jetzt vielfältig:

- Das Konfliktvermittlungsprogramm soll Eingang finden in das Schulprofil.
- Schulleitung und Elternvertreter bemühen sich um mehr Mittel für das Training der Mediatoren.
- Zur Verbesserung der Lehrer-Schüler-Interaktion entschließt sich die Lehrerschaft zu einer kollegiumsinternen Fortbildung (meine Analyse der disziplinarischen Verstöße hatte ergeben, daß die Anzahl der Konflikte zwischen Lehrer/innen und Schüler/innen etwa doppelt so hoch ist wie die der Schüler/innen untereinander).
- Im Rahmen der schulischen Gewaltprävention soll das soziale Kompetenztraining für Schüler/innen verstärkt werden.
- Eltern anderer Schulen rufen Initiativen zur Gründung von Konflikthelferprogrammen ins Leben.

Welche Aspekte sind für die Praxis der Konfliktvermittlung bedeutsam?

Im zweiten Teil der Konferenz geht es um das Pro und Kontra der Verschriftlichung des Übereinkommens zwischen den Konfliktpartnern, die Bedeutung der Schweigepflicht, die Auswahl der Mediatoren und deren Training.

Schriftliche Verträge sind notwendig: Die Koordinatorin erinnert sich an die Anfänge des Programms in ihrer Schule. »Ja, es gab zunächst deutliche Widerstände gegen die sogenannten Verträge. Aber nach allem, was ich wahrnehme, hat sich die schriftliche Fixierung des Übereinkommens bewährt, denn nach Ende der Mediation haben die Konfliktpartner etwas sehr Konkretes in der Hand. Sie können die getroffenen Vereinbarungen immer wieder nachlesen. Für eine Vielzahl von Schüler/innen ist diese Verschriftlichung nicht nur hilfreich, sondern absolut unerläßlich.«

Dann kommt das Thema auf die *Schweigepflicht.* Die Trainer halten sie für den Erfolg des Programms für unerläßlich und betonen, daß die Moderatoren in regelmäßigen Abständen auf ihre Verantwortung hingewiesen werden. »Jeder von ihnen weiß, daß mit ihrem Verhalten das ganze Konzept steht oder fällt«, betont einer der drei Trainer. »Bislang haben wir noch keine negativen Erfahrungen gemacht, ganz im Gegenteil.«

Auswahl der Mediatoren: Welche Voraussetzungen müssen sie haben? Werden sie gewählt oder ernannt? ›Es sind verschiedene Verfahren denkbar‹. Einige lassen sie von der gesamten Schülerschaft wählen, wieder andere ziehen ein Mischverfahren vor. Ich denke, es hängt vom Stil der Schule ab. Wichtig ist allerdings, daß die Kriterien der Auswahl oder Ernennung bekannt sind: Die Mediatoren sollten relativ gut mit Leuten umgehen können, also nicht unbedingt Einzelgänger sein. Sie sollten das Vertrauen möglichst vieler genießen, gut zuhören können und idealerweise eine Schülergruppierung repräsentieren. Es geht uns allerdings nicht darum, daß wir Musterschüler/innen zu noch besseren Musterschülern ausbilden, die dann für potentielle Konfliktpartner unerreichbar werden. Wir sind ganz besonders auch an Schüler/innen interessiert, die aufgrund ihrer mitunter fragwürdigen Verhaltensweisen nur von einer bestimmten Schülergruppe anerkannt werden. Unsere Erfahrungen haben gezeigt, daß gerade für sie das Mediatorentraining besonders hilfreich ist. Von den Fähigkeiten und Fertigkeiten, die sie durch die Ausbildung und ihre Tätigkeit als Mediator erwerben, profitieren diese Schüler/innen immens. Was wir uns wünschen, ist eine bunte Mischung von Schüler/innen, die einen möglichst großen Teil der Schülerschaft repräsentiert.

Ausbildung der Mediatoren: Während ihres dreitägigen Trainings bekommen die zukünftigen Mediatoren sozusagen die Grundlagen für ihre Tätigkeit vermittelt. Eine Erweiterung ihrer Kenntnisse und Fähigkeiten erfolgt im Rahmen unserer monatlichen Auswertungstreffen, in denen wir gemeinsam mit den Mediatoren über eventuell aufgetretene Schwierigkeiten sprechen. Nach etwa sechs Monaten erfolgt ein Aufbaukurs. Es ist klar, daß die Mediatoren am Anfang noch viel Unterstützung brauchen. Eine bedeutende Rolle kommt dabei den Koordinatoren zu, die sicherstellen, daß die Dimension der Konflikte die Mediatoren nicht überfordert.

Dann ergreift Neil, der Senior unter den Trainern, das Wort und bringt eine Wende in die Diskussion. »Ich sehe es als meine Aufgabe an, ihre Euphorie ein wenig zu dämpfen. *Mediation unterliegt häufig der Gefahr, als Reparaturwerkstatt mißverstanden zu werden. Sie ist jedoch nur ein Teil schulischer Gewaltprävention und kann nicht alle Probleme ihrer Schule lösen – einige bestimmt, aber sicherlich nicht alle.* Die Institutionalisierung der Schülermediation ist sicherlich ein wichtiger Schritt, doch andere müssen folgen oder vorausgehen, je nachdem. Der Nachholbedarf an ›Sich-Mitteilen-Und-Verständigen-Können‹ ist nach meinem Erleben so groß, daß wir als Pädagogen damit schon fast überfordert sind. Auch Mediation kann das große Defizit an sozialen Kompetenzen nicht beseitigen.« Nach einer kurzen Pause fügt Neil nachdenklich hinzu: »Trotz aller Schwierigkeiten bin ich optimistisch, und zwar deshalb, weil wir das Rad nicht neu erfinden müssen. An den meisten Schulen mit Schülermediationen werden auch Kurse in friedlicher Konfliktvermittlung angeboten. Ich denke z. B. an die bewährten ›Life Skills Curricula‹, die den Schüler/innen helfen, gewaltfrei miteinander umzugehen.«

Soziale Kompetenzen trainieren

Die Kurse, von denen Neil redet, heißen auf Neudeutsch »Soziales Kompetenztraining«. Viel lieber wäre mir der Begriff »Strategien zum Überleben«, denn das ist es, worum es geht: Die Schüler erwerben Einsichten und Fähigkeiten, die ihnen und anderen das gewaltfreie Überleben und den friedlichen Umgang miteinander ermöglichen. Sie lernen, daß ein Konflikt nicht immer mit einem Gewinner und einem Verlierer enden muß, daß beide Seiten gewinnen können, daß keiner das Gesicht zu verlieren braucht. Sie erfahren, wie sie konstruktiv mit Ärger umgehen können und wie sie die Beziehungen zu ihren Freunden so gestalten können, daß keiner über den anderen verfügt. Sie lernen, sich Gruppendruck zu widersetzen und Schwierigkeiten zu lösen, statt sie blind mit Gewalt zu bekämpfen. Kurz und knapp: Sie lernen, Konflikte in Sprache umzusetzen, das Unsagbare zu sagen.

Aggressionen besprechen lernen

Die Beratungslehrerin kann sich mit den Äußerungen Neils gut identifizieren und gibt Einblick in ihre tägliche Arbeit: »Zu mir kam gestern ein Schüler, der berichtete: ›Wenn ich nicht ganz schnell mit jemandem reden kann, werde ich irgend etwas Schlimmes tun‹. Jeden Tag erlebe ich Kinder, die zwar versuchen, ihr Verhalten zu kontrollieren, aber es nicht schaffen. Sie möchten gewaltfreie Lösungen, wissen aber nicht, wie sie es anstellen sollen. Sie brauchen Hilfen, wie sie sich und ihr Verhalten im Vorfeld kontrollieren können. Es nutzt

232 Gegen Gewalt in der Schule

wenig, wenn wir immer erst dann tätig werden, wenn das Kind bereits in den Brunnen gefallen ist. Kein Mensch bringt ihnen bei, wie sie in der Nähe des Brunnens gefahrlos spielen können.«
Ihre Forderung nach prosozialem Handeln bleibt unwidersprochen im Raume stehen. Die an der Myrdal Schule gesammelten Erfahrungen stimmen zuversichtlich. Jim (14) berichtet, daß sich seit Einführung der Schülermediation sehr viel in der Schule verändert habe. »Es gibt jetzt viel weniger Raufereien und Streitereien. Früher hatten wir mindestens täglich eine Schlägerei, aber das kommt jetzt kaum mehr vor, ich habe schon seit Wochen keine mehr gesehen.« Auf die Frage, wie er denn sein Training für seine nicht immer einfache Tätigkeit empfunden habe, antwortet er: Das Training hat es voll gebracht, aber entscheidend für mich war auch der Kurs »Gewaltfreie Konfliktlösung«. Wenn ich nicht daran teilgenommen hätte, na ja ... Das war jedenfalls echt cool und hat mir und meinen Freunden echt geholfen. Die sind zwar keine Mediatoren, aber immerhin. Das war voll gut.«
Eine abschließende Entscheidung über die Einführung von Schülermediation an ihrer Schule trifft die Konferenz noch nicht. Ein gutes Zeichen, finde ich, denn es braucht Zeit, den erforderlichen Konsens zu erzielen. Aber es ist eine Diskussion in Gang gekommen, die in den Gremien fortgesetzt wird und Licht am Ende des Tunnels erkennen läßt.

Fazit:

Amerika ist uns in seiner Gewaltstatistik weit voraus. Entsprechend vielfältig sind auch die Erfahrungen im Umgang mit Gewalt. Die skizzierten Konzepte der Schülermediation und des sozialen Kompetenztrainings machen Mut, denn sie sind umsetzbar und haben ihre Bewährungsprobe bestanden. Gleichwohl sind sie keine Allheilmittel gegen Gewalt und dürfen auf keinen Fall dazu führen, daß wir die Analyse eventuell hausgemachter Aggressionspotentiale vernachlässigen, z. B. eingeschränkter Bewegungsdrang, keine eigenen Klassenzimmer, häufiger Lehrerwechsel, Ignorierung der Lern- und Lebenswünsche der Kinder und Jugendlichen, Verdinglichung statt menschlicher Aufmerksamkeit, zu wenig interessengeleitetes und handelndes Lernen, Vernachlässigung der emotionalen Bedürfnisse der Schüler/innen etc.

Für mich ist entscheidend, daß die Schule zu der Erfüllung ihrer herkömmlichen Aufgaben zurückfindet, daß sich Lehrerinnen und Lehrer weniger als Krisenmanager, Unterrichts- und Berechtigungsbeamte, denn als Pädagogen und Helfer des Kindes verstehen. Die existierenden Präventivprogramme verschaffen ihnen dafür Raum und haben sich in der Praxis als sehr hilfreich erwiesen.

Mit einer abschließenden Bemerkung, Zusammenfassung oder gar Empfehlung zum Thema Gewalt und Konflikt in der Schule tue ich mich angesichts der Komplexität sehr schwer.

Die Chinesen benutzen für den Begriff »Konflikt« nicht ein, sondern zwei Symbole. Das eine bedeutet »Möglichkeit« (zur positiven Veränderung), das andere »Gefahr«. Besser, denke ich, kann das Potential, das in einem Konflikt steckt, nicht beschrieben werden. Er kann zur positiven Veränderung, aber auch zur Destruktion führen. Helfen wir unseren Kindern und Jugendlichen, die Fähigkeiten zu erwerben, die ihnen einen konstruktiven Umgang mit Konflikten – und damit positiver Veränderung – ermöglichen.

Konflikthelferprogramme und Kurse zur Stärkung sozialer Kompetenz sind zwar kein großer, aber sicherlich ein wichtiger Schritt auf dem Weg zu einer humanen Schule, in der Erziehung und Unterricht zusammenwirken, in der im Sinne von Dewey und Hentig die Sache geklärt und die Menschen gestärkt werden, in der die Empfehlungen der Gewaltkommission der Bundesregierung zur wirksamen Prävention ernstgenommen und konsequent umgesetzt werden.

Beispiele aus der Bundesrepublik

1. Streit-Schlichter-Programm
An der Bielefelder Adolf-Reichwein-Hauptschule entschied sich das
Kollegium Anfang 1993, Hilfe bei einer Schulberatungsstelle zu suchen, weil »Aggressionen unter Schüler/innen auch Thema an unserer Schule« sind. Karin Jefferys, die Schulpsychologin, erprobte mit
den Lehrkräften und den Schüler/innen der neunten Klassen ein
Trainingsprogramm. Es fußt auf Erfahrungen aus den USA und
wurde für die Situation an dieser Hauptschule angepaßt.
Die Ausbildung der Schlichter erstreckt sich auf ca. zehn Wochen,
wenn wöchentlich etwa ein bis zwei Schulstunden eingesetzt werden. In schriftlichen und mündlichen Übungen lernen die Jugendlichen,
– Konflikte zu beobachten und zu beschreiben,
– Mimik und Gestik, d.h. Körpersprache bewußter wahrzunehmen,
– Gefühle auszudrücken,
– verschiedene Konfliktsituationen in Rollenspielen zu bewältigen,
– die einzelnen Phasen der Schlichtung zu trainieren und
– sich gegenseitig als Schlichter zu unterstützen.
Das Programm wird meistens vom Klassen- oder Deutschlehrer
durchgeführt. Durch die Übungen steigert sich die sprachliche Aus-
drucksfähigkeit der Schüler/innen, und die Rollenspiele fördern das
Sozialverhalten. Für schwierige Fälle sieht das Konzept eine sogenannte Ko-Schlichtung vor, in der zwei Schlichtende als Team gemeinsam mit den beiden Konfliktparteien nach Lösungen suchen.
In erster Linie können die Schlichter den jüngeren Schüler/innen bei
Konflikten helfen. Da oftmals die Schüler/innen bereits bei relativ
harmlosen Drängeleien, Provokationen wie »Sachen wegnehmen«
und Hänseleien sich gegenseitig aufheizen, bis es zu Prügeleien
kommt, ermöglicht die Schlichtung den Konfliktbeteiligten, einen
Ausweg aus dem Sieger-Verlierer-Modell zu finden. Die schriftliche
Vereinbarung bindet beide, schafft aber auch eine Art »verbriefter

Sicherheit« im Umgang miteinander. Erfahrungsgemäß lassen sich die Schüler/innen vom achten Jahrgang an seltener bei eigenen Konflikten helfen. Für die älteren stellt dieses Training eine Herausforderung dar, eine wichtige Rolle als Modell und Helfer im Schulleben zu übernehmen. Sie müssen den Konflikt vertraulich behandeln, neutral bleiben. Da die Schlichtung freiwillig ist, hängt ihr Erfolg vom Ergebnis ab, d. h. die Schlichter wissen um die Verantwortung ihrer Aufgabe – und ihre eigenen Grenzen. Im Zweifelsfall können sie sich an andere Schlichter, ihre Trainer oder eine Vertrauenslehrkraft wenden.

2. »Feme-Gericht« statt Disziplinarkonferenzen

Im Rahmen eines umfangreichen Projektes, in dem u. a. alle Schüler/innen der Hauptschule am Dahlbusch in Gelsenkirchen zu ihrem Umgang mit Gewalt befragt wurden, befaßte sich auch die Lehrerkonferenz mit möglichen Verbesserungen. Ein »Femegericht« sollte die Disziplinarkonferenzen ersetzen. Am runden Tisch finden sich alle am Vorfall direkt Beteiligten sowie gewählte Schüler- und Lehrervertreter zusammen. Ihre Aufgabe besteht nun darin, in offener Runde Betroffenheit zu wecken und Einsicht in die Sichtweise der Konfliktpartner zu gewinnen. Alle Mitglieder dieses »Femegerichts« überlegen gemeinsam, wie das geschehene Unrecht wieder gutzumachen ist. Sie übernehmen dadurch die Verantwortung für eine konstruktive Konfliktlösung.

Dieser runde Tisch zeigt mehrere positive Effekte. Er löst den Tribunal-Charakter der Disziplinar-Konferenzen ab zugunsten einer gemeinsamen und auf Interessenausgleich bedachten Konflikt-Lösung. Während die früher ausgesprochenen Strafen fast nie die gewünschte Einsicht oder Verhaltensänderung bewirkten, können nun »Täter« wie »Opfer« ihre Versionen des Konfliktes vortragen. Individuell sehr unterschiedliche Wahrnehmungen können dabei deutlich werden, und dies hilft, das jeweilige Verhalten besser zu verstehen. Rückmeldungen der am runden Tisch Teilnehmenden und die Chance, etwas wieder gutzumachen, zeigen Alternativen und Lösungswege auf, die auch in späteren Konfliktfällen hilfreich sein können. Vor allem aber vermeiden sie eine Spirale von Schulordnungsmaßnahmen, die letzten Endes mit dem Schulverweis die Verantwortung einseitig den einzelnen Jugendlichen aufbürdet und soziale Bindungen mit der Schulgemeinde abbricht. Das »Femegericht« strebt dagegen an, daß Konflikte nicht mit Ausgrenzung einzelner Schüler/innen, sondern in gemeinsamer Verantwortung und sozialem Ausgleich gelöst werden.

3. Kinderkonferenz

Als Teil ihres Schulprogramms führt die Sonderschule für Erziehungshilfe in Ibbenbüren am Ende jeder Woche eine Kinderkonferenz durch. Zuvor hat jede Klasse über den Verlauf der vergangenen Woche gesprochen und entschieden, ob die Schüler/innen eine positive, eine negative Kritik oder einen Vorschlag vortragen wollen, die sich auf die Schulgemeinde beziehen. Die Kinderkonferenz, in der alle Klassen zusammenkommen, berät über diese Beiträge und beschließt ggf. Anträge an die Lehrerkonferenz. Lehnt diese den Vorschlag ab, muß sie ihn in der Kinderkonferenz begründen.

Zu Beginn der Kinderkonferenz werden alle Teilnehmenden vom Leitungsteam (zwei Erwachsene und Schülervertreter) »freundlich-förmlich« begrüßt. Diese *Begrüßung* unterstreicht die konzentrierte Atmosphäre, die Anteilnahme und wechselseitiges Ernstnehmen sichert. Es folgt stets die *Darbietung* von Klassen, die etwas neu Erarbeitetes vorstellen wollen. Da jede(r) einmal drankommt, werden Lampenfieber und etwaige Schwächen gut toleriert. Zu den folgenden *Bekanntmachungen* gehören u.a. Beschlüsse der Lehrerkonferenz zum Schulleben, aber auch Geburtstagswünsche, so daß jede(r) Schüler/in mindestens einmal jährlich im Mittelpunkt steht. Mit Hilfe farbiger Karten kündigen die Klassen in der anschließenden *Feed-Back-Phase* ihre Kritik bzw. Vorschläge an, über die ggf. auch abgestimmt wird. Zum Schluß wird die kommende *Aktion der Woche*, meist spielerische Wettbewerbe in den Bereichen Bewegung, Rate- oder Gesellschaftsspiele vorgestellt. Sie haben oft den Charakter von Pausenaktivitäten und schaffen im Verlauf der Woche zusätzliche Anreize.

Dieses Beispiel der Kinderkonferenz vermittelt Kindern und Jugendlichen ein Modell für ein produktives Miteinander auch in großen Gruppen. Indem in den einzelnen Klassen regelmäßig Unterrichtsergebnisse auf ihre Darstellbarkeit vor der Schulgemeinde geprüft und die vergangene Woche kritisch reflektiert werden, üben die Lehrkräfte und Schüler/innen, Interessen zu artikulieren, ihre Arbeit anderen zu vermitteln und Kritik zu formulieren. Die Kinderkonferenz erweist sich so als ein Instrument innerer Schuldemokratie und zur bewußten Gestaltung des Schullebens.

Fassen wir zusammen:

Die vorgestellten Beispiele zur gewaltfreien Konfliktlösung eignen sich besonders für Konflikte zwischen Schülerinnen und Schülern. Schüler/innen übernehmen hierbei die zentrale Aufgabe, als Gleichaltrige zwischen den Konfliktparteien zu vermitteln. Das klar strukturierte Verfahren sichert den Beteiligten zu, daß sie nicht an den Pranger gestellt werden, wohl aber verantwortlich für eine konstruktive Lösung sind. Indem die unterschiedlichen Sichtweisen der am Konflikt beteiligten Jugendlichen und Kinder geäußert werden, lernen Schüler/innen auch, sich auf fremde Wahrnehmungen einzulassen. Einsicht wird also nicht einfach gefordert, sondern ganz praktisch geübt.

Die Kinderkonferenz geht noch einen Schritt weiter, weil sie regelmäßig eine klassenübergreifende Plattform für kritisches Feedback und Diskutieren bietet. Sie sollte nicht als Alternative zu Schlichter-Modellen, sondern als Teil einer bewußten Pflege innerer Schuldemokratie und des Schullebens verstanden werden. In Form einer Jahrgangsstufen-Konferenz kann sie auch in größeren Schulen noch eine überschaubare Größe bewahren. Die Kombination von Präsentation und kritischer Reflexion in einer großen Gruppe fördert die Einsicht in individuelle Stärken und Toleranz gegenüber Schwächen sowie die Bereitschaft, an der Meinungsbildung in der Schulgemeinde aktiv teilzuhaben. Allerdings wurden Konflikte zwischen einzelnen Lehrkräften und Schüler/innen im Zusammenhang mit den skizzierten Beispielen nicht thematisiert.

Literatur

Besemer, Christoph: Mediation – Vermittlung in Konflikten, Hrg. in Zusammenarbeit mit der Stiftung Gewaltfreies Leben, Baden: Gewaltfreies Leben lernen 1993

Fornero, Gaby: Eine Schule macht sich auf den Weg. Praxisbericht zum Thema »Gewalt und Aggressionen an der Schule«, Erfahrungen zur Gestaltung des Schullebens und Öffnung von Schule, Heft 2, Landesinstitut für Schule und Weiterbildung (Hrg.), Soest 1994

Gordon, Thomas: Lehrer-Schüler-Konferenz. Wie man Konflikte in der Schule löst, Hamburg: Hoffmann und Kampe 1977 (Erstauflage)/München: Heyne 1989

Jefferys, Karin; Noack, Ute: Ein Streit-Schlichter-Programm für Schülerinnen und Schüler, Landesinstitut für Schule und Weiterbildung (Hrg.), Informationen zur Schulberatung, Heft 18, Soest 1993

Fundstellen: virtuelle im Internet und reale

In den vergangenen drei Jahren wurden umfangreiche Untersuchungen in mehreren »alten« und »neuen« Bundesländern durchgeführt und eine Reihe von Materialien publiziert. Die Fortbildungsangebote sowie Netzwerke von Einrichtungen und Personen erweiterten sich. Aktuelle Informationen finden Sie mit Hilfe der folgenden Verweise auf Fund- und Kontaktstellen.

1. Im Internet finden Sie

⇨ *sehr umfangreiche und aktuelle Materialsammlungen* zu Gewalt, Konfliktbearbeitung u.ä.

vor allem auf folgenden Internetseiten:
Die Sammlung der Uni Landau unter:
http://www.rhrk.uni-kl.de/~zentrum/lapsus/lapsus.html

schulpsychologisch geprüfte und erprobte Materialien

unter: http://www.schulpsychologie.de/kollegen/literatur.htm
oder

als Hilfen zur Konfliktbearbeitung für Schulleitungen

– eingebettet in ein Paket von vielen anderen Materialien – unter:
http://www.schulleitung.de/sl/Konflikte/w410.htm
http://www.schulleitung.de/sl/Konflikte/w400.htm
http://www.schulleitung.de/sl/Konflikte/w500.htm

⇨ *z.B. im NRW-Bildungsserver »learn-line«*
unter den Stichworten:
Friedensfähigkeit

den ehemals »Gewalt« genannten Arbeitsbereich, der u.a. eine Fülle kommentierter Literaturhinweise enthält, mit zum Teil thematisch querverknüpften Verweisen. Dieses Angebot wurde (zunächst) für Grundschulen entwickelt und international (im deutschsprachigen Ausland) erprobt.

Achtung: Das Inhaltsverzeichnis des nordrhein-westfälischen Bildungsservers wird z.Z. umgebaut. Falls Sie nach Erscheinen dieses Buches unter der folgenden Adresse nicht fündig werden, lassen Sie die *kursiv gesetzten Teile besser weg* und suchen im Verzeichnis der Themen weiter.

http://www.learn-line.nrw.de/Themen/*Grundschule/Gewalt*

Umwelt, Entwicklung, Gesundheit

Detaillierte Ausführungen zur sogenannten Streitschlichtung in der Schule. Es handelt sich um beschreibende Texte aus einer Veröffentlichung des Landesinstituts für Schule und Weiterbildung, die zum Kapitel *Konflikte gewaltfrei regeln* paßt und mit einem Begleitvideo erhältlich ist. Die Internetadresse lautet:

http://www.learn-line.nrw.de/Themen/UmweltGesundheit/unter /schulent/streit/strei_11.htm

GÖS – Gestaltung des Schullebens und Öffnung von Schule

Praktisch erprobte Beispiele und konzeptionelle Grundlagen zur Öffnung von Schule sowie zur Kooperation von Jugendhilfe, Schule, Sport und Polizei. Eine Sammlung der hier aufgeführten Fundstellen und eine Datenbank mit Kontaktadressen finden sie unter:

www.learn-line.nrw.de/Themen/Goes/foyer/foyer.htm
Unsere Email-Adresse: Norbert.Rixius@mail.lsw.nrw.de

2. Neuerscheinungen im Buchhandel

Bründel, Heidrun; Amhoff, Birgit, Deister, Christiane: Schlichter-Schulung
in der Schule. Eine Praxisanleitung für den Unterricht, Dortmund: verlag
modernes lernen 1999 – mit Kopiervorlagen etc.
Jefferys-Duden, Karin: Das Streitschlichter-Programm. Mediatorenausbil-
dung für Schülerinnen und Schüler der Klassen 3 bis 6, Weinheim und
Basel: Beltz Verlag 1999

Weitere Veröffentlichungen sowie

Bücher für Jugendliche mit Begleitmaterial für pädagogische Fachkräfte

z.B. für den folgenden Roman, in dem Jugendliche auf Ausgrenzung
und Drohungen mit Angst und Gegengewalt reagieren und die Konflikte zwischen »Neonazis« und »den Antifa-Leuten« eskalieren:
de Zanger, Jan: Dann eben mit Gewalt, Weinheim und Basel: Beltz
& Gelberg 1996
können Sie auch in jeder Buchhandlung im *Verzeichnis lieferbarer
Bücher* unter den genannten Stichwörtern finden (lassen).

3. Kooperation von Jugendhilfe, Schule, Sport und Polizei

Unter dieser Überschrift wurden in den letzten Jahren diverse Ansätze entwickelt, die jeweils vor Ort von einem oder mehreren Partnern ins Leben gerufen wurden. Alle Beteiligten folgen in der Regel
dabei der Erfahrung, daß keine Einrichtung allein etwas Sinn- und
Wirkungsvolles auf Dauer leisten kann. Aufgrund unserer jahrelangen Praxis wissen wir, wie hilfreich es ist, daß sogenannte Netzwerke
vor Ort entwickelt werden. Ebenso wie die Initiatoren unterscheiden sich die Motive und die Facetten der jeweiligen Ansätze. In
Nordrhein-Westfalen haben sich über den Erfahrungsaustausch

zwischen schulpsychologischen Beratungsstellen, Beratungslehr-kräften u.a. Personen inzwischen mehr als 100 Einrichtungen für ein landesweites Netzwerk angemeldet. In Brandenburg spielen die Regionalen Arbeitsstellen (RAA) eine wichtige Rolle bei pädago-gischen und erzieherischen Modellen zur Förderung einer demokra-tischen Streitkultur und zur interkulturellen Verständigung im Alltag.

4. Initiativen freier Träger und von kommunalen Stellen

Freie Träger der Jugendhilfe, die Wohlfahrtsverbände, Einrichtun-gen der Erwachsenen- und der Familienbildung (z.B. Volkshoch-schulen) sowie kommunale pädagogische Dienste engagieren sich in immer mehr Orten in ähnlicher Weise. Auch Kirchengemeinden, friedenspädagogische oder Eine-Welt-Gruppen und Künstler/innen oder Musiker/innen sind aktiv geworden oder gewesen.

5. Stiftungen und nicht primär organsiatorisch gebundene Initiativen

wie »Die Mitarbeit« oder »Demokratisch handeln« erstellten zum 50sten Jahrestag der Verabschiedung des Grundgesetzes eine Samm-lung von öffentlichen Aktionen aus dem gesamten Bundesgebiet in Buchform(!), die das bürgerschaftliche Engagement jedes Einzelnen für eine *demokratische Bürgergesellschaft* aktivieren bzw. intensivie-ren sollten.
Kontakt: Stiftung Mitarbeit, Bornheimer Str. 37, 53111 Bonn. Tel.: 02 28/6 04 24-0; E-mail: stiftung_mitarbeit@buergergesellschaft.de

Darüber hinaus haben sich inzwischen aus den Initiativen von zunächst einzelnen Menschen manchmal beachtliche Beispiele entwikkelt:

– sogenannte »Tafeln«, die Obdachlosen und verarmenden Menschen (langfristig arbeitslose Einzelpersonen oder Familien) mit Essens- und Kleiderspenden zu helfen versuchen
– Benefizkonzerte u.ä. zu Gunsten von ausgegrenzten Menschen in unserer Gesellschaft oder in anderen Ländern, die von Hunger, Krieg oder »Natur«-Katastrophen betroffen sind
– Paketsammlungen und direkte Partnerschaften zwischen Städten, einzelnen Schulen, Gemeinden etc., durch die unmittelbare Hilfe und wechselseitiges Lernen gefördert werden

Diese Aufzählung verdeutlicht die vielfältigen Möglichkeiten, die von jedem Menschen wahrgenommen werden können. Häufig sind sie längst nicht so spektakulär, wie die Spendensammlungen, die über die Medien (insbesondere das Fernsehen) verbreitet werden. Darin spiegelt sich aber das Bedürfnis einer wachsenden Zahl von BürgerInnen, anstatt anonym und nur Geld zu spenden, ganz praktische und konkret überprüfbare Schritte zum besseren Miteinander in unserer Gesellschaft und zwischen Menschen in verschiedenen Kulturkreisen bzw. Ländern zu beschreiten. Ansprechpartner finden sie sicher über die genannten Einrichtungen, mit Hilfe der Lokalredaktion Ihrer Zeitung oder über die »Hotline« der Rundfunk- und Fernsehsender. Manches Mal brauchen Sie Geduld und Beharrlichkeit!

Materialien und Adressen

Ergänzend zu den Literaturangaben und Materialhinweisen in den
einzelnen Beiträgen haben wir hier eine kleine Auswahl zusammengestellt. Einige der aufgeführten Materialien enthalten ihrerseits z.T.
umfangreiche Literaturangaben und Adressenlisten. Berücksichtigt
wurden überwiegend neuere Veröffentlichungen.

1. Materialien für die Schulpraxis, die Jugendarbeit, Eltern und andere Erwachsene

Aktionshandbuch gegen Rassismus. Für eine Bürger/innen – und Men-
schenrechtsbewegung in Deutschland, Kölner Appell e.V. (Hrg.), Köln:
Edition Der Andere Buchladen, 1993, Bezug: Kölner Appell e.V., Wah-
lenstr. 1, 50823 Köln

Akzeptierende Jugendarbeit mit rechten Jugendcliquen, Heim, Gunda;
Krafeld, Franz Josef u.a. (Hrg.), Bremen: Steintor, 1992, Schriftenreihe
der Landeszentrale für politische Bildung Bd.4

Beck, Detlef; Müller, Barbara; Painke, Uwe: Man kann ja doch was tun!
Gewaltfreie Nachbarschaftshilfe. Kreatives Eingreifen in Gewaltsituatio-
nen und gemeinschaftliche Prävention fremdenfeindlicher Übergriffe.
Bund für soziale Verteidigung (Hrg.), Minden, 1994, Bezug: Postfach
2110, 32378 Minden

Dokumentation: Gewalt und Rechtsradikalismus. Handlungsansätze für
Schule und Jugendarbeit, Arbeitsgemeinschaft Kommunale Jugendarbeit
Bergisch Land (Hrg.), Solingen: Verlag Leben-Lieben-Lernen 1994, Be-
zug: Neustr. 41, 42657 Solingen

Gewalt? Antworten der Jugendarbeit! Landschaftsverband Westfalen-Lippe (Hrg.), Fachberatung Jugendarbeit, Ideen & Konzepte 4, Münster
1994, Bezug: Landesjugendamt, 48133 Münster

Gewalt in Schulen? Fragen, Reaktionen, Konsequenzen, Informationen zur
Schulberatung, Heft 16, Landesinstitut für Schule und Weiterbildung
(Hrg.), Soest, 1993 (ein Nachdruck des Heftes: Bl-Info 2/92, Informatio-
nen für Beratungslehrer in Hamburg, April 1992)

Halt! Keine Gewalt. Gegen Extremismus und Fremdenfeindlichkeit, Ar-

Materialien und Adressen   245

beitsgemeinschaft Jugend und Bildung e.V. (Wiesbaden) (Hrsg.) in Zusammenarbeit mit dem Bundesministerium des Inneren (Bonn), Wiesba-
den 1993, 3. Auflage – richtet sich an Jugendliche und Schulen mit kurzen
Beiträgen zu Beispielen und Erscheinungsformen von Fremdenfeindlichkeit sowie zum Abbau von Vorurteilen
Heckmair, Bernd: Erleben und Lernen: Einstieg in die Erlebnispädagogik,
Neuwied/Kriftel/Berlin: Luchterhand, 1993 – mit praktischen Beispielen
Hensel, Horst: Die neuen Kinder und die Erosion der alten Schule. Eine
pädagogische Streitschrift, Bönen: Druck-Verlag Kettler, 1994, 4. Auflage
Hibbeler, Stefan; Sander, Mario: Gewalt, Rechtsextremismus, Fremdenfeindlichkeit. Teil 2: Kommentierte Bibliographie, Pädagogisches Landesinstitut Brandenburg (Hrg.), Ludwigsfelde, 1993, PLIB-Werk-
statthefte, H.16
Homfeldt, Hans Günter (Hrg.): Erlebnispädagogik: Geschichtliches, Räu-
me, Adressat(inn)en, erziehungswissenschaftliche Facetten, Kritisches,
Baltmannsweiler: Schneider-Verlag Hohengehren, 1993
Jäger, Uli: Rechtsextremismus und Gewalt. Materialien, Methoden, Ar-
beitshilfen, Verein für Friedenspädagogik e.V. (Hrg.), Tübingen, 1993 – 23
kurze Beiträge zu Hintergründen und Aspekten mit Arbeitsblättern f. d.
Unterricht
Jefferys, Karin; Noack, Ute: Das Schüler-Streit-Schlichter-Programm,
Lichtenau: AOL-Verlag 1995
Krisen und Gewalt. Ursachen, Konzepte und Handlungsstrategien in der
Jugendhilfe, Jansen, Bernd; Jung, Christian; Schrapper, Christian u.a.
(Hrg.), Münster: Votum 1993
Leimdorfer, Tom: Es war einmal ein Konflikt. Ein märchenhaftes Hand-
buch für Konfliktlösungen aller Altersklassen, Neuwied: Kommissions-
verlag Peter Kehrein 1992, Bezug: Ulf Blanke u. Luise Letschert, 56269
Dierdorf, Tel.: 02689/3045
Posselt, Ralf-Eric; Schumacher Klaus: Projekthandbuch: Gewalt und Ras-
sismus, Handlungsorientierte und offensive Projekte, Aktionen und Ide-
en zur Auseinandersetzung und Überwindung von Gewalt und Rassismus in Jugendarbeit, Schule und Betrieb, AG SOS-Rassismus NRW,
Mülheim: Verlag an der Ruhr 1993
Preuschoff, Gisela/Preuschoff Axel: Gewalt an Schulen- und was dagegen
zu tun ist. Köln: Papy Rossa 1992
Projektwochen gegen Ausgrenzung und Gewalt, Beratung von Schulkolle-
gien im Land Brandenburg, Regionale Arbeitsstellen für Ausländerfragen
e.V. (Hrg.), Potsdam, 1994, Bezug: Gartenstr. 22, 14482 Potsdam
Rajewski, Christiane; Schmitz, Adelheid: Wegzeichen. Initiativen gegen

Rechtsextremismus und Ausländerfeindlichkeit, Verein für Friedenspädagogik e.v. (Hrg.), Tübingen, 1992

Reader: Aktuelle Gewaltentwicklungen in der Gesellschaft – Vorschläge zur Gewaltprävention in der Schule, Landesinstitut für Schule und Weiterbildung (Hrg.), Soest, 1994, 3. Auflage, Lehrerfortbildung in NRW

Schmidt, Ralf: Was tun gegen Gewalt unter Kindern und Jugendlichen? Analyse, Konzept, Hilfen, Essen: Wingen, 1994

Schule ohne Gewalt, Bd. 1, Heitmeyer, Wilhelm: Desintegration und Gewalt; Kagerer, Hildburg: Das Fremde hört nicht auf, Pädagogisches Zentrum Berlin (Hrg.), Berlin, 1992, Bezug: s.u.

Schule ohne Gewalt, Bd. 2, Informationen und Materialien, Pädagogisches Zentrum Berlin (Hrg.), Berlin 1992, Bezug: Päd. Zentrum, Uhlandstr. 92, 10715 Berlin

Schule und Werterziehung. Ein Werkstattbericht, Landesinstitut für Schule und Weiterbildung (Hrg.), Soest, 1991

Schwind, Hans Dieter: Die Vorschläge der Anti-Gewaltkommission der Bundesregierung zur Eindämmung der Gewalt in der Schule, in: Bildung aktuell, Bildung real, 1993, H. 1, S. 6–8

Spreiter, Michael (Hrg.): Waffenstillstand im Klassenzimmer. Vorschläge, Hilfestellung, Prävention, Weinheim/Basel: Beltz 1993

Umgang mit Aggressionen (Themenheft), in: Grundschule, 26. Jg., 1994, Heft 10, S. 8–51 – mit 12 verschiedenen Beiträgen für die Schulpraxis

Walker, Jamie: Gewaltfreie Konfliktlösung im Klassenzimmer, Bd. 1. Eine Einführung, Pädagogisches Zentrum Berlin (Hrg.), Berlin 1991

dieselbe: Konstruktive Konfliktbehandlung im Klassenzimmer, Bd. 2, Kennenlernen und Auflockerung, Pädagogisches Zentrum Berlin (Hrg.), Berlin, 1992

dieselbe: Konstruktive Konfliktbehandlung im Klassenzimmer, Bd. 3, Förderung des Selbstwertgefühls, Pädagogisches Zentrum Berlin (Hrg.), Berlin, 1992

Werterziehung in der Schule – aber wie? Landesinstitut für Schule und Weiterbildung (Hrg.), Soest 1993

Wir lernen gemeinsam. Konzept und Dokumentation eines Schulvorhabens am Leibniz Gymnasium Düsseldorf im Schuljahr 1993/94, Landesinstitut für Schule und Weiterbildung (Hrg.), Soest 1994

2. Ergebnisse und Analysen von Befragungen zu Gewalt und Rechtsextremismus.

Biographische Studien und Interviews mit Jugendlichen aus rechten Szenen

Ausländerfeindlichkeit, Rechtsradikalismus, Gewalt. Texte und Materialien, Gesamtbetriebsrat der Max-Planck-Gesellschaft/Dirk Hartung (Hrg.), Berlin, 1994, Bezug: Lentzeallee 94, 14195 Berlin – mit mehreren Ergebnissen empirischer Untersuchungen in den alten und den neuen Bundesländern

Birsl, Ursula: Rechtsextremismus: weiblich – männlich? Eine Fallstudie zu geschlechtsspezifischen Lebensverläufen, Handlungsspielräumen und Orientierungsweisen, Opladen: Leske + Budrich, 1994

Claus, Thomas; Herter, Detlev: Jugend und Gewalt. Ergebnisse einer empirischen Untersuchung an Magdeburger Schulen, in: Aus Politik und Zeitgeschichte. Beilage zur Wochenzeitung Das Parlament v. 23.9.1994, B 38, S. 10–20

Dettenborn, Harry: Gewalt aus Sicht der Schüler. Ergebnisse einer Untersuchung in Berlin, in: Pädagogik, 1993, H. 3, S. 31–33

Die Gewaltdiskussion in der Öffentlichkeit und die Situation an Frankfurter Schulen. Bestandsaufnahme und Handlungsperspektiven, Staatliches Schulamt (Hrg.), Frankfurt/Main, 1991

Farin, Klaus; Seidel-Pielen, Eberhard: »Ohne Gewalt läuft nichts!« Jugend und Gewalt in Deutschland, Köln: Bund-Verlag, 1993 – Interviews und Gespräche mit Szenemitgliedern u. a., Reportagen und Materialliste

Gewalt in der Schule. Ergebnisse einer Erhebung an 169 Hamburger Schulen, Staatliche Pressestelle, Freie und Hansestadt Hamburg (Hrg.), Hamburg, 1992

Gewalt in der Schule. Fachtagung in Glienike bei Berlin v. 24.–26. März 1993, Bund-Länder-Kommission für Bildungsplanung und Forschungsförderung (BLK), Bonn, 1994 – u.a. mit Adressen von Initiativen und Projekten gegen Gewalt und Fremdenfeindlichkeit

Gewerkschaft Erziehung und Wissenschaft des Saarlandes (Hrg.): Gewalt in der Schule. Internationale Vergleichsstudie einer Befragung von 1000 Schülern zwischen 15 und 17 Jahren im Saarland, in Lothringen und Luxemburg (lt. dpa-Dienst für Kulturpolitik v. 10.10.1994)

Greszik, Bethina; Hering, Frank; Euler, Harald: Gewalt in den Schulen: Ergebnisse einer Befragung in Kassel, in: Zeitschrift für Pädagogik, 42. Jg., 1995, H. 2, S. 265–284

Hafeneger, Benno: Rechte Jugendliche. Einstieg und Ausstieg: Sechs biographische Studien, Bielefeld: Bölkert, KT-Verlag, 1993

Heitmeyer, Wilhelm u.a.: Die Bielefelder Rechtsextremismus-Studie. Erste Langzeituntersuchung zur politischen Sozialisation männlicher Jugendlicher, Weinheim/München: Juventa, 1992

Held, Josef u.a.: Du mußt so handeln, daß Du Gewinn machst ... Empirische Untersuchungen zu politisch rechten Orientierungen jugendlicher Arbeitnehmer, Duisburg, 1992, 2. Auflage

Kultusministerium Baden-Württemberg (Hrg.): Zweite Untersuchung zur Entwicklung der Gewalt an Schulen (lt. Frankfurter Allgemeine Zeitung v. 31.1.95)

Landeszentrale für politische Bildung Bremen (Hrg.): Ergebnisse einer Befragung von 1600 Jugendlichen zu Rechtsradikalismus und Ausländerhaß (lt. Süddeutsche Zeitung v. 14./15.1.95)

Otto, Hans-Uwe; Merten, Roland (Hrg.): Rechtsradikale Gewalt im vereinigten Deutschland. Jugend im gesellschaftlichen Umbruch, Bundeszentrale für politische Bildung (Hrg.), Bonn, 1993 – Analysen, Erfahrungen, Auswahlbibliographie

Schule und Gewalt. Hinweise des Deutschen Städtetages, Deutscher Städtetag (Hrg.), Köln 1993

Schwind, Hans Dieter; Baumann, Jürgen; Schneider, Ursula; Winter, Manfred: Kurzfassung des Endgutachtens der Unabhängigen Regierungskommission zur Verhinderung und Bekämpfung von Gewalt (Gewaltkommission) – Auszug, in: Otto, Hans-Uwe; Merten, Roland (Hrg.): Rechtsradikale Gewalt im vereinigten Deutschland, Bundeszentrale für politische Bildung (Hrg.), Bonn, 1993, S. 417–431

Steffens, Gerd: Krise der Jugend? Krise der Erziehung? Krise der Gesellschaft? Eine pädagogische Spurensuche, in: Neue Sammlung, 1994, H. 3, S. 487–498

Willems, Helmut; Wurtz, Stefanie; Eckert, Roland: Fremdenfeindliche Gewalt: Eine Analyse von Täterstrukturen und Eskalationsprozessen – Auszug, in: Rechtsradikale Gewalt im vereinigten Deutschland, Otto, Hans-Uwe; Merten, Roland (Hrg.), Schriftenreihe der Bundeszentrale für politische Bildung Bd. 319, Bonn, 1993, S. 432–449

Materialien und Adressen 249

3. Studien zur Lebenssituation von Kindern und Jugendlichen in der Bundesrepublik

Blinkert, Baldo: Aktionsräume von Kindern in der Stadt. Eine Untersuchung im Auftrag der Stadt Freiburg, Pfaffenweiler: Centaurus Verlags-
ges., 1993
Ernst, Andrea; Stampel, Sabine: Kinder-Report. Wie Kinder in Deutschland
leben, Köln: Kiepenheuer & Witsch, 1991 – mit Adressen- und Material-
verzeichnis
Kriegskinder, Konsumkinder, Krisenkinder. Zur Sozialisationsgeschichte
seit dem zweiten Weltkrieg, Preuss-Lausitz, Ulf u. a., Weinheim/Basel:
Beltz, 1991, 3. Auflage
Was tun Kinder am Nachmittag? Ergebnisse einer empirischen Studie zur
mittleren Kindheit, Deutsches Jugendinstitut (Hrg.), Weinheim /Mün-
chen: Juventa, 1992

4. Medien

Filme, Videos und Diaserien verleihen die kommunalen Medienzentren und Landesbildstellen. Viele haben spezielle Medienlisten zum
Thema Gewalt und Rechtsextremismus zusammengestellt, die Sie
dort anfordern können. Darüber hinaus können die Medienzentren
auf Kreis- und Stadtebene Schulen und Jugendeinrichtungen bei Me-
dienprojekten fachlich und technisch unterstützen. Beispiele für the-
menorientierte Medienlisten sind:

Gewalt – Ausländerfeindlichkeit – Rechtsradikalismus, Bundeszentrale für
politische Bildung (Hrg.), Bezug: Adenauerallee 4–6, 53113 Bonn, Tel.:
0228/207348
Gewalt & Intoleranz. Eine Filmauswahl, Landeszentrale für politische Bildung NRW (Hrg.), Bezug: Postfach 101103, 40190 Düsseldorf, Tel.: 02
11/67977–P4 0, FAX: 6977733 – weitere Themenhefte zu Asyl, Sinti &
Roma, Antisemitismus … erhältlich
Medienauswahl. Gegen Rechtsradikalismus und Gewalt, FWU Institut für
Film und Bild (Hrg.), Bezug: Bavariafilmplatz 3, 82031 Grünwald, Tel.:
089/64979, FAX: 6497240

Videos gegen Vorurteile und Gewalt, Kinder- und Jugendfilmzentrum in der Bundesrepublik Deutschland (Hrg.), Bezug: Küppelstein 34, 42857 Remscheid, Tel.: 0 21 91/7 94 – 2 33, FAX: 7 18 10

5. Adressen

In allen Bundesländern bestehen zentrale Einrichtungen für die Fortbildung von Lehrkräften und die Entwicklung von Materialien für die Schulen. Welche Angebote z.Z. genutzt werden können, erfahren Sie bei den folgenden Institutionen.

Landesinstitute
Baden-Württemberg
Landesinstitut für Erziehung und Unterricht (LEU), Rotebühlstraße 133, 70197 Stuttgart, Tel.: 0711/6 47 – 1, FAX: 62 11 21
Bayern
Staatsinstitut für Schulpädagogik und Bildungsforschung (ISB), Arabellastraße 1, 81925 München, Tel.: 0 89/92 14 – 23 59, FAX: 14 – 36 00
Berlin
Berliner Institut für Lehrerfort- und -weiterbildung und Schulentwicklung (BIL), Uhlandstraße 97, 10715 Berlin, Tel.: 0 30/86 87 – 1, FAX: 86 87 – 266
Brandenburg
Pädagogisches Landesinstitut Brandenburg (PLIB), Struveshof, 14974 Ludwigsfelde, Tel.: 0 33 78/8 21 – 0, FAX: 8 21 – 1 99
Bremen
Wissenschaftliches Institut für Schulpraxis (WIS), Am Weidendamm 20, 28215 Bremen, Tel.: 04 21/35 06 – 1 15, FAX: 35 06 – 1 08
Hamburg
Institut für Lehrerfortbildung (IfL), Felix-Dahn-Straße 3, 20357 Hamburg, Tel.: 0 40/42 12 – 23 60, FAX: 42 12 – 27 99
Hessen
Hessisches Institut für Bildungsplanung und Schulentwicklung (HIBS), Bodenstedtstraße 7, 65189 Wiesbaden, Tel.: 06 11/3 42 – 0, FAX: 3 42 – 1 30
Mecklenburg-Vorpommern
Landesinstitut Mecklenburg-Vorpommern für Schule und Ausbildung (L.I.S.A.), Von-Flotow-Straße 20, 19059 Schwerin, Tel.: 03 85/7 60 17 16, FAX: 71 11 88

Niedersachsen
Niedersächsisches Landesinstitut für Lehrerfortbildung, Lehrerweiterbildung und Unterrichtsforschung (NLI), Keßlerstraße 52, 31134 Hildesheim, Tel.: 051 21/16 95 – 0, FAX: 1695 – 96
Nordrhein-Westfalen
Landesinstitut für Schule und Weiterbildung (LSW), Paradieser Weg 64, 59494 Soest, Tel.: 0 29 21/6 83 – 1, FAX: 6 83 – 2 28
Rheinland-Pfalz
Pädagogisches Zentrum des Landes Rheinland-Pfalz (PZ), Europaplatz 7, 55543 Bad Kreuznach, Tel.: 06 71/8 40 88 – 0, FAX: 8 40 88 – 10
Saarland
Landesinstitut für Pädagogik und Medien (LPM), Beethovenstraße 26, 66125 Saarbrücken, Tel.: 0 68 97/79 08 – 0, FAX: 79 08 – 22
Sachsen
Institut für Bildung und Schulentwicklung (IBIS) – Comeniusinsti- tut –, Dresdener Straße 78, 01445 Radebeul, Tel.: 03 51/83 24 30, FAX: 8 32 44 14
Sachsen-Anhalt
Landesinstitut für Lehrerfortbildung, Lehrerweiterbildung und Unterrichtsforschung von Sachsen-Anhalt (LISA), Riebeckplatz 9, 06108 Halle (Saale), Tel.: 03 45/8 34 – 0, FAX: 8 34 – 3 19
Schleswig-Holstein
Landesinstitut Schleswig-Holstein für Praxis und Theorie der Schule (IPTS), Schreberweg 5, 24119 Kronshagen, Tel.: 04 31/54 03 – 0, FAX: 54 03 – 2 00
Thüringen
Thüringer Institut für Lehrerfortbildung, Lehrplanentwicklung und Medien (ThILLM), Im Hopfengrund 1, 99310 Arnstadt, Tel.: 0 36 28/74 26 – 0, FAX: 86 59

Bundesweit tätige Einrichtungen, die Materialien und Fachleute vermitteln:
Beauftragter der Bundesregierung für die Belange der Ausländer, Postfach 14 02 80, 53057 Bonn, Tel.: 02 28/5 27 – 29 73, FAX: 5 27 27 60
Bundesarbeitsgemeinschaft Aktion Jugendschutz, Emmeranstr. 32, 55116 Mainz, Tel.: 0 61 31/22 33 60
Bundesarbeitsgemeinschaft Kinder- und Jugendtelefon, Domagkweg 8, 42109 Wuppertal, Tel.: 02 02/75 44 65, FAX: 75 53 54
Bundesarbeitsgemeinschaft der Immigrantenverbände in der Bundesrepu-

blik Deutschland e.V. – Bundesgeschäftsstelle –, Poppelsdorfer Allee 19, 53115 Bonn, Tel.: 0228/224610, FAX: 265255

Pro Asyl-Bundesweite Arbeitsgemeinschaft für Flüchtlinge, Neue Schlesingergasse 22, 60311 Frankfurt/M., Tel.: 069/293160, FAX: 280370

Verband der Initiativgruppen in der Ausländerarbeit VIA e.V., Theaterstr. 10, 53111 Bonn, Tel.: 0228/655553, FAX: 697555

Informations- Dokumentations- und Aktionszentrum gegen Ausländerfeindlichkeit für eine multikulturelle Gesellschaft-IDA, Friedrichstr. 61a, 40217 Düsseldorf, Tel.: 0211/371026, NRW: 0211/371070

Wir e.V.-Forum für ein besseres Verständnis zwischen Deutschen und Ausländern, Elsa-Brandström-Str. 6, 50668 Köln, Tel.: 0221/7393730, FAX: 735070

Gesellschaft für bedrohte Völker e.V., Düstere Str. 20 a, 37073 Göttingen, Tel.: 0551/499060, FAX: 58028

Regionale und lokale Einrichtungen

Im Rahmen von Schulfahrten und -Exkursionen nutzen Schulen auch die Angebote von kommunalen und freien Trägern der Jugend (-bildungs-)arbeit. Für die Zusammenarbeit mit Eltern bieten sich die Einrichtungen der Erwachsenenbildung und Beratungsdienste (Erziehungsberatung, Familienberatung, schulpsychologische Beratungsstellen) an. Teilweise sind auf lokaler oder regionaler Ebene Netzwerke zwischen verschiedenen Einrichtungen entstanden. Ein Beispiel aus dem Bereich der Schulen:

UNESCO-Projekt-Schulen, Postfach 120360, 53045 Bonn, Tel.: 0228/2283430, FAX: 2283455

Die Unesco-Projektschulen in NRW haben 1992 ein Sonderheft mit Schulbeispielen zum Thema Ausländerfeindlichkeit herausgebracht. Bezug: Landeskoordination der UNESCO-Projektschulen in NRW, Herr Goertz, Jacobischule, Teuteburger Str. 285, 46119 Oberhausen, Tel.: 0208/600338

Spezielle Trainings bieten u.a. folgende Einrichtungen an
    (nach PLZ sortiert):

Gandhi-Informationszentrum, Lübecker Str. 44, 10559 Berlin, Tel.: 030/3941420

Bildungs- und Begegnungsstätte für gewaltfreie Aktion, Kirchstr. 14, 29462 Wustrow, Tel.: 05843/507, FAX: 1405

Bund für Soziale Verteidigung, Postfach 2110, 32378 Minden, Tel.: 0571/ 29456, FAX: 23019

Arbeitsstelle Weltbilder, Agentur für interkulturelle Pädagogik, Südstr. 716, 48153 Münster, Tel.: 0251/72009, FAX: 799787

Trainingskollektiv für Gewaltfreie Aktion und Kreative Konfliktlösung, c/o Graswurzelwerkstatt, Scharnhorststr. 6, 50733 Köln, 0221/765842, FAX: 765889

Werkstatt für Gewaltfreie Aktion, Baden, Römerstr. 32, 69115 Heidelberg, Tel.: 06221/161978

Trainingskollektiv für Gewaltfreiheit, Uwe Painke, Charlottenstr. 7, 72070 Tübingen, Tel.: 07071/40463

Friedens- und Begegnungsstätte Mutlangen e.V., Forststr. 3, 73557 Mutlangen, Tel.: 07171/75661

Fränkisches Bildungswerk für Friedensarbeit e.V., Hessestr. 4, 90443 Nürnberg, Tel.: 0911/288599

Vom gesunden Eigen-Sinn

Eckhard Schiffer

Warum Huckleberry Finn nicht süchtig wurde

ANSTIFTUNG GEGEN SUCHT UND SELBSTZERSTÖRUNG BEI KINDERN UND JUGENDLICHEN

BELTZ
Taschenbuch

Eckhard Schiffer entwirft ein schlüssiges Konzept zur Suchtvorbeugung bei Kindern und Jugendlichen. Wenn Huckleberry Finn nicht süchtig wurde, dann deswegen, weil er seine Träume und Sehnsüchte bereits als Kind konkret ausgelebt hat. Vielen Kindern und Jugendlichen fehlen diese Möglichkeiten. Wie sie sich schaffen lassen, davon schreibt der Psychotherapeut und Arzt und nennt konkrete Möglichkeiten der Suchtvorbeugung. Anhand von Krankengeschichten werden darüber hinaus die vielfältigen Momente sichtbar, die Sucht entstehen lassen.

Die Basler Zeitung schrieb über dieses Standardwerk der Suchtvorbeugung: »Der Autor hat eine Theorie, die so einleuchtend ist, daß wir sie alle schon zu kennen glauben. Er fordert für Kinder und Jugendliche Freiräume ohne krankmachende Normen, Regeln und Anpassungsdruck, in denen die Phantasiekräfte sich zu entfalten, Gemütskräfte sich zu entwickeln vermögen ... Wer das Prinzip begriffen hat, hat schon beinahe alles begriffen. Im Grunde ist es ganz einfach.«

Eckhard Schiffer
Warum Huckleberry Finn nicht süchtig wurde
Anstiftung gegen Sucht und Selbstzerstörung
bei Kindern und Jugendlichen
Mit Illustrationen von Alexander Pey
Beltz Taschenbuch 4, 152 Seiten
ISBN 3 407 22004 9

Gewalt vorbeugen

»**Lehrling legte Bombe aus Spaß am großen Knall**« lautete eine Titelüberschrift aus der Osnabrücker Zeitung. Die Fälle von scheinbar grundloser, spontaner Gewalt, insbesondere von Jugendlichen, nehmen in beunruhigendem Maße zu. Und auch schon Kinder schockieren uns durch Brutalität. Eckhard Schiffer, Autor von »Warum Huckleberry Finn nicht süchtig wurde«, zeigt in diesem Buch, wie Gewalttätigkeit entsteht und wie man ihr vorbeugen kann. Möglichkeiten sieht er besonders dort, wo schöpferische Fähigkeiten zur Entfaltung gebracht werden können. Überzeugend, verständlich und mit vielen Fallbeispielen berichtet der erfolgreiche Autor, wie Jugendliche großen Druck auch kreativ und konstruktiv abbauen können, und wie man den angeborenen Bindungstrieb, der schon beim Säugling sichtbar wird, spielerisch nutzen kann, um späterer Gewaltbereitschaft vorzubeugen.

Ein Buch, das sich nicht nur für Eltern und Lehrer als Hintergrundlektüre zum Thema Gewalt empfiehlt.

Süddeutscher Rundfunk

Eckhard Schiffer
Warum Hieronymus B. keine Hexe verbrannte
Gewaltbereitschaft bei Kindern und Jugendlichen
erkennen – Gewalt vorbeugen
Mit Zeichnungen von Alexander Pey
Beltz Taschenbuch 26, 254 Seiten
ISBN 3 407 22026 X